项目资助

2018年度教育部人文社会科学研究青年基金项目"党内监督体制创新中的纪法协同研究"（18YJC710080）

2017年江南大学自主科研计划重点项目"全面从严治党背景下党内法规体系建设研究"（2017JDZD11）

中国特色社会主义法律体系的"中国特色"研究

徐莉 / 著

中国社会科学出版社

图书在版编目（CIP）数据

中国特色社会主义法律体系的"中国特色"研究／徐莴著．
—北京：中国社会科学出版社，2018.12
ISBN 978 – 7 – 5203 – 3654 – 3

Ⅰ.①中…　Ⅱ.①徐…　Ⅲ.①社会主义法制—法律体系—
研究—中国　Ⅳ.①D909.2

中国版本图书馆 CIP 数据核字（2018）第 278375 号

出 版 人	赵剑英
责任编辑	赵　丽
责任校对	冯英爽
责任印制	王　超

出　　版	中国社会科学出版社
社　　址	北京鼓楼西大街甲 158 号
邮　　编	100720
网　　址	http://www.csspw.cn
发 行 部	010 – 84083685
门 市 部	010 – 84029450
经　　销	新华书店及其他书店

印　　刷	北京明恒达印务有限公司
装　　订	廊坊市广阳区广增装订厂
版　　次	2018 年 12 月第 1 版
印　　次	2018 年 12 月第 1 次印刷

开　　本	710×1000　1/16
印　　张	18
插　　页	2
字　　数	260 千字
定　　价	76.00 元

目　　录

引　言

一　问题的提出

党的十九大报告提出坚持依法治国，坚定不移走中国特色社会主义法治道路，完善以宪法为核心的中国特色社会主义法律体系。全面推进依法治国，贯穿其间的重大问题就是完善法律体系和建设法治体系。建设什么样的法治体系，是由一个国家的基本国情决定的。中国的法治不同于西方的法治，中国特色社会主义法律体系为实现法治体系建设目标奠定了基础。

在现代法治社会中，法律体系是法治建设的基础，是一个国家法学理论研究和法律制度成熟的重要标志和产物。2011 年 10 月 27 日，国务院新闻办公室发表了《中国特色社会主义法律体系》白皮书。中国特色社会主义法律体系的形成由目标变为了现实，这是我国法治发展过程中的一件大事。中国特色社会主义法律体系的形成，是我国法治建设得之不易的宝贵成果，其中蕴含了党依法执政的基本经验。但是，中国特色社会主义法律体系的形成，并不是一个完结，而是一个新的历史阶段的开启、是建设社会主义法治国家的基础和新的起点。中国特色社会主义法律体系形成之后，我们也将面临新的挑战和课题。因而，需以发展的眼光来看待，以科学的态度来发展。①

---

① 朱景文、韩大元：《中国特色社会主义法律体系研究报告》，中国人民大学出版社 2010 年版，第 1 页。

在研究中国特色社会主义法律体系的开始，首先就要面对一个问题：什么是法律体系。在我国，对"法律体系"这个术语的使用，往往包含了其他语言。如英文俄文的相关法学著作中的三个含义：Legal system、System of the law 和 System of laws 或 System of legislation。这三个词其实都是在讲法律现象的体系，但所指含义却有所不同。Legal system，是指整个法律制度的系统。按苏联及俄罗斯法学家理解，这一系统包括现行法律规范系统，还包括法律意识，甚至从事法律工作的人员，即整个法律上层建筑的体系。这符合"经济基础决定上层建筑"的马克思主义原理。System of the law 是指一国或一地区现行法律规范的总和。较之前一含义，是指其中核心的部分，而非全部。System of laws 或 System of legislation 则指法律规范的形式渊源系统。法的形式渊源系统根据不同的标准，排列也会有变化。它与 System of the law 的联系在于，只有在以法的部门为标准来排列时，才与之相符。即便如此，也只是法的内在结构的外在表现，并非同一现象，也不是法的体系本身。① 只有首先把"法律体系"这个术语的不同语境中所含的概念辨析清楚，才便于研究中国特色社会主义法律体系。我国大多数学者使用的"法律体系"的概念，在我国《法理学》教材中，基本都有比较详尽的说明，是从法的规范意义上，由法的内在结构来理解法律体系的概念。本书也坚持基于主流观点展开研究。

其次是，什么是社会主义法律体系。这是与资本主义法律体系及其他法律体系相区别，以法律体系的性质及其建立的物质基础来进行区分的。"作为社会主义上层建筑的重要组成部分，社会主义法律是建立在社会主义经济基础之上，由社会主义国家制定或认可的，反映工人阶级领导的广大人民群众的意志和利益，并由社会主义国家以强制力保证其实施的行为规则的总和，其目的在于确认、保护和发展社

---

① 孙国华：《中国特色社会主义法律体系研究——概念、理论、结构》，中国民主法制出版社 2009 年版，第 1 页。

会主义的社会关系和社会秩序。"① 社会主义法律体系是由相互协调的各法律部门组成的一个统一的整体。它的建立，在客观上有一定法律、法规的数量要求，并且能按一定的标准将这些法律法规划分为不同的法律部门，各个法律部门内外和谐一致。因而，社会主义法律体系就是以社会主义公有制为经济基础，反映社会主义基本制度的法律规范的整体的法律形式。科学完备的社会主义法律体系，应当是部门齐全、协调统一、体例科学、便于实际操作的。② 从历史的角度来看，在世界范围内，社会主义法律体系主要是包括苏联时期、东欧社会主义国家的法律体系等，以及我国社会主义制度建立以后所构建的以宪法为核心的法律体系。③

对中国特色社会主义法律体系的理解，应从社会主义、初级阶段、中国特色三方面入手。中国特色社会主义法律体系，具有社会主义法律体系的普遍性，但又具有中国实际所决定的特殊性。我国实行社会主义，这就决定了我们要建立社会主义性质的法律体系；我国所处的历史阶段，就必然决定了我们要建立与社会主义初级阶段相适应的法律体系；我国的法律体系以中国特色社会主义理论体系为指导，就必然决定了我们要建立的是中国特色社会主义法律体系。基于上述语境，可以给中国特色社会主义法律体系做出定义："中国特色社会主义法律体系是立足中国国情和实际，以改革开放和社会主义现代化建设的实践为依据，充分吸收和借鉴世界法治文明成果，集中体现中国共产党和各族人民意志的，以宪法为统帅，以宪法相关法、民法商法等多个法律部门的法律为主干，包括行政法规、地方性法规等多个层次的

---

① 李婧：《中国特色社会主义法律体系构建研究》，博士学位论文，东北师范大学，2010年。

② 严军兴：《依法治国与建立有中国特色的社会主义法律体系》，载刘海年、李林主编《依法治国与法律体系构建》，社会科学文献出版社2008年版，第30页。

③ 李婧：《中国特色社会主义法律体系构建研究》，博士学位论文，东北师范大学，2010年。

法律规范的总称。"①

从强调加强社会主义民主法制建设，确立"依法治国、建设社会主义法治国家"的基本方略，再到全面落实依法治国基本方略、加快建设社会主义法治国家，贯穿其间的一个重大问题就是如何构建和完善中国特色社会主义法律体系。② 对一些相关的理论问题进行系统梳理，在历史与现代相交融、中国与世界相并存的多维视野下，客观评价中国特色社会主义法律体系构成的状况、特点，探寻其形成规律，总结其发展经验，正视其结构的不足，思考这一法律体系正式形成之后未来的发展及走向，具有重要的理论与现实意义。

二 研究现状评述

学界对中国特色社会主义法律体系问题的关注始于 20 世纪 80 年代。随着我国改革开放逐步深入，对中国特色社会主义法律体系的理论研究也逐渐深入。根据主要研究的内容来看，大致经历了三个阶段，各阶段都取得了一系列研究成果。通过对每个阶段研究重点和焦点问题的分析，可以对目前的研究现状有一个总体把握和全面认识。

以社会主义法律体系为主要研究内容的阶段，始于 1983 年。该阶段注重基础问题的研究，被视为中国特色社会主义法律体系研究的开端。该阶段主要是对社会主义法律体系基础理论问题展开研究，研究成果主要有：吴大英、刘瀚在《法学》1983 年第 1 期发表的《建立中国式的社会主义法律体系》。王召堂、张传桢、陈鹏生在《法学》1983 年第 5 期发表的《对中国式社会主义法律体系的探讨》。王勇飞在《政法论坛》1984 年第 4 期发表的《试论具有中国特色的社会主义法律体系》。李步云在《法律科学》1985 年第 3 期发表的《社会主义

---

① 李飞：《中国特色社会主义法律体系辅导读本》，中国民主法制出版社 2011 年版，第 28 页。

② 李婧：《中国特色社会主义法律体系构建研究》，博士学位论文，东北师范大学，2010 年。

法律体系的若干理论问题》。在孙国华主编的《中国特色社会主义法律体系前沿问题研究》中，收录的袁吉亮的《关于形成我国社会主义法律体系有关问题的探讨》等学术论文。以及"沈宗灵在《政法论坛》1983年第3期发表的《论我国社会主义法律体系》，提出了如下具有建设性的问题：法律体系的含义，划分部门法的根据，经济法应作为一个法律部门，关于完善我国社会主义法律体系的建议等，在学界影响较大。""林文肯在《法学评论》1983年第11期发表的《我国社会主义法律体系的基本特征初探》，提出了社会主义法律体系的基本特征，如我国社会主义法律体系最深厚的基础和发展的源泉是人民群众；在我国社会主义法律体系中，各法律规范之间既互相区别又互相联系、协调一致等。"①

在这一研究阶段的成果主要集中在社会主义法律体系的基础理论，但就研究内容来看，对我国法律体系所体现出的"中国特色"还是有所涉及的。

党的十四大确立了我国建立社会主义市场经济体制的目标，以社会主义市场经济法律体系为主要研究内容，也就起步于这一时期。该阶段的研究主要是结合当时我国市场经济的发展，对社会主义市场经济法律体系的基本内涵、构成范围、框架结构及其建立原则等问题的研究成果较多，并提出了市场经济法律体系是中国特色社会主义法律体系的重要组成部分和发展的重要里程碑等观点。对这一研究阶段的成果进行总结，主要可分为两大类：一是研究内容限于有关市场主体、市场秩序、宏观调控及社会保障等市场经济的法律问题，对社会主义市场经济法律体系研究的角度较为狭义。二是从广义上提出中国特色社会主义法律体系就是适应社会主义市场经济的法律体系，进而对其概念、构成范围、框架结构、目标与原则等相关问题展开研究。② 比

---

① 杨晖：《中国特色社会主义法律体系形成轨迹研究》，博士学位论文，河北师范大学，2009年。

② 李婧：《中国特色社会主义法律体系构建研究》，博士学位论文，东北师范大学，2010年。

较有代表性的成果是：程燎原在《北京商学院学报》1993 年第 4 期发表的《论社会主义市场经济的法律体系》，作者提出了构建社会主义市场经济法律体系的价值目标是经济效率、经济自由、平等竞争和经济秩序，基本构成是由市场经济的根本法和基本法、市场行为法、市场主体法、宏观调控法和市场保障法。① 谷安梁在《政法论坛》1994 年第 4 期发表《关于建立社会主义市场经济法律体系的法理思考和框架设想》。彭汉英在《中南政法学院学报》1995 年第 2 期发表的《适应社会主义市场经济的法律体系及其原则》，作者提出了适应社会主义市场经济的法律体系的含义、范围及平衡、开放、协调的原则等问题。王叔文在《政法论坛》1995 年第 4 期发表的《论建立有中国特色的社会主义市场经济法律体系》。杨晓青、卢瑞玲在《高校理论战线》2004 年第 5 期发表的《论与社会主义市场经济相适应的法律体系的特征、原则》等学术论文。之前还有张永志在《法学杂志》1997 年第 5 期发表的《公法私法划分与我国构建社会主义市场经济法律体系的关系》。杨紫烜在《中外法学》1998 年第 1 期发表的《论社会主义市场经济法律体系——兼论社会主义市场经济法律体系与有中国特色社会主义法律体系的关系》。此外，还有刘海年、李林主编的《依法治国与法律体系建构》论文集。

学界以中国特色社会主义法律体系为研究命题，随着党的十五大明确提出构建中国特色社会主义法律体系的目标，进入了一个新的阶段。该阶段的研究直接切入中国特色社会主义法律体系问题，研究视野更加开阔，虽然出发点不一，但很多都触及了法律体系的核心内容问题。

一是中国特色社会主义法律体系的构成范围。学界对于中国特色社会主义法律体系所包含的法律规范的范围存在着分歧。冯巍、万一收录在孙国华主编的《中国特色社会主义法律体系前沿问题研究》中的《中国特色社会主义法律体系》归纳了三种意见。姜云宝主编的

---

① 程燎原：《论社会主义市场经济的法律体系》，《北京商学院学报》1993 年第 4 期。

《九届全国人大常委会法制讲座》一书中，王维澄《关于有中国特色社会主义法律体系的几个问题》对此也有类似总结：第一种意见认为，我国的法律体系除了包括宪法和法律外，还应包括行政法规，特别是全国人民代表大会授权国务院制定的暂行规定和条例。第二种意见认为，我国的法律体系应当以宪法为统帅，法律为主干，同时包括行政法规、地方性法规、民族地方的自治条例和单行条例等规范性文件。第三种意见认为，我国的法律体系只包括宪法和法律，不应包括行政法规、地方性法规及其他规范性文件。① 对于该问题的研究，随着进一步深入，成为学界主流的观点是："中国特色社会主义法律体系包括宪法、法律、行政法规和地方性法规等规范性文件在内的三个层次法律规范构成。"②

二是中国特色社会主义法律体系的法律部门划分标准。学界的主流观点目前集中体现在张文显主编的《法理学》，即：法律部门划分的主要标准应是法律调整的对象，也就是法律规范所调整的社会关系的种类，次要标准是法律规范的调整方法。③ 曹新明在他题为《对法律部门划分的质疑——以知识产权法的定位为切入点》的文章中对法律部门划分提出质疑，认为法律部门的划分是全面揭示法律体系内部结构的一种方法论。判断法律部门划分标准是否科学，就是看每一部具体法达到有且仅有一个合理归属的程度。这种合理归属的程度越高，就表明法律部门划分标准越科学。而学界主张以公法、私法和社会法的三要素来解析法律体系，基本上就否定了法律部门划分的必要性。④ 孙国华主编的《中国特色社会主义法律体系研究——概念、理论、结构》认为，划分法的部门的标准是调整方法的不同，而调整方法最终决定于调整对象，从而法律调整的对象是法律部门划分的依据。公私

---

① 参见姜云宝《九届全国人大常委会法制讲座》，中国民主法制出版社2003年版。

② 李婧：《中国特色社会主义法律体系构建研究》，博士学位论文，东北师范大学，2010年。

③ 张文显：《法理学》，高等教育出版社、北京大学出版社2007年版，第129、128页。

④ 曹新明：《对法律部门划分的质疑——以知识产权法的定位为切入点》，载孙国华主编《中国特色社会主义法律体系前沿问题研究》，中国民主法制出版社2005年版，第456页。

法、法的部门的划分问题，决定于实际生活的需要，归根结底决定于经济生活的需要。实际上是选择最适合生活需要的法律调整方法问题，也包括不同部门的法律调整作为整个系统的组成部分相互之间的协调配合问题。这样既可以避免"主要标准和辅助标准"说的"多标准交叉划分"的逻辑难题，又有利于人们把握法律部门的划分。①

三是中国特色社会主义法律体系的框架结构。学者们对中国特色社会主义法律体系的结构，特别是法律部门的组成存在着争论。研究者对我国法律体系的法律部门组成的观点各有不同，仅是法律部门的数量，就有很多不同的声音。有的认为由五六个法律部门组成，有的认的为八九个，也有认为是由十个法律部门组成。还有的学者提出了中国特色社会主义法律体系的基本结构为：公法、私法和社会法三大部门群，宪法法、行政法、民商法、刑法和诉讼法五个基本部门，经济法、财政金融法、生态法、婚姻家庭法、劳动和社会保障法五个派生部门。② 多数研究者则认为中国特色社会主义法律体系由宪法相关法、民法商法、行政法、经济法、社会法、刑法、诉讼与非诉讼程序法等七个法律部门组成。③

四是中国特色社会主义法律体系的特征。有五种不同的表述和观点，第一种是有的学者认为中国特色社会主义法律体系具有四点基本特征：中国特色社会主义法律体系的政治性，是中国特色社会主义的法制保障；中国特色社会主义法律体系的科学性，是创造和谐稳定社会秩序的行为准则；中国特色社会主义法律体系的统一性，是协调统一的规范系统；中国特色社会主义法律体系的阶段性，是不断发展完善的法律体系。④ 第二种是，有的学者从不同角度提出另外四个基本特征：中国特色社会主义法律体系以马列主义、毛泽东思想、邓小平

① 孙国华：《中国特色社会主义法律体系研究——概念、理论、结构》，中国民主法制出版社 2009 年版。

② 同上。

③ 中华人民共和国国务院新闻办公室：《中国特色社会主义法律体系》，人民出版社 2011 年版。

④ 陈俊生：《中国特色社会主义法律体系的基本特征》，《高校理论战线》2011 年第 8 期。

理论为指导的；中国特色社会主义法律体系体现了国家的整体利益和人民的根本利益；这一体系是党在社会主义初级阶段的基本路线和基本纲领的具体化、法律化、制度化；四是中国特色社会主义法律体系具有改革开放和现代化建设的时代特点。① 第三种是，有的研究者认为，具体来讲，至少有四点显著特征：中国特色社会主义法律体系是自觉建构的成文法律体系；中国特色社会主义法律体系是以当代中国核心价值为取向的法律体系；中国特色社会主义法律体系是由统一而多层次法律规范构成的法律体系；中国特色社会主义法律体系是包容开放发展的法律体系。② 第四种是有的学者认为，体现了五个基本特点：以中国特色社会主义理论和社会主义法治理念为指导；反映工人阶级为领导的广大人民的共同意志；追求体系内在的和谐统一；从当代中国的物质生活条件出发；是一个动态的、开放的、不断完善的体系。③ 第五种是还有的学者研究的是中国特色社会主义法律体系形成的主要技术特色为：理性主义的建构思路、国家主义色彩、立法中心—行政配合的运作模式及简约主义的风格。④

五是关于中国特色社会主义法律体系形成的原则。有的学者认为中国特色社会主义法律体系包括六个基本原则，即以人为本原则，上下有序原则，内外协调原则，动态均衡原则，公平与效率辩证统一原则，以及可持续发展原则。⑤ 有的学者则认为体现了三大原则：社会主义的原则，该学者认为关于社会主义，可以从理论、理想的角度对其进行探讨，也可以把社会主义当作一种社会制度、原则或基本精神来研究；民主的原则，牢固树立立法为民的理念，建立和完善民主的

① 王维澄：《关于有中国特色社会主义法律体系的几个问题》，《求是》1999 年第 14 期。
② 陈斯喜：《中国特色社会主义法律体系的形成、特征与完善》，《中国党政干部论坛》2011 年第 5 期。
③ 孙国华：《中国特色社会主义法律体系研究——概念、理论、结构》，中国民主法制出版社 2009 年版。
④ 张志铭：《转型中国的法律体系建构》，《中国法学》2009 年第 2 期。
⑤ 孙国华：《中国特色社会主义法律体系研究——概念、理论、结构》，中国民主法制出版社 2009 年版。

立法程序制度,扩大公民有序参与立法;科学的原则,坚持从当代中国的实际出发,深刻体现改革开放和社会主义现代化建设的客观规律,充分反映中国特色社会主义法律体系构建的内在要求。① 有的学者认为,在科学地建构法律体系时除了必要的技术性原则外,更重要的还必须遵循实体性原则:一是权利的神圣性与权力制衡的对抗性辩证统一原则;二是公平与效益辩证统一原则;三是自由与秩序的统一原则。②

六是关于中国特色社会主义法律体系形成的标准。有的学者认为判断中国特色社会主义法律体系形成,一般说来基本标准可分为形式标志和实质标志两种。只有两种标志同时体现,一国法律体系才算作实际意义上的形成。从形式标志来看,中国特色社会主义法律体系必须符合以下四个方面的要求:一是法律部门齐全,可以涵盖社会关系的各个方面;二是各法律部门中基本的、主要的法律已经制定;三是与法律相配套的行政法规、地方性法规比较完备;四是法律体系内部总体科学和谐统一。从实质标志来看,中国特色社会主义法律体系必须符合以下三个方面的要求:一是符合我国的国情和实际,不盲目照搬照抄;二是来源于实践并服务于实践;三是体现和反映人民群众的意志和利益。③ 有学者认为,中国特色社会主义法律体系形成的标准可以从五个维度来予以确立:一是社会生活的整个领域得到法律规范的系统调整;二是自治、完备的法律规范体系的确立,包括门类齐全、体系完整的宪法与部门法体系的确立,以违宪审查机制为核心的法律规范协调机制的构建,以宪法责任的落实为最后保障的法律责任体系的构建;三是系统、协调、有效法律实施机制的构建与法治秩序的形成;四是以宪法为基准的国内法与国际法调适机制的确立;五是以宪

① 李婧、田克勤:《中国特色社会主义法律体系构建的原则和基本精神》,《思想理论教育导刊》2010 年第 11 期。

② 李龙、范进学:《论中国特色社会主义法律体系的科学建构》,《法制与社会发展》2003 年第 5 期。

③ 周叶中、伊士国:《关于中国特色社会主义法律体系的几个问题》,《思想理论教育导刊》2011 年第 6 期。

法为基础的常态法律体系与非常态法律体系的衔接。① 还有研究者认为，形成标准主要体现在以下两点：社会主义法律正在逐渐获得应有的权威，依法治国方略业已确立；我国在政治经济社会生活的各个方面基本上做到了有法可依。②

七是关于中国特色社会主义法律体系的形成过程。学者以各自不同划分标准，对中国特色社会主义法律体系进行了不同的阶段划分。有的学者认为，中国特色社会主义法律体系经历了奠基阶段、起步阶段、初步形成阶段、基本形成并走向日臻完善这四个阶段，即：1949—1978 年为奠基阶段（1956—1978 年为曲折中发展阶段），1978—1992 年为起步阶段，1992—2002 年为初步形成阶段，2002—2009 年为基本形成并走向日臻完善阶段。③ 有学者提出，以改革开放为起点，其历史进程应分为三个阶段：1978—1992 年为中国特色社会主义法律体系起步阶段；1992—2002 年为中国特色社会主义法律体系初步形成阶段；2002—2008 年为中国特色社会主义法律体系基本形成阶段。④ 还有学者以我国历史上几部宪法及修正案的通过时间为划分标准，即 1954 年宪法、1979 年宪法、1982 年宪法以及 1999 年宪法修正案，将中国特色社会主义法律体系的形成过程分为四个阶段。⑤

八是关于中国特色社会主义法律体系的完善。有的学者则从立法任务、存在问题和具体工作的角度对其完善进行了研究："一方面有些法律需要制定、修订、协调，有些司法体制机制需要改革；另一方面，没有直接可资参照的法律体系，我国的国情比较复杂，又缺乏完

---

① 刘茂林、王从峰：《论中国特色社会主义法律体系形成的标准》，《法商研究》2010 年第 6 期。

② 孙国华：《中国特色社会主义法律体系研究——概念、理论、结构》，中国民主法制出版社 2009 年版。

③ 刘先春、朱延军：《中国特色社会主义法律体系建设的回顾与展望》，《毛泽东邓小平理论研究》2009 年第 8 期。

④ 周叶中、伊士国：《中国特色社会主义法律体系的发展与回顾——改革开放 30 年中国立法检视》，《法学论坛》2008 年第 4 期。

⑤ 杨晖：《中国特色社会主义法律体系形成轨迹研究》，博士学位论文，河北师范大学，2009 年。

善中国特色社会主义法律体系的经验；还有一方面则是要进一步树立完善中国特色社会主义法律体系的理念，要进一步发挥立法的主体作用，进一步凸显立法审查的能力，还要进一步创新立法。"① 有的学者认为，中国特色社会主义法律体系从形成到"更加完善"，任务依然艰巨：现有法律部门的法律数量失衡，法律部门划分还需要完善；一些重要法律付诸阙如，重点项目立法亟待加速；法律冲突现象突出，维护法制统一、建立和谐法律体系的任务繁重；超越权限立法，造成法律效力等级紊乱；法律援引问题严重，导致法律难以实施；法律功能失调，法律工具主义的观念仍然存在；法律程序不明确，致使法律规则难以有效实施；立法技术不够成熟、规范，影响了法的内容的科学表述和法的实施。② 还有学者是在回顾形成进程之后，提出完善中国特色社会主义法律体系的方法：从我国基本国情出发，坚持以人为本，抓紧制定在法律体系中起支架作用的法律，及时修改与经济社会发展不相适应的法律，督促有关方面尽快制定和修改与法律相配套的法律法规。③

在总结上述研究成果之后，笔者认为对于中国特色社会主义法律体系的研究主要存在以下问题：在研究的领域方面，目前的研究成果主要集中在法学方面。其中法理学、部门法学较为常见。中国特色社会主义法律体系研究的话语权可以说是掌握在许多法学学者手中，而其他学科对中国特色社会主义法律体系的研究则较少。在研究内容方面，就目前研究成果来看，对中国特色社会主义法律体系的一般性问题的研究，尤其对基本概念、法律规范构成、法律部门的划分标准、法律体系的基本框架等研究相对集中。对于中国特色社会主义法律体系中的中国特色问题关注依然不够，往往是就我国法律体系的特征较

---

① 王立民：《完善中国特色社会主义法律体系任务艰巨》，《探索与争鸣》2011 年第 4 期。

② 吴斌：《中国特色社会主义法律体系建设：成就、问题与对策》，《理论建设》2011 年第 1 期。

③ 周叶中、伊士国：《中国特色社会主义法律体系的发展与回顾——改革开放 30 年中国立法检视》，《法学论坛》2008 年第 4 期。

为精简的概括而论，对中国特色还缺乏理论、系统、深入的研究。由于研究视野集中在法学领域，使得研究方法也多限于法理学和部门法学的研究方法。由此可见，整合法学、历史学、政治学等学科基本理论和方法，运用马克思主义理论特别是马克思主义中国化研究的理论和方法，对中国特色社会主义法律体系的"中国特色"问题进行全面、系统、深入地研究就显得格外重要。

三　研究框架

本书包括引言、七章主体内容，共八部分。

第一章　研究中国特色社会主义法律体系的开始，就要面对这样的一些问题：什么是法律体系、什么是社会主义法律体系、什么是中国特色社会主义法律体系。第一章的开始就对此进行了阐述。首要的便是确定什么是"法律体系"。我国法学界对"法律体系"这个术语的使用，包含了多种语义。这种多义使用，使法律体系概念的内涵成为学者们争论的焦点。我国法学理论界学者通常认可的是《中国大百科全书》中法学卷里对法律体系的解释。对中国特色社会主义法律体系的认识则从三个方面来把握：社会主义，初级阶段，中国特色。因为一个国家的法律体系通常是这个国家一定的历史发展阶段所形成的，它取决于国家的社会性质和国情实际。社会主义法律体系，较之资本主义法律体系及其他法律体系的区别，是从法律体系的性质和其所赖以建立的不同的经济基础上来划分。因此社会主义法律体系以社会主义公有制为经济基础，并反映社会主义基本制度。中国特色社会主义法律体系，具有社会主义法律体系的普遍性，又具有由中国实际所决定的特殊性。在第一章的这部分对其概念进行了论述。

法律体系的构建需要一定的理论基础。马克思列宁主义、毛泽东法律思想、中国特色社会主义理论体系所蕴含的法律思想是中国特色社会主义法律体系的理论基础。因此，在第一章的第二部分从马恩列关于法的概念和本质、法的职能、法的渊源及社会主义法制建设的法律思想；毛泽东关于法的本质和价值、法的功能和作用、立法的原则和方法、法律的实施、依宪执政及部门法的法律思想；中国特色社会主义理论体系所蕴含的以邓小平法为核心的党中央领导集体的法律思想、以江泽民为核心的党中央领导集体的法律思想、以胡锦涛为总书记的党中央领导集体的法律思想和以习近平为总书记的党中央领导集体的法律思想这三大方面对中国特色社会主义法律体系的理论基础进行了研究。

第二章　关于中国特色社会主义法律体系形成过程，学界的观点不一。划分的区别主要在于对起始点划分不同。中国特色社会主义法律体系建设的每个重要关头都与党的一些重要会议密切相关。党在不同历史时期的决策部署决定了法律体系建设的重心。因此，本文在第二章中，对中国特色社会主义法律体系的形成过程作了如下划分：第一阶段，中国社会主义法律体系的探索（1949—1977 年）；第二阶段，中国特色社会主义法律体系的奠基（1978—1996 年）；第三阶段，中国特色社会主义法律体系的初步形成（1997—2003 年）；第四阶段，中国特色社会主义法律体系的基本形成（2004—2007 年）；第五阶段，中国特色社会主义法律体系的正式形成（2008—2011 年）。

一般认为，中国特色社会主义法律体系的结构是由三个层次、七个法律部门的法律规范性组成。三个层次是指：以宪法为统帅，以法律为主干，行政法规、地方性法规、自治条例和单行条例等规范文件为重要组成部分。七个法律部门是指：宪法相关法，民商法，行政法，经济法，社会法，刑法，诉讼与非诉讼程序法。第二章的第二部分就从层次和法律部门两方面对中国特色社会主义法律体系的结构进行了分析。

第三章　本质是一种事物之所以为该事物的内在属性。第三章首先从马克思主义法学的角度分析了法的本质属性，即法的物质制约性、法的阶级性、法的社会性，并分析了这些属性在中国特色社会主义法律体系中的体现，同时在该章第二部分着重阐述了中国特色社会主义法律体系最根本、最本质的属性——社会主义性质。第一，坚持马克思主义的指导地位。在本书的第一章就指出马恩列法律思想、毛泽东思想、中国特色社会主义理论体系蕴含的法律思想为中国特色社会主义法律体系奠定了理论基础。中国特色社会主义理论体系为中国特色社会主义法律体系提供了指导，为正确把握法律体系的性质、功能和价值提供了理论依据。第二，坚持解放和发展生产力。解放和发展生产力是推动中国特色社会主义法律体系形成与不断完善的基础和根本动力。只有不断完善中国特色社会主义法律体系，才能更好地促进和保障生产力的发展。第三，坚持社会主义公有制。我国目前仍然处于并将长期处于社会主义初级阶段。中国特色社会主义法律体系以社会主义公有制为基础，同时对坚持以公有制为主体，多种经济成分共同发展加以确认和保护。第四，坚持党的领导。这是中国特色社会主义法律体系始终保持正确的政治方向和真正体现人民意志的根本保障。党在领导法律实施的实践中，不断总结经验，使法律体系得到不断丰富与完善。第五，坚持人民当家作主。中国特色社会主义法律体系的构建主体是人民，构建过程是民主的程序和方式，体现了广大人民的共同意志。第六，坚持实现共同富裕。社会主义最大的优越性就是共同富裕。随着改革开放，产生了一定的收入分配差距的问题。中国特色社会主义法律体系能够合理界定、调节社会利益关系，抑制冲突的扩展，防止矛盾激化，确保劳动者的合法权益得到保障。

第四章　法的民族性，在于法维护某一民族利益，并体现这一民族的民族精神或民族意识。第四章对中国特色社会主义法律体系民族性的研究是从中国传统法律文化的滋养和对外国法律文明成果的吸纳这两方面展开的。中华民族法制文明有其特殊的规律性及世界少有的传统。中国特色社会主义法律体系对中国传统法律文化传承主要就是体现在追求正义与和谐；对犯罪以预防为主，慎刑慎杀；关注弱势群体等方面。对于外国法律文明成果的借鉴，是人类法制社会发展进程中一个规律性的现象。构建和完善中国特色社会主义法律体系，如民法典的制定和完善，环境保护、能源管理等领域的立法，以及与WTO的规则接轨的法律规范的完善，都需要借鉴外国比较成熟的法制经验。

这里谈到的借鉴，应是批判的借鉴。简单"照搬"和"全盘否定"一样，都是片面的。同时，在本章第三部分结合人民调解制度的法治化，这一中国特色社会主义法律体系的民族性的典型体现，进行了论证。

第五章　人民性是贯穿于中国特色社会主义发展的主题，在不同时期体现出不同的内容，是中国特色社会主义理论体系最鲜明的特征。中国特色社会主义法律体系，是中国特色社会主义理论体系的重要组成部分，也具有十分鲜明的人民性特征。第五章从"以人为本"这一中国特色社会主义法律体系的立法原则与价值体现（即：肯定人的主体性，是现代法治文明的灵魂，对"法律面前人人平等"内涵深化，是推进依法治国的评判标准），以及中国特色社会主义法律体系体现了最广大人民的根本利益、保障我国的人权取得了历史性的发展，这些方面对中国特色社会主义法律体系的人民性进行了论述。同时结合人民代表大会制度的法治化，这一中国特色社会主义法律体系人民性的典型体现，进行了论证。

第六章　与时俱进是马克思主义的理论品质。中国特色社会主义法律体系作为一个科学的体系，把握了时代的内容，集中反映了时代的特征，体现出了时代精神的精华。第六章的第一部分就是从中国特色社会主义法律体系的与时俱进来论述中国特色社会主义法律体系的时代性。按照中共十七大报告，中国特色社会主义是改革开放以来在邓小平理论、"三个代表"重要思想和科学发展观的指引下形成的。中国特色社会主义法律体系也有一个随社会发展，其自身也逐步成熟的过程。成熟是相对的，没有比较就没有鉴别。其中改革开放的40年对中国特色社会主义法律体系的形成具有关键意义。以改革开放前后为比较的分界点，通过立法数量、立法种类、标志性的立法成果，以及法律体系所体现出的时代特征来进行分析。第二部分则是在经济全球化的大背景下，通过经济全球化对法律的影响，经济全球化下中西方法律制度文化的冲突，以及经济全球化下中国法律制度文化的适应来对时代性进行论述的。在第六章的第三部分则是通过物权法的颁行，这一中国特色社会主义法律体系的时代性典型体现来进行论证的。

第七章　中国特色社会主义法律体系的形成，反映了我国现代化建设进程的阶段性成就。在新的起点上完善中国特色社会主义法律体系，是推进中国特色社会主义制度发展完善的内在要求。第七章对中国特色社会主义法律体系的完善是从主要存在的不足，如，诸多领域立法随社会发展还需要进一步健全，"以人为本"的精神还需进一步深化，传统法制惯性思维还需进一步转变，及其在法律体系各部门法中的具体体现来进行分析，以便找寻出与之相对应的完善路径。如，与时俱进加强重点领域立法，坚持以人为本的立法原则与价值取向，转变立法传统惯性思维增强法律可操作性，及其在法律体系各部门法中具体需要完善的方面进行了论述。

四　可能的创新之处

第一，将中国特色社会主义法律体系的"中国特色"集中概括为民族性、人民性、时代性。中国特色社会主义法律体系的民族性在于它既植根于中国传统法律文化的滋养，同时又吸纳了外国法律文明成果，并以人民调解制度的法治化为典型体现；中国特色社会主义法律体系的人民性在于将"以人为本"作为立法原则与价值体现，体现了最广大人民的根本利益，保障我国人权取得了历史性发展，并以人民代表大会制度的法治化为典型体现；中国特色社会主义法律体系的时代性在于它的与时俱进，体现在改革开放前后的立法数量、立法种类与标志性的立法成果，以及法律体系在改革开放前后所反映出的时代特征。同时，在经济全球化背景下，针对中西方法律制度文化的冲突，中国法律制度文化也作出了相应的调整。

第二，以马克思主义中国化理论视角，来对中国特色社会主义法律体系进行研究。有别于以往单纯从法学视角进行的研究。阐述了中国特色社会主义法律体系的社会主义本质。从马克思主义法学的角度，分析了中国特色社会主义法律体系既具有法的本质属性，包括了法的物质制约性、法的阶级性、法的社会性，又具有社会主义性质，也是其最根本、最本质的属性。具体体现为：其一，坚持马克思主义的指导地位。马恩列法律思想、毛泽东思想、中国特色社会主义理论体系蕴含的法律思想为中国特色社会主义法律体系奠定了理论基础。为正确把握法律体系的性质、功能和价值提供了理论依据。其二，坚持解放和发展生产力。解放和发展生产力是推动中国特色社会主义法律体系形成与不断完善的基础和根本动力。只有不断完善中国特色社会主义法律体系，才能更好地促进和保障生产力的发展。其三，坚持社会主义公有制。我国目前仍然处于并将长期处于社会主义初级阶段。中国特色社会主义法律体系以社会主义公有制为基础，同时对坚持以公有制为主体，多种经济成分共同发展加以确认和保护。其四，坚持党的领导。这是中国特色社会主义法律体系始终保持正确的政治方向和真正体现人民意志的根本保障。其五，坚持人民当家作主。中国特色社会主义法律体系的构建主体是人民，构建过程是民主的程序和方式，体现了广大人民共同意志。其六，坚持实现共同富裕。社会主义最大的优越性就是共同富裕。随着改革开放，产生了收入分配差距的问题。中国特色社会主义法律体系能够合理界定、调节社会利益关系，抑制冲突的扩展，防止矛盾激化，确保劳动者的合法权益得到保障。

第三，根据中国特色社会主义发展脉络，结合与中国特色社会主义法律体系建设密切相关的党的一些重要会议，及党在不同历史时期的决策部署所决定法律体系建设的重心，梳理了中国特色社会主义法律体系的形成过程，并针对中国特色社会主义法律体系需进一步完善之处，提出了相应的对策。

第 一 章

中国特色社会主义法律
体系的理论基础

一 中国特色社会主义法律体系概念的界定

(一) 法律体系的概念

研究中国特色社会主义法律体系，首先应确定"法律体系"的术语和概念问题。在研究中国特色社会主义法律体系的开始，就要面对一个问题：什么是法律体系。在我国，对"法律体系"这个术语的使用，往往包含了其他语言。如英文俄文的相关法学著作中的三个含义：Legal system、System of the law 和 System of laws 或 System of legislation。这三个词其实都是在讲法律现象的体系，但所指含义却有所不同。Legal system，是指整个法律制度的系统。按苏联及俄罗斯法学家理解，这一系统包括现行法律规范系统，还包括法律意识，甚至从事法律工作的人员，即整个法律上层建筑的体系。这符合"经济基础决定上层建筑"的马克思主义原理。System of the law 是指一国或一地区现行法律规范的总和。较之前一含义，是指其中核心的部分，而非全部。System of laws 或 System of legislation 则指法律规范的形式渊源系统。法的形式渊源系统根据不同的标准，排列也会有变化。它与 System of the law 的联系在于，只有在以法的部门为标准来排列时，才与之相符。即便如此，也只是法的内在结构的外在表现，并非同一现象，也不是法的体系本身。① 在上述的三个术语中，第一个是很宽泛的概念，第二个则是指第一个术语的核心部分，而第三个术语不能将之与法的内在结构等同。此外还有一个与"法律体系"相似，实际所指却完全不同的术语就是 Family of Law。中文译为"法系"。若将"法系"解读为"法律体系"的简称，则完全是一种误解。可见，我国法学界对"法律体系"一语是多义的使用。

由于这种多义使用，法律体系概念的内涵一直就是学者们争论的焦点。新中国成立以来，我国受到苏联法学理论的影响。在苏联，基于学者们的政治愿望与现实的需要，学者们为显示社会主义法律体系与西方资本主义关于法律体系理论的根本区别，适应理想的社会主义公有制经济基础的性质，"试图找到其特有的将法律体系划分为部门的'独特的'主要标准"，② 引发了苏联本国学界对法律体系理论的争论。直到 20 世纪 50 年代中期，争论仍未终止。除了将法律调整对象作为主要标准外，必须划分出附加标准——法律调整方式。③ 在随后的 30 年里，苏联学者又确认了法律部门的划分标准。到了 20 世纪 90 年代中期，俄罗斯的学者对苏联关于法律体系的观点，进行了修改，并作出有一定新意的界定。突破了原来狭窄的以调整对象与调整方法为内容的法律体系概念，把法律制度加入其中，拓展了法律体系的概念。俄罗斯承袭了苏联的法律传统，又进行了改变和创新。④ 中国也从苏联那里学来了法学理论，其中就包含了法律体系，继承了苏联法学理论对法律体系的理解，我国法学理论界学者对法律体系概念通常认可的是《中国大百科全书》中法学卷里对法律体系的解释："法律体系通常是指由一国全部现行法律规范分类组合为不同法律部门而形

---

① 孙国华：《中国特色社会主义法律体系研究——概念、理论、结构》，中国民主法制出版社 2009 年版，第 1 页。

② ［俄］B. B. 拉扎列夫主编：《法与国家的一般理论》，王哲等译，法律出版社 1999 年版，第 161 页。

③ 同上。

④ 孙国华：《中国特色社会主义法律体系研究——概念、理论、结构》，中国民主法制出版社 2009 年版，第 1 页。

成的有机整体。"在我国的《法理学》教材中大致都有详尽说明，意为：一国的法律规范，无论外在表现形式如何复杂多样，都会分为不同的制度、部门又有机联系成一个统一整体。这种区别与联系是法所调整的社会关系的反映，同时法受现存社会关系制约，是法的内在结构与内在形式。与所调整的社会关系一样，法也处于相互联系、相互制约的关系中。不同的社会关系及社会关系的不同方面的存在，调整它们的法律方法也就不同，不同的法律调整方法构成不同的制度和部门。随着时代进步，法律调整的方法也更精确和细化，在原有各部门的规范基础上分化、组合再补充新规范，而形成新的法律部门或子部门，是不可避免的。这就涉及法的内在规律及其发展规律认识的问题。可见，法律体系作为专指法的内在结构的概念很重要。因此，我们可以做出以下的定义，所谓法律体系，是指一个国家的全部现行法律规范按一定的原则和方法，根据法律规范所调整的对象和调整方法的不同，划分为区别又相互联系的不同法律部门而形成的内部和谐统一、有机联系的整体。① 它讲的是一国法律规范的统一与差别，实际上涉及的是怎样建立一个适应客观现实生活的需要而又内在协调统一的法律规范体系的问题，是完善法律、建设社会主义法治国家与构建和谐社会的必要前提。

（二）中国特色社会主义法律体系的概念

有的学者针对之前提到几个术语所指不同，除了从法的内在结构，也有从法的外在结构，即法的形式渊源来对法律体系进行系统排列。认为中国特色社会主义法律体系可以有三种既有区别又有联系的含义，这三种含义的范围与内涵都有所不同，但彼此之间又有很大的关联。一种是指我国法的形式渊源，规范性文件体系；一种是指我国社会主义法律上层建筑系统的核心部分，中国社会主义法的内在结构，在中

---

① 李飞：《中国特色社会主义法律体系辅导读本》，中国民主法制出版社 2011 年版，第 27 页。

国特色社会主义理论和社会主义法治理念的指导下建立起来，由划分为不同部门、内在协调、相互联系的全部社会主义法律、法规构成的统一整体；一种是指包括我国社会主义法律、法律实践和占主导地位的法律意识等在内的各种法律现象的总和，即整个社会主义法律上层建筑系统，亦即我国社会主义法律制度。[①]

这是一种比较细致全面的理解和概括，在不同的语境根据不同的需要可以分别使用三种含义。但为避免混淆，笔者则认为可不加细分，基于国内关于法律体系的现行主流观点展开本书的研究。

认识"中国特色社会主义法律体系"必须从三个方面来把握：社会主义、初级阶段、中国特色。一个国家的法律体系通常是这个国家一定的历史发展阶段所形成的，它取决于国家的社会性质和国情实际：不同的社会形态，法律体系不会相同；同一社会形态的不同国家，法律体系不会相同；即使是同一个国家，在同一社会形态下的不同历史阶段，其法律体系也不会相同。

社会主义法律体系，是较之资本主义法律体系及其他法律体系相区别，是从法律体系的性质和其所赖以建立的不同的经济基础上划分出的法律体系类型，是由各种相互协调一致的法律部门组成的一个统一整体。它的建立，在客观上要求相当数量的法律、法规，并且这些法律、法规可以按一定的标准划分为不同的法律部门，各个法律部门应内部和谐、外部协调一致。[②]经济基础决定上层建筑，社会主义经济基础决定了社会主义上层建筑。社会主义法律就是社会主义上层建筑的重要组成部分。社会主义法律是由社会主义国家制定或认可的，反映工人阶级领导的广大人民群众的意志和利益，并由社会主义国家以强制力保证其实施的行为规则的总和。其目的在于确认、保护和发

---

① 孙国华：《中国特色社会主义法律体系研究——概念、理论、结构》，中国民主法制出版社 2009 年版，第 10 页。

② 严军兴：《依法治国与建立有中国特色的社会主义法律体系》，载刘海年、李林主编《依法治国与法律体系构建》，社会科学文献出版社 2008 年版，第 30 页。

展社会主义的社会关系和社会秩序。① 因此，社会主义法律体系是以社会主义公有制为经济基础，并反映社会主义基本制度，由社会主义法律构成的法律规范的整体的法律形式。

中国特色社会主义法律体系，具有社会主义法律体系的普遍性，又具有由中国实际所决定的特殊性。我国是社会主义国家，这就必然决定了我们要建立的法律体系是社会主义性质的；我国所处的历史阶段，就必然决定了我们要建立与社会主义初级阶段相适应的法律体系；我国以中国特色社会主义理论体系为指导，就必然决定了我国要构建的法律体系是中国特色社会主义法律体系。基于以上的前提和语境，我们可以为中国特色社会主义法律体系做出定义：中国特色社会主义法律体系是立足中国国情和实际，以改革开放和社会主义现代化建设的实践为依据，充分吸收和借鉴世界法治文明成果，集中体现中国共产党和各族人民意志的，以宪法为统帅，以宪法相关法、民法、商法等多个法律部门的法律为主干，包括行政法规、地方性法规等多个层次的法律规范的总称。②

二　马恩列法律思想

法律体系的构建需要一定的理论基础。理论基础问题对于法律体系的构建至关重要，它决定着法律体系的性质和发展方向。就目前学术界的研究状况而言，关于中国特色社会主义法律体系的理论基础的研究成果相对较少。并且大多数也只是针对理论基础进行概括性的表述，阐述得系统深入的并不多。学者们普遍认为，马列主义、毛泽东思想、邓小平理论为中国特色社会主义法律体系奠定了理论基础，中国特色社会主义法律体系是在马列主义、毛泽东思想、邓小平理论指

---

① 李婧：《中国特色社会主义法律体系构建研究》，博士学位论文，东北师范大学，2010年。

② 李飞：《中国特色社会主义法律体系辅导读本》，中国民主法制出版社 2011 年版，第 28 页。

导下建立的。这个科学理论体系也为正确把握有中国特色社会主义法律体系的性质、功能和价值提供了理论基础和依据。① 王莉君在《有中国特色社会主义法的体系的理论基础初探》及孙国华主编的《中国特色社会主义法律体系研究——概念、理论、结构》一书中，从四个方面来研究了中国特色社会主义法律体系的理论基础：一是根本指导思想，中国特色社会主义法律体系都是以马克思列宁主义、毛泽东思想、邓小平理论和"三个代表"重要思想作为最根本的指导思想；二是哲学基础，马克思主义哲学——辩证唯物主义和历史唯物主义——是我国法学研究和法制建设的世界观和方法论基础，也是中国特色社会主义法律体系的哲学基础；三是政治经济学、社会学基础，中国特色社会主义理论继承和发展了马克思主义理论，其立足于中国实际，是建构符合我国国情的法律体系的政治经济学、社会学理论基础；四是法学基础，依法治国、建立社会主义法治国家理论是建构有中国特色社会主义法律体系的核心理论和基本论据。②

马克思列宁主义、毛泽东思想、中国特色社会主义理论体系所蕴含的法律思想是中国特色社会主义法律体系的理论基础。中国特色社会主义法律体系的建立是中国特色社会主义伟大实践的重要组成部分，其理论基础也是马克思列宁主义。在马克思主义的科学理论体系中，蕴含着丰富的法律思想。马克思主义的法律思想包括了马克思主义经典作家的法律思想，还包括在马克思主义的基本立场、观点和方法指导下形成和发展起来的法学理论。马克思主义经典作家在对法和法现象（尤其是资本主义社会的法和法现象）进行了深入研究后，提出建立无产阶级专政的法制的基本思想。③ 各国的无产阶级也将实现无产阶级专政条件下的法制的基本思想作构建社会主义法律体系的根本指

---

① 王居先：《浅析有中国特色社会主义法律体系的基本特征》，《法制与社会》2007 年第 9期。

② 孙国华：《中国特色社会主义法律体系研究——概念、理论、结构》，中国民主法制出版社 2009 年版，第 81—99 页。

③ 李婧：《中国特色社会主义法律体系构建研究》，博士学位论文，东北师范大学，2010年。

导思想。

国内学者在对于马克思主义法律思想的理论研究中，多数是针对马克思主义经典作家的法律思想，主要的还是围绕马克思、恩格斯和列宁的法律思想展开研究。研究成果已具一定系统性的则大多集中在马克思主义法理学和法律思想史研究。代表性理论成果主要有：河南人民出版社 1992 年出版的公丕祥所著《马克思法哲学思想述论》，群众出版社 1996 年出版孙国华所著的《马克思主义法理学研究》，李光灿、吕世伦主编的《马克思恩格斯法律思想史》，法律出版社 2000 年出版的吕世伦主编《列宁法律思想史》，庞正的《历史唯物主义法学的理论脉象》等。此外，还有一些散见于专著的章节以及学术论文。

张文显、马新福就法的起源与消亡、法的本质、法的特征、法的作用等马克思主义法律观基本问题有针对性地做出了论述。法作为与阶级和国家密不可分的社会现象，是在一定历史条件下产生、发展、消亡的，法的产生是阶级矛盾不可调和的产物和表现，法的消亡也随阶级和国家消亡而消亡。马克思主义关于法的本质的原理的基本思想：法是国家意志的表现；法具有鲜明的阶级性，世界上不存在超阶级的国家、平等体现全体社会成员共同意志的法；统治阶级的意志是由其社会物质条件决定的。法的特征是法的本质的外化，是法与其他现象或事物的具体关系的表现。法是调节人的行为或社会关系的规范（规则）；法是由国家制定或认可的；法以权利和义务为调节机制；法由国家强制力保证实施。法的作用与法的本质、目的和特征密切联系，从法是一种社会规范看，法具有规范作用；从法的本质和目的看，法又有社会作用。①

付子堂教授在其专著分析了与以往法学的根本区别。主要体现在：马克思主义法学的理论基础，即历史唯物主义法律观，其核心是经济决定法律，法律又反作用于经济，法律与上层建筑其他部分交互作用

---

① 张文显、马新福：《马克思主义法律观的几个问题》，《吉林大学社会科学学报》1992 年第 4 期。

的根本原理。马克思主义法学的主干以及马克思主义的部门法思想。"马克思主义法学的主干,代表工人阶级和劳动群众利益的马克思主义的法理学,建立在历史唯物主义基础上的法律起源论、法律本质论、法律职能论、法律价值论、法的运动规律论、法制工程论等;马克思主义的部门法思想,包括马克思主义的宪法学、行政法学、刑法学、民法学、婚姻法学、诉讼法学、国家法学等。"①

公丕祥对马克思法律观从内在逻辑联系的角度进行了初步论述。一是关于法的现象与社会之间的关系模式。法的现象和社会之间的关系的性质,是马克思全部法律思想的核心问题。马克思、恩格斯从宏观上来把握,基本思路的突出点在于把人类为生存而结合的不同方式作为理解法的现象的基本出发点,并针对法与社会的关系做出较为透彻的阐发。二是法是社会经济关系的意志化形态。一定的法的关系是一定社会经济条件的法权要求,是经济关系的意志化形态,离开了对经济关系的考察,就无从认识法的本质属性。马克思着重分析了所有权关系,并考察契约关系。每一个法权关系,都凝结着满足一定生产关系需要的意志要求。三是法律体现统治阶级利益要求的国家意志。马克思科学地揭示了法律的本质特点,指出法律是主观性与客观性的对立统一,是国家意志性与物质制约性的对立统一,也是整体性与普遍性的对立统一。四是立法者不是在发明法律,而只是在表述法律。立法者只有通过联结主观与客观相互作用的"桥梁"——立法实践,才能按照立法者所设定的法律观念,利用现实手段作用于眼下的法的现象世界,创制法律,达到主观与客观的一致,满足一定的社会需要。五是法律适用过程中的普遍与个别的矛盾。解决这个矛盾,使个别案件的审理符合立法普遍精神的契机或中介,便是运用法律进行具体判断的法官。②

龚延泰所作专著从列宁的法律思想形成发展来看,可以分为三个

① 付子堂:《马克思主义法律思想研究》,高等教育出版社 2005 年版,第 249、253 页。
② 公丕祥:《马克思法律观概览》,《中国法学》1990 年第 4 期。

阶段：第一阶段是从 1893 年至 1914 年第一次世界大战爆发之前；第二阶段是从 1914 年第一次世界大战爆发至 1917 年十月革命的胜利；第三阶段是从 1917 年十月革命胜利至 1924 年列宁逝世。这一时期，列宁把法律思想的理论建构和法律创制、法律实施与制度改革相结合，其法律思想的突出特点是创制与改革。[①]

　　李龙在从思想准备、理论基础和奠基之作三方面，对马克思主义法学创立的来龙去脉，进行了分析。马克思早期的法学思想的演变是马克思主义法学创立的思想准备，马克思早期的法学思想同马克思主义法学既不是"对立的"，更不是"等同的"，而是既有联系又有区别的两个阶段，前者的演变是后者的思想准备，后者的创立是前者演变的后果；马克思的第一个伟大发现是马克思主义法学创立的理论基础，科学的唯物史观是马克思主义法学创立的理论基础，表明了法律根源的物质性，标志着马克思已完成了由早期的理性法（自然法）思想向以唯物史观为理论基础的马克思主义法学的转变；《德意志意识形态》——马克思主义法学的奠基之作，书中初步完成了马克思的第一个伟大发现——唯物史观，为马克思主义法学的创立奠定了理论基础，而且该书本身就以唯物史观为武器，阐明了马克思主义法学的基本原理，是马克思主义法学的奠基之作。[②]

　　以上的研究成果具有重要的研究意义，毋庸置疑，为我们进一步研究马克思主义经典作家法律思想提供了基础。但是这些论著主要还是从马克思主义经典作家法律思想的历史发展过程方面来概括总结的。这样在研究的内容方面难免具有一定的局限性。

　　可以说，马克思主义经典作家的法律思想是马克思主义法律思想的核心与精髓。除从马克思主义经典作家法律思想的历史发展过程方面概括总结外，更应对这些法律思想的内容进行分析和研究，深入挖掘其对中国特色社会主义法律体系所提供的理论支持和奠定的理论

---

① 龚延泰：《列宁法律思想研究》，南京师范大学出版社 2000 年版。
② 李龙：《论马克思主义法学的创立》，《中国法学》1990 年第 3 期。

基础。

马克思和恩格斯法律思想的哲学基础是历史唯物主义。① 它是指建立在一定的生产力水平上的社会物质生活条件或经济基础决定的民主与法制。经济基础反映各阶级之间的根本利益关系。人们奋斗所争取的一切，都同他们的利益有关。所以社会各种意识及其相应的制度（民主、法制等），不能超越而只能适应这种利益关系。就这一点而言，它是一种客观的规律，是马克思、恩格斯全部理论体系中最基础性的东西。一如恩格斯所说："根据唯物史观，历史过程中的决定性因素归根到底是现实生活的生产和再生产。无论马克思或我都从来没有肯定过比这更多的东西。"② 正是这一历史唯物主义的"决定"论，解决了人类社会的变迁和发展规律的最基本的、具有整体性的问题，从而成为马克思主义的民主、法制思想的根本指导。

1883 年恩格斯在《马克思墓前的讲话》中说到，"正像达尔文发现有机界的发展规律一样，马克思发现了人类历史的发展规律，即历来为繁芜丛杂的意识形态所掩盖着的一个简单事实。"人们首先必须满足衣食住行，然后才能从事科学、政治、艺术、宗教等。"所以，直接的物质的生活资料的生产，从而一个民族或一个时代的一定的经济发展阶段，便构成基础。人们的国家设施、法的观点、艺术以至宗教观念，就是从这个基础上发展起来的。因而也必须由这个基础来解释。而不是像过去那样做得相反。"③ 对历史唯物主义这一精辟的概括，同马克思本人的概括是完全一致的。在《〈政治经济学批判〉序言》中，马克思研究得出了法根源于物质生活关系，并与生产力和生产关系相适应的结果。法的关系正像国家的形式一样，既不能从它们本身来理解，也不能从所谓人类精神的一般发展来理解。相反，它们根源于物质的生活关系，这种物质的生活关系的总和，黑格尔按照 18

---

① 孙国华：《邓小平理论、"三个代表"重要思想与中国民主法制建设导论》，中国人民大学出版社 2004 年版，第 18 页。

② 《马克思恩格斯全集》（第 37 卷），人民出版社 1971 年版，第 460 页。

③ 《马克思恩格斯选集》（第 37 卷），人民出版社 1995 年版，第 776 页。

世纪的英国人和法国人的先例，概括为"市民社会"。"用于指导我的研究工作的总的结果，可以简要地表述如下：人们在自己生活的社会生产中发生一定的、必然的、不以他们的意志为转移的关系，即同他们的物质生产力的一定发展阶段相适合的生产关系。这些生产关系的总和构成社会的经济结构，即有法律的和政治的上层建筑竖立其上并有一定的社会意识形式与之相适应的现实基础。"① 为了捍卫历史唯物主义的"决定"论，马克思、恩格斯对政治权力（特别是君主的权力）决定论、意志或法律决定论，进行了坚持不懈的斗争。"只有毫无历史知识的人才不知道：'君主们在任何时候都不得不服从经济条件，并且从来不能向经济条件发号施令。无论是政治的立法或市民的立法，都只是表明和记载经济关系的要求而已。'"② 马克思、恩格斯一直把唯心主义观称作"法学家的幻想"。"社会不是以法律为基础的……《拿破仑法典》并没有创立现代的资产阶级社会……只是在这本法典中找到了它的法律的表现。这一法典一旦不再适应社会关系，它就会变成一叠不值钱的废纸。"③ 一切非马克思主义或反马克思主义的民主、法制思想的主要错误恰在于此。

马克思主义法学，与以往法学的根本区别主要有④：马克思主义法学研究了社会经济基础与上层建筑的关系，是由这一社会的经济基础决定并反过来为经济基础服务的；马克思主义法学还分析了社会阶级的关系，认为一定阶级的国家和法都是实现阶级统治的工具，国家是有阶级性的，其所制定的法也是有阶级性的；法并不是超历史的，法是人类社会发展到一定阶段的产物，随着私有制、阶级和国家的出现而出现。在法存在的时代，它随着社会的生产方式和政权性质的变迁而变迁。到了共产主义社会，随着国家的消亡，法也将趋于消亡。⑤

---

① 《马克思恩格斯文集》（第37卷），人民出版社2009年版，第591页。
② 《马克思恩格斯全集》（第4卷），人民出版社1958年版，第121—122页。
③ 《马克思恩格斯全集》（第6卷），人民出版社1961年版，第291—292页。
④ 朱力宇：《依法治国论》，中国人民大学出版社2004年版，第4—5页。
⑤ 《中国大百科全书》（第6卷），中国大百科全书出版社1984年版，第9—10页。

（一）关于法的概念和本质①

马克思在主编《莱茵报》时期，第一次遇到需要对物质利益发表意见，这并非易事。为了解决这样的疑问，马克思从1844年初开始着手系统地研究政治经济学，科学地阐发了历史唯物主义的法的概念，实现了文明社会法哲学发展历程上的伟大变革。

1845年9月到1846年初的《德意志意识形态》的写作，标志着马克思历史唯物主义法的概念思想正式确立。在这部手稿中，马克思、恩格斯首次将社会的基本矛盾归结为生产关系之间的矛盾，并以此为开端，科学探讨了法的本质与法的特征。马克思、恩格斯高屋建瓴，从客观上把握法的现象与社会之间的关系问题。在他们看来，任何人类社会历史的第一个前提，无疑是生命的个人存在。这些个人与动物区别开来的第一个历史行动不是在于他们的思想，而是在于他们开始生产自己生活所必需的生活资料。在此基础上对最初历史关系四个因素进行考察。"一定的生产方式或一定的工业阶段始终是与一定的共同活动的方式或一定的社会阶段联系着的，而这种共同活动方式本身就是'生产力'"。"人们所达到的生产力的总和决定着社会状况。"② 显然，马克思、恩格斯已经得出了生产力决定社会状况，交往方式的科学结论。不仅如此，马克思、恩格斯提出要考察政治结构同社会物质生活的关系，这里所说的政治结构中就包括了法和法律。马克思探讨法的现象之性质的基本思路，是在于从客观上把社会看作生产力、生产关系以及上层建筑等各项要素在结构上相互联系的有机整体。当然，在这里提到的上层建筑之中包括了制度的和观念的，进而在这个有机的整体之中来合理地确定法的现象所处的独特地位。这一理论思路，如之前提到，马克思在《〈政治经济学批判〉序言》中有所论述。法的关系正像国家的形式一样，既不能从它们本身来理解，也不能从所

---

① 孙国华：《马克思主义法理学研究——关于法的概念和本质的原理》，群众出版社1996年版，第47—60页。

② 《马克思恩格斯文集》（第1卷），人民出版社2009年版，第532页。

谓人类精神的一般发展来理解，相反，它们根源于物质的生活关系，这种物质的生活关系的总和，黑格尔按照18世纪的英国人和法国人的先例，概括为"市民社会"。"用于指导我的研究工作的总的结果，可以简要地表述如下：人们在自己生活的社会生产中发生一定的、必然的、不以他们的意志为转移的关系，即同他们的物质生产力的一定发展阶段相适合的生产关系。这些生产关系的总和构成社会的经济结构，即有法律的和政治的上层建筑竖立其上并有一定的社会意识形式与之相适应的现实基础。"① 马克思、恩格斯指出，把唯物史观的基本原理贯彻到法的现象领域，就应该把法的关系看作是"从人们的物质关系以及人们由此而产生的互相斗争中产生"② 而不应当把脱离现实经济关系的"自由意志"或抽象的权力看作是法的现象的基础。

《共产党宣言》是科学共产主义的纲领性文献，其中包含着对历史唯物主义法学原理的经典论述，驳斥了资产阶级谬论。"你们的观念本身是资产阶级的生产关系和所有制关系的产物，正像你们的法不过是被奉为法律的你们这个阶级的意志一样，而这种意志的内容是由你们这个阶级的物质生活条件来决定的。"③ 这段话虽然是对资产阶级法而言的，但它对于把握各类型，尤其剥削阶级类型，法的本质具有普遍意义。法属于社会意识的范畴，是社会意识的一种特定表现形式。在阶级社会中，作为社会意识表现形式之一的法，最本质的属性实际上是阶级意志或法权要求。法所体现的是哪个阶级的意志，就显得尤为关键。激烈的斗争后唯有取得胜利的阶级才能掌握国家政权，成为统治阶级。统治阶级才可将其意志制定成法律。因此，法律总是统治阶级的意志体现。资产阶级的理论家们提出法是所谓的"全民意志"或者"社会整体意志"，都是为维护统治阶级利益鼓吹的妄论。④

---

① 《马克思恩格斯选集》（第2卷），人民出版社1995年版，第32页。

② 《马克思恩格斯全集》（第3卷），人民出版社1974年版，第147页。

③ 《马克思恩格斯文集》（第2卷），人民出版社2009年版，第48页。

④ 孙国华：《邓小平理论、"三个代表"重要思想与中国民主法制建设导论》，中国人民大学出版社2004年版，第28页。

法中蕴含的统治阶级意志，是统治阶级的整体意志，马克思对此也进行了一再强调。即共同意志，不是统治阶级中个别集团、成员的意志，也不是统治阶级中每个成员意志的简单之和。"统治阶级力图通过法律形式来实现自己的意志，同时使其不受他们之中任何一个单个人的任性所左右，这一点不取决于他的意志，如同他们的体重不取决于他们的唯心主义的意志或任性一样。他们的个人统治必须同时是一个一般的统治。"① 法律是社会共同的由一定物质生产方式的利益和需要的表现，而不是单个的个人恣意横行。② 不言而喻，法律要强迫被统治阶级严格遵守。但法律同时也要求统治阶级内部成员，必要时做出一定的"自我舍弃"。当然这种"自我舍弃"是个别场合，而利益的自我肯定则是一般场合。③ 就是说，法只能体现统治阶级成员意志中的相互一致的那部分，即共同意志，而排斥任何个别集团、个别人的与共同意志相违背的意志。如果不这样，法律便起不到维护统治阶级整体的政治统治和经济利益的作用。④

通过法律形式获得集中表达的统治阶级意志，就是"国家意志"。马克思、恩格斯指出，因为国家是统治阶级的各个个人借以实现其共同利益的形式，是该时代的整个市民社会获得集中表现的形式，因此，可以得出一个结论：一切共同的规章都是以国家为中介的，都获得了政治形式。⑤

国家意志则是由统治阶级所处的物质生活条件所决定的。统治阶级无法脱离其自身赖以存在的物质生活条件来随心所欲地创制法律。统治阶级一旦离开其物质生活条件，法律不可能产生。只有顺应了其赖以存在的物质生活条件，将其阶级意志或法权要求，遵循一定程序上升为国家意志，才使之具有法律性质。统治阶级有制定法律的权力，

① 《马克思恩格斯全集》（第3卷），人民出版社1960年版，第378页。
② 《马克思恩格斯全集》（第6卷），人民出版社1960年版，第292页。
③ 《马克思恩格斯全集》（第3卷），人民出版社1960年版，第378页。
④ 孙国华：《邓小平理论、"三个代表"重要思想与中国民主法制建设导论》，中国人民大学出版社2004年版，第28页。
⑤ 《马克思恩格斯选集》（第3卷），人民出版社1995年版，第132页。

但制定法律之目的在于为其阶级利益服务。若法律内容与其自身利益相悖，在实践当中也行不通。物质生活条件包括地理环境、人口、生产方式等方面，其中生产方式是决定生活面貌、性质和发展方向的主要因素，也是决定国家意志，即法律内容的主要因素。可见，在《共产党宣言》中的法的概念，是从揭示资产阶级法的本质角度展开，充分强调了法是被奉为法律的统治阶级的意志，这个意志的内容是由该社会的物质生活条件所制约的。充分强调了法的阶级意志性与其物质制约性的辩证统一。马克思、恩格斯谈论法时，既要看法的内容，也要看法的形式。①

在《资本论》及其手稿中，马克思精辟阐发了马克思主义法学理论的基本精神，对法的概念和本质做出了富有新意的创造性概括。马克思全面分析构成法的基础的社会经济关系，一定社会中现存的生产关系总和构成该社会的经济基础，作为社会上层建筑重要组成部分的法根源于社会的经济关系。

马克思对法权关系给出了一个经典性的规定：法权关系"是一种反映着经济关系的意志关系。这种法权关系或意志关系的内容是由这种经济关系本身决定的"。② 早在《〈政治经济学批判〉序言》中马克思就把财产关系视为法权关系（或法的关系）的同义语。每一种法权关系都凝结着满足一定生产关系需要的意志要求。法的关系之本体，乃是一种法律上的权利义务关系，即被国家权力所确认保护的法律确立的一种权利义务关系，归根结底法的关系是被社会的经济关系所决定。着重分析了所有权关系，由此出发，揭露了唯心主义法学家特别是黑格尔所有权的虚幻性。

（二）关于法的职能

法的职能本质上与国家权力的职能是一致的，是国家活动的基本

---

① 孙国华：《马克思主义法理学研究——关于法的概念和本质的原理》，群众出版社 1996 年版，第 55 页。

② 《马克思恩格斯全集》（第 23 卷），人民出版社 1960 年版，第 102 页。

方向在法上的体现。法的职能是法发挥作用的基本方向。这种方向反映着法的本质，实现着法律调整一定社会关系的任务，体现着一定的价值追求。从法的角度看，法的职能的存在理由与国家职能的存在理由相同。都根源于社会物质生产方式的需要。由一定社会物质生产方式所决定的社会关系体系，因社会生活的多元性和复杂性而分化为不同类型。故而法的职能也就分为：经济职能、政治职能、文化教育职能、公共职能以及对外职能。[①]

马克思在谈到剥削阶级国家时指出，在那里，政府的监督劳动和全面干涉包括两方面：既包括执行由一切社会的性质产生的各种公共事务，也包括由政府同人民大众相对立而产生的各种特殊职能。[②] 直接实现统治阶级专政，维护统治阶级利益的职能。这一点正是国家和法产生和存在的根本历史动因。列宁说：为了镇压自己的敌人，一到有可能谈自由的时候，国家本身就不再存在了。[③] 法的社会职能（公共职能）就是"执行由一切社会的性质产生的各种公共事务"职能，即从统治阶级根本利益出发而维护社会全体居民共同利益的职能。同执行政治职能的法律规范相比较，执行社会职能的法律规范确有其自身的特点。这类规范多属于技术性规范，侧重调整人与自然界的关系，不具阶级色彩。但法律的社会职能和政治职能并不是对立的，而是统一的。这种统一性不仅表现在二者都服从于建立和维护有利于统治阶级的社会关系和社会秩序这一根本目的，而且还在于法的社会职能归根结底是为了更好地实现法的政治统治职能。正如恩格斯所指出的，政治统治到处都是以执行某种社会职能为基础，而且政治统治只有在它执行了它的这种社会职能时才能持续下去。[④]

还须指出，马克思特别强调，执行公共职能并不是国家和法本

---

① 孙国华：《马克思主义法理学研究——关于法的概念和本质的原理》，群众出版社1996年版，第381页。

② 《马克思恩格斯全集》（第25卷），人民出版社1960年版，第432页。

③ 《列宁选集》（第三卷），人民出版社1995年版，第191页。

④ 《马克思恩格斯选集》（第25卷），人民出版社1995年版，第523页。

身所固有的职能，而是社会和人生存的基本需要所决定的。"只要资本家的劳动不是由单纯作为资本主义生产过程的那种生产过程引起，因而这种劳动并不随着资本的消失而自行消失；只要这种劳动不只限于剥削别人劳动这个职能；只要这种劳动是由作为社会劳动的劳动的形式引起，由许多人为达到共同结果而形成的结合和协作引起，它就同资本完全无关，就象这个形式本身一旦把资本主义的外壳炸毁，就同资本完全无关一样。"① 新型社会主义国家和法律不仅保留公共职能，而且随着阶级的逐渐消灭还会越来越增强和扩大这一职能。在国家和法律消亡的共产主义社会里，这种职能将由社会自身来承担。②

（三）关于法的渊源

法的渊源包括两层含义：一是法的实质渊源，指法的存在原因和根据；二是法的形式渊源，指法的创制方式和表现形式。在法的实质渊源方面，马克思主义法哲学侧重揭示法的政治与物质渊源。法的政治渊源是指统治阶级政策，包括了统治阶级处理政治、经济、社会文化事务等各方面的主张，体现了在社会上占统治地位的价值观、正义观、民主观、自由观等。而法的物质渊源，即统治阶级赖以生存的社会物质生活条件，才是法的内容和力量最深刻的根源。两方面结合，就揭示出法的内容和物质基础。

法的形式渊源严格而言，是指法的效力来源，包括法的创制方式和表现形式。其意义在于表明一种行为规则通过什么方式产生，具有何种外部表现形式才被认为是法律规范，而具有法律上的效力，成为国家审判案件和处理问题的规范性依据。法的形式渊源总与国家分不开，国家立法必须反映法的实质渊源，使法成为内容与形式的统一。没有国家的制度和认可，法的实质渊源不体现在法的形式渊源之中，

---

① 《马克思恩格斯选集》（第 2 卷），人民出版社 1995 年版，第 511 页。
② 孙国华：《邓小平理论、"三个代表"重要思想与中国民主法制建设导论》，中国人民大学出版社 2004 年版，第 30 页。

就不称其为法。①

（四）关于社会主义法制建设②

苏维埃政权诞生以后，列宁特别重视制定法律的工作。在苏维埃国家法制建设工作的过程中，列宁有一系列极其精辟的论述，丰富发展了马克思主义法律思想。

加强社会主义法制，首先就要制定完备的法律。没有法律，便谈不上运用法律、遵守法律，谈不上法制。随着无产阶级专政具体任务的变化和社会主义建设事业的发展，及时废除和修改过时的法规，制定新的法规，是社会主义法制必须遵循的原则。在苏维埃政权建立初期，社会的政治、经济情况急速变动，已经制定和公布实施的法律不可能长久适用不变，列宁说：如果旧的规定不合用，那就应该改变，以适应变化了的形势的需要。③ 如1919年对执行一年的《苏俄劳动法典》和《苏俄婚姻、家庭和监护法典》进行了修订。同年12月召开的全俄苏维埃第七次代表大会上，列宁就提议修改1918年宪法。

法律具有强烈的阶级性。列宁强调，一是社会主义法律同资本主义法律有本质区别。无产阶级专政国家在制定自己的法律的时候，"不要迎合'欧洲'"，照抄照搬资产阶级法律；应将立足点放在总结本国人民群众斗争实践经验上，要从本国的实际情况出发。列宁也指出，并不排除在社会主义法制建设过程中，可以而且应当吸收外国的，包括西方资本主义国家某些有益的经验。如在制定《苏俄民法典》时，列宁强调，凡是西欧各国文献和经验中所有保护劳动人民利益的东西，都一定要吸收进来，对外国个别法典的研究，不是做"过头了"，而是做得很不够。可见，在进行社会主义法制建设中，拒绝吸收借鉴外国有益经验，是违背马克思主义法制理论的。

---

① 孙国华：《马克思主义法理学研究——关于法的概念和本质的原理》，群众出版社1996年版，第379页。

② 吕世伦：《列宁社会主义法制建设的理论和实践》，《马克思主义研究》1983年第4期。

③ 《列宁全集》（第35卷），人民出版社1985年版，第224页。

二是社会主义法制的关键是依法办事。立法重要，守法执法更重要。从严格意义上说，所谓法治，是依法办事，也就是执法、守法的问题。列宁认为，从制定法律到执行法律，实现法律，总是有相当的距离。制定法律是把全体人民的意志上升为法律规范，以国家意志的形式表现出来，执法、守法则是运用法律调整社会关系和维护社会秩序，从而使人民意志真正实现。[①] 有了法律如果得不到实施，不被遵守，那么法律再好，也只是一纸空文。所以列宁指出，"必须恪守苏维埃政权的法令和命令，并监督所有的人来执行。极小的违法行为，极小的破坏苏维埃秩序的行为，都是劳动者的敌人立刻可以利用的漏洞。"[②] 列宁还指出，任何法律规范都有可能被躲避而不被执行，如果不认真地执行，很可能完全变成儿戏而得到完全相反的结果。[③] 列宁非常重视马克思、恩格斯总结的巴黎公社的基本经验，认为无产阶级专政国家机器的主要特征之一，就是立法和行政的统一。全俄苏维埃代表大会作为国家最高权力机关既是制定法律的机关，又是实施法律的机关。这些机关及其成员必须亲自工作，亲自执行自己通过的法律，亲自检查实际执行的结果，亲自对自己的选民直接负责。[④] 列宁阐发的原则不仅对国家最高权力机关适用，而且对所有国家机关都适用。无产阶级专政国家的职能，是通过国家机关工作的干部（公职人员）实现的。干部，特别是各级领导干部以身作则、带头守法极为重要。列宁认为，对干部破坏法制的行为尤其不能容忍。他反复强调对官僚主义、拖拉作风、贻误工作、挥霍浪费、营私舞弊、贪污受贿以及各种渎职行为必须追究查办。与干部执法、守法问题密切相关的是坚持法律面前人人平等的原则，反对任何特权思想。无产阶级夺取政权主要靠党的政策指导下直接的群众革命行动，因此就产生了群众对苏维埃法律不够重视的副作用。这就决定了党和苏维埃国家必须长期系统

---

① 《列宁全集》（第37卷），人民出版社1986年版，第149页。

② 同上。

③ 同上书，第365页。

④ 《列宁全集》（第8卷），人民出版社1986年版，第241页。

地向人民群众开展社会主义法制的宣传教育工作。

三是社会主义法制的必要条件是法律监督。法律监督的目的在于同一切破坏法制的现象做斗争,保证法律能够全面、正确地实施。社会主义的法律监督是全社会性的,主要包括党组织的监督,专门国家机关的监督和人民群众的监督。列宁经常教育广大党员要认识到遵守国家法律和遵守党的纪律的一致性,模范地守法。反之,破坏国家法律就是破坏党的纪律,就要同时受到国家法律与党的纪律的处分。专门国家机关的法律监督,是指检察院的监督。列宁曾说,检察长有权利和义务做的只有一件事:注意使整个共和国对法制有真正一致的理解,不管任何地方差别,不受任何地方影响。检察长的唯一权利和义务是把案件提交法院判决。人民群众监督法律的实施,是指他们行使当家做主的权利、参与国家管理的基本途径之一。"十月革命"后,列宁领导苏维埃政权制定了各领域和各有关方面的监督条例,鼓励人民群众直接管理国家。

上述重要思想对于中国特色社会主义法律体系构建具有十分重要的理论指导意义。

三 毛泽东法律思想

以"毛泽东为主要代表的中国共产党人,根据马克思列宁主义的基本原理,把中国长期革命实践中的一系列独创性经验作了理论概括,形成了适合中国实际的科学的指导思想"[1] ——毛泽东思想。毛泽东思想中的法律思想是对马克思主义法学的丰富发展。

(一) 法的本质和价值[2]

毛泽东认为法律要体现劳动人民的意志。"法律是上层建筑。我们

---

[1] 蒋传光:《邓小平法制思想概论》,人民出版社 2009 年版,第 196 页。
[2] 同上书,第 192 页。

的法律，是劳动人民自己制定的。它是维护革命秩序，保护劳动人民利益，保护社会主义经济基础，保护生产力的。"① 1927年12月1日毛泽东致蔡和森的信中，谈到国民教育：教育所以落在资本家手里，则因为资本家有"议会"以制定保护资本家并防止无产阶级的法律；有"政府"执行这些法律，以积极地实行其所保护与所禁止；有"军队"与"警察"，以消极地保障资本家的安乐与禁止无产者的要求；有"银行"以为其财货流通的府库；有"工厂"以为其生产品垄断的机关。共产党人非取政权，且不能安息于其宇下，更安能握得其教育权？② 清楚地揭露了资产阶级法律乃是资产阶级意志体系的事实。

毛泽东认为法律的价值在于维护社会主义秩序和广大人民的利益。他在谈到社会主义社会向共产主义社会过渡时曾经指出，一切阶级斗争的工具都将随着共产主义的到来而走向消亡，法律也不例外。法律作为"上层建筑"，作为阶级斗争的工具，将因其历史使命的完成而不可避免地走向衰亡。毛泽东认为法律作为一种上层建筑，归根结底，是为经济基础服务的。它"对于我国社会主义改造的胜利和社会主义劳动组织的建立起了积极的推动作用，它是和社会主义的经济基础即社会主义的生产关系相适应的。"③

（二）法的功能和作用

毛泽东更多地将法律作为一种工具和手段，把法律的矛头指向专政对象，对违法乱纪的人予以严惩。"其违法情形严重者必须给以法律的制裁，群众所痛恨的违法乱纪分子加以惩处和清除出党政组织，最严重者应处以极刑，以平民愤，并借以教育干部和人民群众"。④ 在早期，毛泽东认为法律的目的在于维护经济的发展，保障人民的权利。

---

① 《毛泽东文集》（第7卷），人民出版社1999年版，第197页。
② 《毛泽东书信选集》，人民出版社1983年版，第5页。
③ 《毛泽东文集》（第7卷），人民出版社1999年版，第215页。
④ 《毛泽东文集》（第6卷），人民出版社1999年版，第255页。

同时在世界上树立我国的威信。之后他的这一法律思想得到了发展。1957 年 1 月，毛泽东对法的作用做出了论断。在省、市自治区党委书记会议上的讲话中指出："法律是上层建筑。我们的法律，是劳动人民自己制定的。它是维护革命秩序，保护劳动人民利益，保护社会主义经济基础，保护生产力的。"这三个保护，就是根据唯物史观对社会主义法的作用和目的的精辟概括。① 在此之前，毛泽东认识到法律其自身的局限性，1953 年 10 月在关于农业互助合作的谈话中，谈到法律保护私有财产问题时，就曾提出，对法律不禁止的，我们要做工作。②

（三）立法的原则和方法

毛泽东对立法原则和方法有很多阐述。对立法权的归属有着自己的见解。立法权"要统一，也要特殊"，"我们的宪法规定，立法权集中在中央。但是在不违背中央方针的条件下，按照情况和工作需要，地方可以搞章程、条例、办法"。③ 他认为，制定的法律要得到群众的拥护。在他看来，立法要实现两个结合，这就是领导和群众相结合、领导和广大积极分子相结合。④评判立法的标准则要坚持两条：一条是总结了经验，一条是结合了原则性和灵活性。⑤ 法律要随时代的发展而发展，结合当前实际及时制定新法，才能适应社会的发展。还应当注重立法的程序性。在强调立法结合中国实际，符合现实国情的同时，毛泽东还指出对别国的立法有益经验也可以借鉴。在 1954 年宪法制定时，他指出："我们这个宪法草案，主要是总结了我国的革命经验和建设经验，同时它也是本国经验和国际经验的结合。我们的宪法是属于社会主义宪法类型的。我们是以自己的经验为主，也参考了苏联和

① 《毛泽东文集》（第 7 卷），人民出版社 1999 年版，第 197 页。
② 《毛泽东文集》（第 6 卷），人民出版社 1999 年版，第 299 页。
③ 《毛泽东文集》（第 7 卷），人民出版社 1999 年版，第 32 页。
④ 《毛泽东文集》（第 6 卷），人民出版社 1999 年版，第 325 页。
⑤ 同上。

各人民民主国家宪法中好的东西。……我们对资产阶级民主不能一笔抹杀，说他们的宪法在历史上没有地位。"①

（四）法律的实施

在法律实施方面，毛泽东十分注意总结根据地的司法建设的经验。在抗战时期，在他的领导下就已形成一套独具特色、相对成熟、行之有效的人民司法制度。主要包括：群众路线与专门办案人员相结合；调查研究，把握案件的客观真实性；巡回审判，方便群众，就地办案，程序简便；人民调解制度；一些轻刑犯交给乡执行；社会治安采取群防群治的办法。② 法律制定后，必须得到严格遵守。在谈到1954年宪法的实施时，他指出：宪法"通过以后，全国人民每一个人都要实行，特别是国家机关工作人员要带头实行"，"不实行就是违反宪法"。③ 毛泽东一直强调法律面前人人平等。在《论人民民主专政》一文中就指出，"人民犯了法，也要受处罚，也要坐班房，也有死刑"④。1957年1月，他谈到法制问题时强调："一定要守法，不要破坏革命的法制。法律是上层建筑。我们的法律，是劳动人民自己制定的。它是维护革命秩序，保护劳动人民利益，保护社会主义经济基础，保护生产力的。我们要求所有的人都遵守革命法制，并不是只要你民主人士守法。"⑤

（五）依宪执政思想

毛泽东十分重视宪法在人民民主权利中的作用。1920年，在长沙民众反对军阀唐继尧、谭延闿等人的运动中，毛泽东与其他代表一道

① 《毛泽东文集》（第6卷），人民出版社1999年版，第326页。
② 孙国华：《邓小平理论、"三个代表"重要思想与中国民主法制建设导论》，中国人民大学出版社2004年版，第53—54页。
③ 《毛泽东文集》（第6卷），人民出版社1999年版，第328页。
④ 《毛泽东文集》（第4卷），人民出版社1991年版，第1476页。
⑤ 《毛泽东文集》（第7卷），人民出版社1999年版，第197—198页。

发表了《由"湖南革命政府"召集"湖南人民制宪会议"之建议》。①
继而，他还提出了《湖南人民宪法会议选举法和组织法》的草案。在
中华苏维埃共和国成立后，毛泽东亲自领导了一系列宪法性文件的制
定。如，《中华苏维埃宪法大纲》《陕甘宁边区宪法原则》等，以保障
劳动人民的民主、自由的权利。新中国成立之后，毛泽东主持制定了
新中国第一部宪法，从法律上保障了广大人民的民主、自由权利。

关于宪法的概念和本质。毛泽东提出了自己的见解，"一个团体
要有一个章程，一个国家也要有一个章程，宪法就是一个总章程，是
根本大法。"② 他认为，宪政的本质是用宪法去承认民主。毛泽东指
出："世界上历来的宪政，不论是英国、法国、美国，或者是苏联，
都是在革命成功有了民主事实之后，颁布一个根本大法，去承认它，
这就是宪法。"③

关于依宪执政与中国国情的关系，毛泽东则认为中国不能够照搬
别国的宪政模式，应符合现实国情。他在《新民主主义的宪政》一文
中，指出真正的宪政绝不是容易到手的，是要经过艰苦斗争才能取得
的。现在，我们中国需要的民主政治，既非旧式的民主，又非社会主
义的民主，而是合乎现在中国国情的新民主主义。目前准备实行的宪
政，应该是新民主主义的宪政。④ 在他看来，西方资产阶级宪政不能
在中国实施，但是直接实施社会主义宪政，并不现实，也不可取。中
国革命的现实决定了中国宪政的发展。毛泽东的这一论点，对我国中
国特色社会主义法律体系仍有现实指导意义。此外，毛泽东强调制定
宪法的过程中要采取科学的态度，不可盲目。

（六）部门法思想

在 20 世纪 50 年代，法律失去了应有的权威。全国人大常委会根

---

① 《由"湖南革命政府"召集"湖南人民制宪会议"之建议》，《大公报》1920 年 10 月 5
日。
② 《毛泽东文集》（第 6 卷），人民出版社 1999 年版，第 328 页。
③ 《毛泽东文集》（第 2 卷），人民出版社 1991 年版，第 735 页。
④ 同上书，第 733 页。

据毛泽东加强法律建设的指示，从 1962 年起，连续两年拟订了三部法律。但由于历史的原因，这些法律没有颁行。

毛泽东的刑事法律思想比较突出，极其丰富，是在长期革命斗争和建设的实践中所得到的经验总结。

坚持平等原则。对于党内曾有将"贯彻阶级路线"作为刑罚原则的观点，毛泽东坚决反对。并对一些典型的案例做出了相关指示。1937 年 10 月，陕甘宁边区高等法院审判抗大第六大队队长黄克功强奸杀人案，判死刑的前一天，指示"正因为黄克功不同于一个普通人，正因为他是一个多年的共产党员，是一个多年的红军，所以不能不这样办。共产党与红军，对于自己的党员与红军成员不能不执行比一般平民更加严格的纪律"。① 新中国成立后，"三反""五反"运动中，毛泽东对党内大贪污犯刘青山、张子善的问题也做出了类似批示。"正因为他们两人的地位高、功劳大、影响大，所以才要下决心处决他们。只有处决他们，才能挽救二十个、二百个、二千个、二万个犯有不同程度错误的干部。"②

又稳又准地打击犯罪。这也是对毛泽东在运动中做出的一系列指示的总结，所谓打得稳，就是指要注意策略。分轻重有奖罚。镇压与宽大相结合，即首恶者必办，胁从者不问，立功者授奖的政策。在"五反"中提出，从严从宽相结合。"过去从宽，今后从严；多数从宽，少数从严；坦白从宽，抗拒从严；工业从宽，商业从严；普通商业从宽，投机商业从严。"③ 尽管这个概括有其一定的历史背景，但它的策略至今仍有适用性。准则是不要错杀，并且推行"慎杀"的政策。毛泽东认识到捕人杀人关系重大，必须审慎。因为我们不是靠捉人杀人来惩罚犯罪，而是教育。因此他强调要少捕少杀，"凡介在可捕可不捕之间的人一定不要捕，如果捕了就是犯错误；凡介在可杀可

---

① 《毛泽东书信选集》，人民出版社 1983 年版，第 110—111 页。
② 薄一波：《若干重大决策与事件回顾》（上），中共中央党校出版社 1991 年版，第 152 页。
③ 《毛泽东文集》（第 6 卷），人民出版社 1999 年版，第 198 页。

不杀之间的人一定不要杀,如果杀了就是犯错误"。①

反对刑讯逼供。毛泽东指出,应当重视证据,尤其是物证。反对刑讯逼供。禁止对犯罪嫌疑人使用肉刑。十分重视审讯工作的政策策略,更注重对证据的合法搜集,以及证据的客观性。1940 年 5 月在《论政策》中明确指出:"对任何犯人,应该坚决废止肉刑,重证据而不轻信口供。"② 在《中共中央关于审查干部的决定》中提出审查干部九条方针,其中就有反对逼供信。

重视对犯人的改造。在实践中,除了依法对犯人施以刑罚,毛泽东更注重对犯人的改造,确立了我国的劳动改造政策。他认为人并非顽固不化的,也可以进行改造。只是需要有政策的指引,并有正确的方法才行。要完成这项工作的前提便是将罪犯视作人。即,以"以思想改造为主,以劳动生产为辅""应该把罪犯当作人嘛,反革命也是人嘛。我们的目的就是把他改造好"。"劳动工厂、劳改农场就不能以生产为第一,就要以政治改造为第一。要做人的工作,要在政治上启发人的觉悟,发挥他的积极性。"③

毛泽东的法律思想并未形成系统的理论体系。但他的法律思想紧紧围绕时代任务,结合现实,将法律作为一种统治工具,在无产阶级手里,为人民服务。对我们现在建设社会主义法律国家依然有重要的理论指导和实践意义。

四 中国特色社会主义理论体系
蕴含的法律思想

改革开放以来,随着马克思主义中国化的不断深入,中国特色社会主义理论体系也逐步形成完善。这一理论体系所蕴含的法律思想,是对马克思主义法律思想的进一步发展。中国特色社会主义法律体系就是在这一当

---

① 《毛泽东文集》(第 6 卷),人民出版社 1999 年版,第 159 页。
② 《毛泽东选集》(第 2 卷),人民出版社 1991 年版,第 767 页。
③ 《伟人毛泽东》,红旗出版社 1997 年版,第 314 页。

代中国的马克思主义法律思想的指导之下构建起来并逐步完善的。

（一）　以邓小平为核心的党中央领导集体的法律思想

十一届三中全会以来，以邓小平为核心的共产党人响应时代的号召，将法律提高到了"法律科学"的高度。在总结的过程中，涉及了传统法理学中深层次的问题。

对法的本质认识的深化。对法功能的认识除政治领域外，又推及经济领域，即法主要是社会关系尤其是经济关系的调节器，是促进经济发展、社会进步的主要社会控制方式；对法的本质认识已经超越了"阶级性"而以"民族性"概括，使社会主义法的本质更具前瞻性。[1] 邓小平将经济建设提高到了重要地位，并通过法律的形式对这一成果加以确认，使法现阶段的本质上升到了"解放生产力，发展生产力，消灭剥削，消除两极分化，最终达到共同富裕"的高度。并以此为指导，提出"一国两制"理论，上升到宪法层面，用中华民族的共同利益取代阶级利益，并将之作为法的本质的最高追求。通过法律对市场经济客观规律的认可和规定，也是基于这一法的本质。[2]

对法的价值观的发展。通过对邓小平的相关论述，可以概括出秩序、公平、效率的法的价值体系。秩序的稳定对于现代化进程中的发展中国家十分重要。1980年1月邓小平在中共中央召集的干部会议上指出："没有一个安定团结的政治局面，就不能安下心来搞建设。过去二十多年的经验证明了这一点。"[3] "我们要学会使用和用好法律武器。"[4] 对中国来说稳定的秩序在整个社会主义初级阶段都应是法律所追求的首要目标，因为稳定的秩序既关系改革的成败，又关系国家的兴衰与安危。公平与效率是两个不同领域的价值选择。通过法律以公

---

①　徐显明：《邓小平法理思想论纲》，《法学家》1999年第6期。

②　王云飞：《孙中山、毛泽东、邓小平法治思想探究》，中国社会科学出版社2011年版，第442页。

③　《邓小平文选》（第2卷），人民出版社1994年版，第251页。

④　同上书，第253页。

平的处理方式达到"整体纵横双向的长远性经济",事实上蕴含着人类社会深沉的智慧。效率在当今社会无不在一定的法律制度化中显现。邓小平提出的"三个有利于"的效率标准,不仅暗含了效率理念,也考虑到了人的需要。"三个有利于"的法定化的实践,尽可能地平衡了局部和整体的利益,发展了马克思主义。①

邓小平指出要在民主法制建设上下功夫。在创立建设有中国特色社会主义理论的过程中,邓小平根据我国新时期改革开放和社会主义民主法制建设的实践经验,对马克思主义法学理论做出了新的贡献。

把民主法制提高到社会主义本质、社会主义现代化高度。邓小平始终从社会主义本质、社会主义制度的必然要求、社会主义现代化建设的高度来论述民主和法制问题。"我们要在大幅度提高社会生产力的同时,改革和完善社会主义的经济制度和政治制度,发展高度的社会主义民主和完备的社会主义法制。"②他将民主和法制当作社会主义的本质内容。并将之视为建设中国特色社会主义的重要组成部分。民主和法制不仅仅是现代化建设的手段和工具,也是中国特色社会主义的目标和内容。

确立依法治国的战略指导思想。邓小平吸取历史经验教训,遵循法制原则,强调在对敌斗争或对犯罪分子的斗争中,"不能采取过去搞政治运动的办法,而要遵循社会主义法制的原则。"③并对此提出了要求,"全党同志和全体干部都要按照宪法、法律、法令办事,学会使用法律武器同反党反社会主义的势力和各种刑事犯罪分子进行斗争。"④在中共十一届三中全会前召开的中央工作会议上,邓小平就指出要加强法制建设"为了保障人民民主,必须加强法制。必须使民主制度化、法律化。"⑤

---

① 王云飞:《孙中山、毛泽东、邓小平法治思想探究》,中国社会科学出版社2011年版,第444—446页。

② 《邓小平文选》(第2卷),人民出版社1994年版,第208页。

③ 同上书,第371页。

④ 同上。

⑤ 同上书,第146页。

　　阐明民主与法制的辩证关系，强调社会主义民主制度化、法律化。邓小平多次论述社会主义条件下民主与法制的辩证统一关系。"民主和法制，这两方面都要加强，过去我们都不足。要加强民主就要加强法制。没有广泛的民主是不行的，没有健全的法制也是不行的。"①"发扬社会主义民主，健全社会主义法制，两方面是统一的。"②"中国的民主是社会主义民主，是同社会主义法制相辅相成的。"③ 在正确认识民主与法制关系的基础上，邓小平提出了"为了保障人民民主，必须加强法制。必须使民主制度化、法律化，使这种制度和法律不因领导人的改变而改变，不因领导人的看法和注意力的改变而改变"。④ 把民主和法制割裂开来，不利于民主的实现，还会危害到国家的稳定，扰乱正常的社会生活秩序，并触动人民的根本利益。对于有人以民主之名行动乱之实，邓小平坚决反对。发扬民主并不代表无政府主义，也不是极端个人主义的为所欲为。人民行使自身的民主权利，必须以宪法和法律作保障。

　　阐明市场经济建设与法制建设的关系，强调社会主义现代化建设必须"两手抓"。我国实行改革开放之后，邓小平多次阐明了法制建设对我国现代化建设的重要性。社会主义现代化建设中的各种经济关系应以法律形式予以确立。以法律手段调节、管理经济，要做到"国家和企业、企业和企业、企业和个人等之间的关系，也要用法律的形式来确定；它们之间的矛盾，也有不少要通过法律来解决。"⑤ 他认为，社会主义经济建设需要良好的法制环境作保障，指出"中国的问题，压倒一切的是需要稳定。没有稳定的环境，什么事情都搞不成，已经取得的成果也会失掉。"⑥ 法律制度的完备，才利于实现社会的稳定。"经济搞好了，教育搞好了，同时法制完备起来，司法工作完善

---

① 《邓小平文选》（第2卷），人民出版社1994年版，第189页。
② 同上书，第276页。
③ 《邓小平文选》（第3卷），人民出版社1993年版，第249页。
④ 《邓小平文选》（第2卷），人民出版社1994年版，第146页。
⑤ 同上书，第147页。
⑥ 《邓小平文选》（第3卷），人民出版社1993年版，第284页。

起来，可以在很大程度上保障整个社会有秩序地前进。"① 因为社会主义法制能调整争议中的社会关系，对合法行为进行有效的维护，对不法行为进行惩处，对各方面都有所制约，使社会得到协调发展。同时对于社会主义经济建设过程中的犯罪行为也要予以依法打击，以利于实现社会主义现代化的战略目标。

阐明党的领导与法制建设的关系，提出了党在宪法和法律的范围内活动的思想。任何人不能凌驾于法律之上，是历史给予我们的深刻教训。应当树立起宪法的权威。邓小平提出领导要严格守法，执政党要在宪法和法律的规定范围内活动。要求全党及全党干部严格做到依法办事，1982 年宪法就有明确规定，包括共产党在内的各政党"必须以宪法为根本活动准则，并负有维护宪法尊严、保证宪法实施的职责"。

（二）以江泽民为核心的党中央领导集体的法律思想

至 20 世纪 90 年代，邓小平法制理论得以坚持贯彻，并且在深化改革、扩大开放的实践中丰富发展了这一理论。② 1997 年，在党的十五大上，江泽民同志提出"我国经济体制改革的深入和社会主义现代化建设跨越世纪的发展，要求我们在坚持四项基本原则的前提下，继续推进政治体制的改革，进一步扩大社会主义民主，健全社会主义法制，依法治国，建设社会主义法治国家"。③ 并对依法治国做出了科学的论断："依法治国，就是广大人民群众在党的领导下，依照宪法和法律规定，通过各种途径和形式管理国家事务，管理经济文化事务，管理社会事务，保证国家各项工作都依法进行，逐步实现社会主义民主的制度化、法律化，使这种制度和法律不因领导人的改变而改变，不因领导人看法和注意力而改变。"④ 1998 年 3 月通过的宪法修正案，

① 《邓小平文选》（第 2 卷），人民出版社 1994 年版，第 255 页。
② 朱力宇：《依法治国论》，中国人民大学出版社 2004 年版，第 21—33 页。
③ 《十五大以来重要文献选编》（上册），人民出版 2000 年版，第 30 页。
④ 同上书，第 30—31 页。

明确将"依法治国，建设社会主义法治国家"的治国基本方略和奋斗目标规定在我国的宪法之中。这一治国基本方略和目标的提出，不仅使我国社会主义法制建设发展到了一个新阶段，也使马克思主义法学和邓小平法制理论得到了丰富和发展。

推进依法治国的指导方针是"三个代表"重要思想。从党的十四大到十五大，是党和国家对社会主义法制建设认识提升的过程。依法治国的基本方略和奋斗目标正式提出，表明了我国治国方式的重大转变，即执政党在执政方式和国家在权力运作上的根本性转变，标志党和国家对法制建设在认识上的质的飞跃。作为治理国家的基本方略和目标，"依法治国，建设社会主义法治国家"呈现了：继承性，是高举邓小平理论伟大旗帜，坚持邓小平法制理论作为我国法制建设指导思想的必然结果；科学性，是符合推动中国特色社会主义发展和世界发展潮流的客观要求；发展性，是新的历史条件下对邓小平法制理论的发展和丰富，同时也将在我国社会主义法制建设的实践中得到完善。在十六大报告中，江泽民同志指出要加强社会主义法制建设。坚持有法可依、有法必依、执法必严、违法必究。适应社会主义市场经济发展、社会全面进步和加入世贸组织的新形势，加强立法工作，提高立法质量，到 2010 年形成中国特色社会主义法律体系。坚持法律面前人人平等。加强对执法活动的监督，推进依法行政，维护司法公正，提高执法水平，确保法律的严格实施。维护法制的统一和尊严，防止和克服地方和部门的保护主义。拓展和规范法律服务，积极开展法律援助。加强法制宣传教育，提高全民法律素质，尤其要增强公职人员的法制观念和依法办事能力。党员和干部特别是领导干部要成为遵守宪法和法律的模范。[①] 这些论断指明了我国法制建设的根本任务，也指明了依法治国的方向和途径，即"加强立法工作，提高立法质量，加快建设和完善适应社会主义市场经济的法律体系；严格执法，加大执

---

① 江泽民：《全面建设小康社会，开创中国特色社会主义事业新局面》，人民出版社 2002 年版，第 33—34 页。

法的力度；公正司法，推进司法体制改革；建设一支政治坚定、业务精通、作风优良、执法公正、高素质的执法司法队伍；加强法制宣传教育，提高全民法律素质。"①

（三）以胡锦涛为总书记的党中央领导集体的法律思想

党的十六大以来强调全面落实依法治国基本方略，加快建设社会主义法治国家，进一步发展社会主义民主，使民主制度化、法律化。健全社会主义法制，完善中国特色社会主义法律体系。依法治国首先要依宪治国，加强宪法和法律实施，坚持平等原则，维护社会公平正义。推进依法行政。深化司法体制改革，规范司法行为，建设公正高效权威的社会主义司法制度。加强政法队伍建设，深入开展法制宣传教育。

坚持中国特色社会主义政治发展道路，坚持党的领导、人民当家作主、依法治国有机统一，坚持和完善人民代表大会制度、中国共产党领导的多党合作和政治协商制度、民族区域自治制度以及基层群众自治制度，不断推进社会主义政治制度自我完善和发展。扩大人民民主，保证人民当家作主，依法实行民主选举、民主决策、民主管理、民主监督，保障人民的知情权、参与权、表达权、监督权。支持人民代表大会依法履行职能，善于使党的主张通过法定程序成为国家意志；保障人大代表依法行使职权，制定与群众利益密切相关的法律法规和公共政策原则上要公开听取意见。加强公民意识教育，树立社会主义民主法制、自由平等、公平正义理念。②

十七大以来，以科学发展观为指导，全面落实依法治国基本方略，加快建设社会主义法治国家。依法治国是社会主义民主政治的基本要求。要坚持科学立法、民主立法，完善中国特色社会主义法律体系。加强宪法和法律实施，坚持公民在法律面前一律平等，维护社会公平

---

① 孙国华：《邓小平理论、"三个代表"重要思想与中国民主法制建设导论》，中国人民大学出版社 2004 年版，第 102—103 页。

② 《十七大以来重要文献选编（上）》，中央文献出版社 2009 年版，第 22 页。

正义，维护社会主义法制的统一、尊严、权威。推进依法行政。深化司法体制改革，优化司法职权配置，规范司法行为，建设公正高效权威的社会主义司法制度，保证审判机关、检察机关依法独立公正地行使审判权、检察权。加强政法队伍建设，做到严格、公正、文明执法。深入开展法制宣传教育，弘扬法治精神，形成自觉学法、守法、用法的社会氛围。尊重和保障人权，依法保证全体社会成员平等参与、平等发展的权利。各级党组织和全体党员要自觉在宪法和法律范围内活动，带头维护宪法和法律的权威。①

胡锦涛同志在中共十八大报告中指出：全面推进依法治国。法治是治国理政的基本方式。要推进科学立法、严格执法、公正司法、全民守法，坚持法律面前人人平等，保证有法必依、执法必严、违法必究。完善中国特色社会主义法律体系，加强重点领域立法，拓展人民有序参与立法途径。推进依法行政，切实做到严格规范公正文明执法。进一步深化司法体制改革，坚持和完善中国特色社会主义司法制度，确保审判机关、检察机关依法独立公正行使审判权、检察权。深入开展法制宣传教育，弘扬社会主义法治精神，树立社会主义法治理念，增强全社会学法、尊法、守法、用法意识。提高领导干部运用法治思维和法治方式深化改革、推动发展、化解矛盾、维护稳定能力。党领导人民制定宪法和法律，党必须在宪法和法律范围内活动。任何组织或者个人都不得有超越宪法和法律的特权，绝不允许以言代法、以权压法、徇私枉法。②

（四）以习近平为总书记的党中央领导集体的法律思想

1. 树立宪法权威，完善宪法监督体制机制

习近平总书记认为："依法治国是党领导人民治理国家的基本方略，法治是治国理政的基本方式，要更加注重发挥法治在国家治理和

---

① 《十七大以来重要文献选编（上）》，中央文献出版社 2009 年版，第 24 页。

② 胡锦涛：《坚定不移沿着中国特色社会主义道路前进 为全面建成小康社会而奋斗—— 在中国共产党第十八次全国代表大会上的报告》，人民出版社 2012 年版，第 27 页。

社会管理中的重要作用，全面推进依法治国，加快建设社会主义法治国家。实现这个目标要求，必须全面贯彻实施宪法。"① "我国宪法以国家根本法的形式，确立了中国特色社会主义道路、中国特色社会主义理论体系、中国特色社会主义制度的发展成果，反映了我国各族人民的共同意志和根本利益，成为历史新时期党和国家的中心工作、基本原则、重大方针、重要政策在国家法制上的最高体现。……我们要更加自觉地恪守宪法原则、弘扬宪法精神、履行宪法使命。"② 宪法实施是宪法保持生命力的关键，也是建设社会主义法治国家的基本要求，必须加快建设包括宪法实施和执法、司法、守法等方面的体制机制，坚持依法行政和公正司法，从而确保宪法法律全面有效实施。③ "宪法是国家的根本法。法治权威能不能树立起来，首先要看宪法有没有权威。必须把宣传和树立宪法权威作为全面推进依法治国的重大事项抓紧抓好，切实在宪法实施和监督上下功夫。"④

2. 完善立法体制

加强党对立法工作的领导。党的十八届四中全会决定指出，"党的领导是中国特色社会主义最本质的特征，是社会主义法治最根本的保证。"同时提出要"加强党对立法工作的领导，完善党对立法工作中重大问题决策的程序。"⑤ 党对立法工作的领导是政治领导、思想领导、组织领导的统一。坚持中国共产党对立法工作的领导，党本身也要遵守《宪法》和《立法法》以及其他法律的规定，认真履行党要管党、从严治党的责任。发挥人大在立法工作中的主导作用。我国现行

---

① 习近平：《在首都各界纪念现行宪法公布施行 30 周年大会上的讲话》（2012 年 12 月 4 日），载《十八大以来重要文献选编（上）》，中央文献出版社 2014 年版，第 88 页。

② 习近平：《在首都各界纪念现行宪法公布施行 30 周年大会上的讲话》（2012 年 12 月 4 日），载《十八大以来重要文献选编（上）》，中央文献出版社 2014 年版，第 88 页。

③ 冯玉军：《完善以宪法为核心的中国特色社会主义法律体系——习近平立法思想述论》，《法学杂志》2016 年第 5 期。

④ 关于《中共中央关于全面推进依法治国若干重大问题的决定》的说明（2014 年 10 月 20 日），载《习近平关于全面推进依法治国论述摘编》，中央文献出版社 2015 年版，第 47 页。

⑤ 《中共中央关于全面推进依法治国若干重大问题的决定》，人民出版社 2014 年版，第 5、9 页。

《宪法》规定中华人民共和国全国人民代表大会是最高国家权力机关，是行使国家立法权的国家机关。《立法法》进而对全国人民代表大会及其常委会、地方人民代表大会及其常委会的立法权限作了界定。明确最高立法机关的专属立法权，明确不同立法主体的立法权力边界，进一步完善人大监督的体制机制，加强人大主导立法的平台保障和人才资源库建设，建立健全专门委员会、工作委员会立法专家顾问制度。①

3. 深入推进科学立法、民主立法

习近平总书记指出："推进科学立法、民主立法，是提高立法质量的根本途径。科学立法的核心在于尊重和体现客观规律，民主立法的核心在于为了人民，依靠人民。要完善科学立法、民主立法机制，创新公众参与立法方式，广泛听取各方面意见和建议。"② 坚持以科学发展观统领立法工作，力求使法律规范符合客观实际；坚持从实际问题和重点领域出发，制定科学的立法规划和立法工作计划；坚持立、改、废、释并举，更加注重法律修改和法律解释；加强人大对立法工作的组织协调，建立科学、系统的立法工作机制和立法技术体系。探索创新民主立法的途径和方式。坚持党的领导、人民当家作主、依法治国有机统一的具体体现，是我国民主进程在立法工作中的集中反映。立法主体、程序、内容都应当体现人民的意志，发扬社会主义民主，坚持立法公开，发扬协商民主的制度优势，保障人民通过多种途径参与立法活动。③

4. 加强重点领域立法

完善和发展中国特色社会主义法律体系，核心任务是推进国家治

---

① 冯玉军：《完善以宪法为核心的中国特色社会主义法律体系——习近平立法思想述论》，《法学杂志》2016 年第 5 期。

② 《关于〈中共中央关于全面推进依法治国若干重大问题的决定〉的说明》（2014 年 10 月 20 日），载《中国共产党第十八届中央委员会第四次全体会议文件汇编》，人民出版社 2014 年版，第 84 页。

③ 冯玉军：《完善以宪法为核心的中国特色社会主义法律体系——习近平立法思想述论》，《法学杂志》2016 年第 5 期。

理体系和治理能力现代化，当务之急是加强重点领域立法。习近平总书记多次强调："我们要加强重要领域立法，确保国家发展、重大改革于法有据，把发展改革决策同立法决策更好结合起来。要坚持问题导向，提高立法的针对性、及时性、系统性、可操作性，发挥立法引领和推动作用。"①

马克思主义法律思想作为马克思主义理论的一部分，随着马克思主义理论的中国化也实现了马克思法律思想的中国化。并且对我国当代的法治实践起到了指导作用，为中国特色社会主义法律体系的形成提供了理论基础。这一演进过程可以概括为：为新民主主义革命的胜利、社会主义制度的建立、中国特色社会主义的繁荣发展提供了必要的法律制度保障。同时马克思主义法律思想及其中国化成果也为中国特色社会主义法律体系奠定了深厚的理论基础。

① 习近平：《在庆祝全国人民代表大会成立60周年大会上的讲话》，人民出版社2014年版，第9页。

第二章

中国特色社会主义法律体系的
形成与结构

一 中国特色社会主义法律体系的形成

中国特色社会主义法律体系是中国特色社会主义的有机组成部分。它的形成是改革开放三十年来法制建设的重大成就，也是新中国成立六十余年来艰辛探索的经验结晶。从 1949 年新中国成立，到 2011 年 3 月 10 日，吴邦国同志在十一届全国人大四次会议第二次全体会议上庄重宣布"中国特色社会主义法律体系已经形成"的六十余年里，中国特色社会主义法律体系从无到有，从稚嫩到成熟，逐渐发展成为一个内涵丰富、内容生动的有机统一体，其中蕴含了中国共产党依法执政的基本经验和政治智慧。

目前，关于中国特色社会主义法律体系形成过程，学界的观点不一。并且相关研究成果，多是产生于 2011 年中国特色社会主义法律体系正式成立以前，故而对于形成阶段的划分，最终都是以基本形成为节点。通过对这些研究成果的比较归纳，可以看出具代表性的观点有两种：一是"三阶段说"：有的学者将中国特色社会主义法律体系的发展历程划分为三个阶段：起步阶段、初步形成阶段、基本形成阶段。另有学者以中国特色社会主义建设事业的历史进程为依据，认为中国特色社会主义法律体系的形成可分为探索、奠基和基本形成三个阶段。二是"四阶段说"：有的学者认为，中国特色社会主义法律体系的基本形成过程大致分为四个时期：新中国法律体系雏形形成时期；法制建设缓慢、曲折直到停滞时期；社会主义法制遭受严重破坏，法制建设完全停止时期；法制建设的恢复和大发展时期。也有的学者认为，中国特色社会主义法律体系建设经历了奠基、起步、初步形成、基本形成这四个阶段。[①] 可以看出，上述两种划分的区别主要在于对起始点划分不同，前者将十一届三中全会的召开作为形成的开始，后者以新中国的成立当作中国特色社会主义法律体系形成的起点。具体到某些年份的时间点也有不同差别。总体来看，上述观点主要是按照我国法律体系形成、发展的历史进程所做的划分。

中国特色社会主义法律体系建设的每个重要关头都与党的一些重要会议密切相关。党在不同历史时期的决策部署决定了法律体系建设的重心。而党的工作重心的转变更是对法律体系建设的重心产生了最直接的影响。因此，本书以与中国特色社会主义法律体系形成有密切关系的党的重要会议召开时间为节点，对中国特色社会主义法律体系的形成过程做出划分。

（一）中国社会主义法律体系的探索（1949—1977）

新中国成立初期，百废待兴，中华人民共和国面临着组建和巩固新生政权、恢复和发展国民经济、实现和保障人民当家做主的艰巨任务，并且开始了创立社会主义法律制度的艰难探索。

从 1949 年开始到 1977 年是中国社会主义法律体系的探索阶段。这一阶段我国法律体系建设走过了一条曲折艰辛的发展道路。这一阶段既有过渡、创设期，废除旧法、创立新法，建立起了社会主义法律体系的架构；也有缓慢、停滞期，打断了法制建设发展的正常历程，刚刚新建立起的社会主义法律体系构架，被"文化大革命"摧毁。因

---

① 李婧：《中国特色社会主义法律体系构建研究》，博士学位论文，东北师范大学，2010年。

此，中国社会主义法律体系的探索阶段又可分为两个具体的阶段：

1. 过渡、创设期（1949—1957）

新中国成立，要建立新的法律体系，如何处理旧法与新法的关系是法制建设面临的第一个问题。当时的构建思路就是首先彻底废除旧法统。1949 年 2 月，毛泽东作出了制定废除旧法的指示。《废除国民党的六法全书与确立解放区的司法原则的指示》明确指出："废除国民党的六法全书，人民的司法工作应该以人民的新的法律作依据。""在人民新的法律还没系统地发布以前，则应该以共产党的政策以及人民政府与人民解放军所已发布的各种纲领、法律、命令、条例、决议作依据。"[①] 同年 4 月，华北人民政府颁发了训令，《废除国民党的六法全书及一切反动的法律的训令》（发行字第 8 号）提出了同样的要求。这些措施反映了马克思主义法律观。总体来说，在当时的历史条件下是正确的。但是在对待旧的法律文化方面，也有过于简单的提法。如："司法机关应该经常以蔑视和批判《六法全书》及国民党其他一切反动的法律法令精神，以蔑视和批评欧美日本资本主义国家一切反人民法律法令的精神……来教育我们的司法干部。"[②] 这反映出了当时理论的不全面性。从历史发展事实来看，也是为之后法制建设曲折的跌宕起伏埋下了伏笔。

宪法及宪法相关法。新中国是由中国共产党领导建立的人民政权，根据政权建设的需要，1949 年 9 月通过的具有临时宪法性质的《中国人民政治协商会议共同纲领》，发挥了不可替代的立法依据作用，对我国法律体系的构建发挥了决定性作用。"共同纲领虽然本身不是正式的宪法，只是起临时宪法作用，但它实际上是名称不叫宪法的宪法，是中国历史上首创的临时宪法。"[③] 与此同时，还制定了《中华人民共和国中央人民政府组织法》，它是规定中央国家政权机关组织与活动的基本法律，详细规定了中央人民政府各机构的组织、职权、活动方

---

① 何勤华：《废除国民党六法全书》，《新民晚报》2009 年 7 月 12 日。

② 韩延龙：《中华人民共和国法制通史》，中共中央党校出版社 1998 年版，第 19 页。

③ 许崇德：《中华人民共和国宪法史》，福建人民出版社 2005 年版，第 46 页。

式及构成原则。1952 年中央人民政府委员会通过的《中华人民共和国民族区域自治实施纲要》对民族自治地方的建立、自治机关的组成、自治机关的自治权利等重大问题做出明确规定，是我国第一部有关民族区域自治制度的法律。

1954 年第一届全国人民代表大会第一次会议在北京召开，标志着我国人民代表大会制度的确立。在这次会议上制定和通过了新中国的第一部宪法。这部宪法在新中国建立的头十年的法制建设中，地位最为突出，体现了我国过渡时期的特点，反映了社会主义和人民民主原则。1954 年宪法对我国的政治、经济制度进行了规定，并确定通过社会主义改造，逐步消灭剥削制度，建立社会主义社会的过渡时期的方针政策，确立了公民在法律上一律平等的原则，赋予了公民广泛的权利和自由。其中的一些基本内容和重要原则，对后来宪法产生了深刻的影响。同时它的颁布在法律体系的建构方面起了十分明显积极的效果，一些以其为立法根据的法律性文件也得以颁布，为我国的法律体系建立了基本框架，从而为中国特色社会主义法律体系的构建初步奠定了基础。

行政法。根据"共同纲领"中央人民政府制定了一系列组织通则等，这些法律、法令、决议、决定、政策，基本满足了这一阶段行政管理的法制需求。当然，从 1949 年到 1954 年，国家的重点还在于对政权的巩固和对国家的重建等根本问题。因而，这个时期基于行政管理的需要，虽然中央政府制定了部分行政法，但是从整体来看，举国上下还无暇顾及"依法行政"之类。① 1954 年宪法颁布，将我国社会主义法制建设推向了一个新的发展阶段。"在此阶段中，国家行政机关的产生有了法定依据；行政立法活动十分活跃，制定了很多的行政法规和行政规章；行政救济虽然没有较为完备的制度体系，但是已经确定了一些具体的行政救济制度，散见于各种法律

---

① 朱景文、韩大元：《中国特色社会主义法律体系研究报告》，中国人民大学出版社2010 年版，第 174 页。

文件中。"①

　　刑法。1951 年，根据当时国家所处形势和社会建设的实际需求，相继出台了一些单行刑事法律，以及刑事政策等，如《关于惩治反革命条例》《关于没收反革命罪犯财产的规定》《管制反革命分子暂行办法》《惩治贪污条例》等。除此之外，还颁布了包含刑事罚则的非刑事法律，如《消防监督条例》《国境卫生检疫条例》。并在其他法律、法规中对有关犯罪行为，直接规定了具体的罪状和处刑条款。这些单行刑事法律、刑事政策及其他法律法规中的处刑规定，作为司法机关办案的依据，对打击犯罪，巩固人民民主专政，维护社会秩序、保障经济的恢复与建设发挥了重要的作用。由于当时国家面临着巩固新生的人民政权和恢复经济建设两大任务，不具备条件制定出一部全面系统的刑法典，相关中央国家机关对于涉及刑法总则的内容，以批复、指示以及解释等方式作出规定。内容涉及如刑事责任、犯罪构成、刑罚种类、量刑原则等内容。这些批复、指示从一定程度上弥补了刑事立法的不足。不过这些规定比较分散，并不系统。与此同时，刑事执行立法工作也进入了新时期。新中国的刑事执行工作的理论基础是马列主义和毛泽东思想。无产阶级改造理论成了监狱工作的指导思想。中国监狱理论正是特定的历史时期改造罪犯特别是战犯改造的宝贵经验与毛泽东思想的理论结晶，形成了独具特色的中国改造罪犯理论。1951 年 5 月通过了《关于组织全国犯人劳动问题的决议》，从此劳动改造制度正式成立。此后，又通过了第一次、第二次《全国劳改工作决议》。在这两个决议的基础上，1954 年政务院通过了《中华人民共和国劳动改造条例》。从法律位阶上来看，这是我国第一部行政法规。该条例总结了从中国共产党领导下的民主政权时期到新中国成立 20 多年来改造罪犯和刑事执行的立法经验，使我国劳动改造工作纳入了法制轨道，对推动我国监狱工作和规范对罪犯的劳动改造具有重要历史

---

　　① 刘旺洪：《行政与法治——中国行政法制现代化研究》，南京师范大学出版社 1998 年版，第 147—148 页。

意义。

民商法。1950 年的《婚姻法》对我国婚姻家庭领域产生了重大的影响，具有里程碑意义。该法废除了包办强迫、男尊女卑、漠视子女利益的封建主义婚姻制度，实行男女婚姻自由、一夫一妻、男女权利平等、保护妇女和子女合法利益的新民主主义婚姻制度。[①] 1950 年政务院颁布的《新区农村债务纠纷处理办法》，确认了土地改革中的土地所有权关系，废除了农民所欠地主的债务，同时也对合法的借贷、典当等民间融资关系予以了保护，从而维护了正常的商品关系秩序。1954 年，我国开始起草民法，并在 1956 年底完成了包括总则、所有权、债、继承四篇在内共计 525 条的民法典征求意见初稿。农业社会主义改造完成后，作为集体所有制的补充，全国人大常委会于 1957 年颁布了《关于增加农业生产合作社社员自留地的决定》，为当时农村经济的发展增加了活力。

经济法。1950 年颁布的《土地改革法》，推动了新解放区内的土地改革。至 1953 年春，除部分少数民族地区外，土改在全国大陆基本完成。新老解放区 3 亿多无地少地农民都无偿获得了 7 亿亩土地及其他生产资料。至此，封建土地所有制在我国大陆被彻底摧毁。1953年，又通过了一系列的章程、决议，使农业生产合作社由试办阶段步入了发展阶段，中共中央通过了《关于发展农业生产合作社的决议》中央人民政府颁布《农业生产合作社示范章程》。同时反映出我国的计划经济体制在逐步形成，中共中央通过了《关于实行粮食的计划收购与计划供应的决议》《关于在全国实行计划收购油料的决定》[②]。至 1956 年底，加入合作社的农户达到了全国农户总数的 96.3%，农业社会主义改造完成。政务院和有关部委还颁布了大量的有关稳定财政经济、工商业、手工业、私营运输业社会主义改造的文件，如《关于统一国家财政经济工作的决定》《关于工商业、手工业、私营运输业的

---

① 乔素玲：《建国初期婚姻制度变革的地域性》，《比较法研究》2010 年第 3 期。

② 中共中央党史研究室：《中华人民共和国大事记（1949—2009）》，人民出版社 2009 年版。

社会主义改造中的若干问题的知识》等文件。

社会法。作为社会主义国家，从新中国成立初期就把社会福利、劳动保障方面的立法放到重要地位。在 1950 年 6 月制定了《工会法》，对职工的工资待遇、探亲、退休、学徒工学习期限和生活补贴等方面做出了规定。在 1951 年又颁布了《劳动保险条例》。但是由于当时除社会主义劳动关系之外，还依然存有旧官僚资本和私营企业的劳动关系，并且长期的国内革命战争使得经济凋敝，致使当时的社会立法既要适应当时所有制结构以及私营企业进行利用、限制和改造的需要，又要解决大量失业人员就业的问题。因此，尽管政府部门对私营工商业进行了限制，但还是依然延续了新中国成立之前用工灵活的特点。政府通过产业发展来解决失业问题。与此同时，也建立了失业救济制度：1950 年政务院发布《关于救济失业工人的指示》，劳动部发布《失业工人暂行办法》，在 1952 年政务院又批准了《关于处理失业工人办法》，建立了失业人员救济基金。1955 年至 1956 年私营工商业均实行了公私合营。实行公私合营的过程中，由国有企业各主管部门对相应的私营行业包括劳动力及资方人员等多方面进行全面处理和安排。这一办法称为"分口包干，统筹安排"。1956 年社会主义公有制成为我国的经济基础。故而，1957 年之后国家逐步形成"统包统配"的劳动力用工制度。

程序法。中央人民政府法制委员会在总结新民主主义革命时期民事诉讼立法经验的基础上，在 1950 年 12 月草拟了《中华人民共和国诉讼程序通则（草案）》。1951 年中央人民政府通过立法来加强新中国的人民审判制度和检察制度，通过了《人民法院暂行组织条例》《各级地方人民检察署组织通则》。1954 年全国人大一次会议通过的《人民法院组织法》《人民检察院组织法》和《逮捕拘留条例》规定了司法组织体系，也明确了司法制度的基本原则。民事诉讼法主要是 1956 年《关于各级人民法院民事案件审判程序总结》、1957 年《民事案件审判程序（草稿）》。

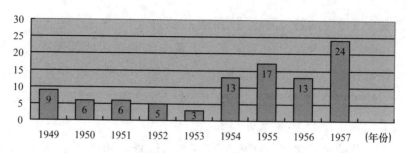

图2—1 中国制定法律和有关法律问题决定的数量（1949—1957）

资料来源：朱景文、韩大元：《中国特色社会主义法律体系研究报告》，中国人民大学出版社2010年版，第52页。

这一阶段，新中国的法制建设成就卓越，出现了新中国第一次立法高潮。（见图2—1）通过对这一时期制定的法律结合当时历史现实来分析，笔者认为，尽管法律体系的构建还处于创设阶段，还不完整也不完善。与宪法及其相关法以及治安管理方面的行政法相比，其他领域的立法大部分还是没有提到议事日程。许多应该以立法形式调整的关系未能以法典形式出现，而是以法令、法规或政策文件的形式公布施行。正如这个阶段的中国社会主义建设还在探索一样，法律是相应领域实际经验的规范制度化，社会主义法律体系不可能凭空产生。但是，在百业待兴的特殊历史时期，基本上满足了中国共产党领导人民在由新民主主义向社会主义转变的法制需求。

2. 缓慢、停滞期（1958—1977）

从1957年中起到1958年全国范围内的整风运动、反右派斗争扩大化、"大跃进"和人民公社化运动，打断了新中国成立后法制建设发展的正常历程。反右运动以后，社会主义法制的一些正确原则逐渐遭受了质疑和批判。1958年，从县级开始，公检法被合并成为公安政法部，中央政法三机关也合署办公。同时也不可讨论无罪推定、司法独立等，设置了越来越多的法律禁区。更严重的是，由第一届全国人民代表大会初步建立起来的人大常委会工作机构也逐渐被削弱。仅仅两年，全国人大常委会机构精简撤并，从1957年的365人减少到1959

年的 100 多人，不到原来的 1/3。

20 世纪 60 年代继续 1959 年以来立法机关不作为的状态。从 1966 年开始的"文化大革命"是以无政府主义、"造反有理"，踢开党委闹革命开始的。从 1967 年起，在"文化大革命"期间，除 1975 年有两部立法外，其他立法数量均为 0。（见图 2—2）

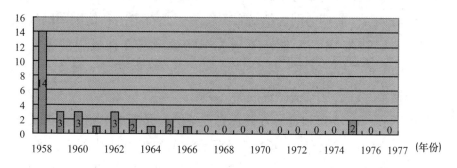

图 2—2 中国制定法律和有关法律问题的决定的数量（1958—1977）

资料来源：朱景文、韩大元：《中国特色社会主义法律体系研究报告》，中国人民大学出版社 2010 年版，第 52—56 页。

宪法及其相关法。宪法及其相关法建设与前一阶段相比，大大减弱。究其原因，除了在 20 世纪 50 年代我国已制定了较多法律外，由于"文化大革命"的影响使法制建设受到严重破坏，基本处于停滞状态。1975 年 1 月，第四届全国人大第一次会议对 1954 年《宪法》进行了修改。这次修改使得宪法的发展误入了极"左"的歧途。它是"文化大革命"这一特殊历史时期的产物，把许多"文化大革命"中的错误理论与做法加以法律化、制度化：在国家性质方面强调"全面专政"；在民主权利方面，确认四大自由，即"大鸣、大放、大辩论、大字报"；在经济制度方面否定个体经济的存在；在国家机构方面取消国家主席建制，取消检察机关；在基层建设方面搞政社合一的基层政权组织；在公民基本权利义务方面，取消了公民法律面前一律平等的规定。这部宪法条文数量及文字锐减，仅 30 条 4300 余字，且法律用语逻辑含混，政治错误严重，是一部很不完善且有严重缺点和错误的宪法。

行政法。4 件中有 3 件都是军事法规，涉及军官服役、士兵现役期限、取消军衔制度和一件《外国人入境出境过境居留旅行管理条例》。在行政法规层次，颁布了《放射性工作卫生防护暂行规定》《污水灌溉农田卫生管理试行办法》《工业企业设计卫生标准》等。

刑法。这一时期的刑法都是有关特赦蒋介石集团和伪满洲国战争罪犯的决定。在 1975 年颁布了《关于特赦全部在押战犯的决定》。"文化大革命"疾风骤雨，一时间非法拘禁、私刑泛滥，制造了大量的冤假错案，社会主义法制建设无从谈起。

民商法。1963 年制定的《商标管理条例》是新中国第一部有关知识产权方面的法律文件。1964 年根据毛泽东"没有法律不行，刑法、民法一定要搞"的指示，开始了第二次民法典起草，拟定《民法草案》（试拟稿），共 24 章，262 条，包括总则、所有权及财产流转三篇。

经济法。1960 年通过的《1956 年到 1967 年全国农业发展纲要》规定了以黄河流域、长江流域南北为界实现粮食亩产 400、500、800 斤的目标。这一时期我国基本形成了计划经济的制度，但它们多半是以党的政策，而不是法律形式来表现的。工业上形成的是被称为"鞍钢宪法"的"两参一改三结合"的国有企业管理制度；农业上形成的是三级所有、以生产队为基础的人民公社管理体制。在国务院和部委层次上，制定了《工商企业管理登记试行办法》《技术改进奖励条例》《森林保护条例》等。

社会法。全国人大没有制定任何规则。在国务院层次上，1962 年制定了《关于国营企业使用临时职工的暂行规定》，1965 年制定了《关于改进对临时工的使用和管理的暂行规定》。生产资料所有制的社会主义改造基本结束后，虽然临时工制并未完全消失，但是国家改变了用工形式，逐步形成了"统包统配"的劳动力用工制度。1971 年国务院发出《关于改革临时工、轮换工制度的通知》，至此固定工制度完全确立了起来。

程序法。刑事诉讼法从 1954 年开始起草，1963 年形成刑事诉讼法（草案）。民事诉讼法是最高人民法院于 1963 年提出的《关于民事审判工作若干问题的意见（修正稿)》。

通过对以上立法数据的归纳整理。不难看出，在这一阶段，我国法制建设停滞并受到严重破坏，各个法律领域的发展几乎没有新的进展。同时，这一时期，我国的社会调整模式也并非以法律为主，而真正对我国社会关系的调整起着至关重要作用的是党的政策。因而形成了以党的政策表现出来的规范性文件。

（二）中国特色社会主义法律体系的奠基（1978—1996）

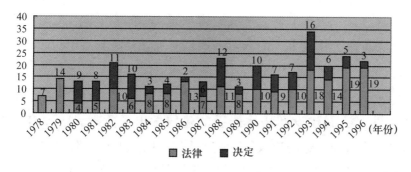

图 2—3　中国制定法律和有关法律问题的决定的数量（1978—1996）

资料来源：朱景文、韩大元：《中国特色社会主义法律体系研究报告》，中国人民大学出版社 2010 年版，第 56—64 页。

从 1978 年提出法制建设方针到 1997 年十五大明确提出到 "2010 年形成中国特色社会主义法律体系" 前，是中国特色社会主义法律体系的奠基阶段。1978 年，中国共产党十一届三中全会召开。这次会议对新中国成立以来的经验教训进行了总结，以发展中的马克思主义为指导，同时实行改革开放，将党和国家工作重点转移到社会主义经济建设上，并提出 "为了保障人民民主，必须加强社会主义法制，使民主制度化、法律化，使这种制度和法律具有稳定性、连续性和极大的权威，做到有法可依"。① （见图 2—3）为社会主义民主法制建设打开了历史的新篇章，为中国特色社会主义法律体系的建立奠定了坚实的基础。

宪法及其相关法。1978 年《宪法》是在"文化大革命"之后制定的，其结构与 1954 年《宪法》与 1975 年《宪法》相同。并在一定程度上纠正了 1975 年《宪法》中带有极"左"色彩的内容，如取消"全面专政"的规定。该宪法对 1954 年《宪法》的一些基本原则进行了继承。加入了实现四个现代化的任务。主要内容是：序言部分对中国革命的历史进程进行了回顾；第一章为总纲，规定了国家制度和社会制度的基本原则；第二章国家机构与 1975 年《宪法》相比更为具体和完备；第三章对公民的基本权利和义务进行了大量的补充，比 1975 年《宪法》增加了 12 条。由于当时国家刚从"文化大革命"中复苏，尚未对一些是非观念及是非颠倒的政治理论进行拨乱反正，因而 1978 年《宪法》还不能完整全面地总结社会主义建设中的历史经验教训。不过，总的来说，1978《宪法》为我国的社会主义法制建设和法律体系的建构做出了贡献。1979 年做出《修改宪法若干规定的决议》，规定县和县以上的地方各级人民代表大会设立常务委员会，将县级人民代表大会代表改为由选民直接选举。检察机关上下级不再是监督而是领导关系等。这一决议的实施，表明社会主义法制建设开始冲破"文化大革命"的影响，并为改革开放后国家机构的建设作了初步的准备。1979 年有关国家机构的法律又相继制定了地方各级人民代表大会和人民政府、人民法院、人民检察院的三部组织法，《选举法》和《全国人民代表大会常务委员会关于中华人民共和国建国以来制定的法律、法令效力问题的决议》，拉开了新时期中国大规模立法工作的序幕。1980 年制定了宪法修正案，取消了 1978 年宪法中关于所谓四大自由的规定，为改革

---

① 《彭真文选》，人民出版社 1991 年版，第 492 页。

开放以及社会主义法制建设创造了稳定的政治局面，奠定了法律基础。1982 年 12 月 4 日表决通过了修订的《中华人民共和国宪法》。这部宪法顺应了国家各方面的发展变化，继承了 1954 年《宪法》的主要精神，根本修正了 1975《宪法》中的缺陷，重申我国社会主义时期必须长期坚持的四项基本原则，确立了国家的根本制度、根本任务和国家生活的基本原则，这就把社会主义政治经济文化各个领域的建设纳入到了宪法范围内，使之成为一部真正具有中国特色的社会主义宪法。这部宪法被誉为新中国建立以来最好的一部宪法，是我们进行社会主义法律体系建设的基础和依据。为新时期改革开放和社会主义现代化建设提供了根本保障，标志着我国的社会主义法制建设进入新时期。其后，于 1988 年和 1993 年分别颁布了两个宪法修正案。1988 年宪法修正案根据我国经济体制改革的新经验，确定了私营经济是社会主义公有制经济的补充，并且修改了土地政策。1993 年宪法修正案的重点集中在经济体制改革方面，修改后，将"国营经济"改为"国有经济"，"人民公社"改为"家庭联产承包责任制"，并第一次提出"国家实行社会主义市场经济"。

在宪法相关法方面，1984 年，制定了体现出具有中国特色的民族区域制度、我国第一部《民族区域自治法》。1987 年制定了体现具有中国特色的基层群众自治制度《村民委员会组织法（试行）》。同时，随着宪法的制定和人大换届，对国家机构的组织法和选举法进行了修订，制定了《国籍法》，还有体现公民权利的《集会游行示威法》。1990 年和 1993 年分别制定了《香港特别行政区基本法》和《澳门特别行政区基本法》。这两部基本法的制定，是中国特色社会主义法律体系的创举，是对宪法第 31 条的落实，也为实现"一国两制"奠定了法律基础。此外还制定了《国家赔偿法》《法官法》《检察官法》，修改了《地方各级人民代表大会和地方各级人民政府组织法》《领海和毗连区法》等。

行政法。1979 年开始先后颁布了《劳动教养的补充规定》《环境保护法（试行）》《关于兵役制问题的决定》。1980 年到 1989 年，又先后颁布包括《学位条例》《律师条例》《食品卫生法》《文物保护法》《消防条例》《义务教育法》《治安管理处罚条例》《保守国家机密法》及《海洋环境保护法》等在内的26件法律。与20世纪50年代的行政法主要集中在社会治安管理领域不同，80年代的行政法涵盖了教育、卫生、司法、治安、军事、环境、国家安全和社会事务等各个领域。随着经济的发展，环境保护问题已经在立法中得到了突出体现。不过在20世纪80年代，行政法的发展还不是很系统，协调性体现得不明显。同时，中共中央及国务院，也发布了一些相关经济体制、行政管理体制等各方面的改革政策，对相关领域的改革起到了重要作用。1996年颁布了《行政处罚法》。这一时期，在行政法规的层次上颁布了《关于保护和改善环境的若干规定（试行草案）》《食品卫生标准》等。制定和修改了各部门行政法包括《文物保护法》《国家安全法》《教师法》等。1995年，中共中央、国务院《关于加速科学技术进步的决定》促进了1996年全国人大常委会《促进科学技术转化法》的诞生。

刑法。1979年我国第一部统一的社会主义刑法典诞生了。这部刑法典起草于1954年，除1957年反"右派"斗争、1964年"四清"运动以及"文化大革命"三次大的停顿外，历经25载，先后易稿38稿，最终才于1979年第五届全国人民代表大会第二次会议上通过。它的颁布，表明新中国刑法典从无到有，标志着我国刑事立法进入了新阶段。1979刑法制定以后，全国人大常委会通过补充决定的形式对刑法又进行了9次修改。包括1988年《关于惩治贪污罪贿赂罪的补充规定》等，1982年中共中央、国务院做出的《关于打击经济领域严重犯罪活动的决定》，对严打改革开放以后愈演愈烈的经济领域严重犯罪具有指导意义。至20世纪90年代，制定了一些单行刑法，如《关于惩治侮辱国旗罪的规定》《关于禁毒的决定》《关于惩治破坏金融秩序犯罪的决定》等。

民商法。1979年制定了《中外合资经营企业法》，这是新时期所制定的第一部有关对外开放的法规。在改革开放初期，利用外资、技术及合资办企业，还没有法律保障。《中外合资经营企业法》的颁布有力地解决了这一技术性难题，对改革开放有着重要的意义。1980年颁布的《婚姻法》，稳定保障了家庭婚姻关系。

1981年颁布的《经济合同法》规定了十种有名合同，与1985年的《涉外经济合同法》和1987年《技术合同法》构成了三足鼎立的合同法格局。之后又颁布了《商标法》《专利法》等。1986年的《民法通则》确定了平等、公平、诚信与公序良俗的原则，规定了民事主体、客体、法律关系内容的制度，在民商法体系中具有重要意义。使我国的民商法体系日益丰满，大大改变了20世纪50年代以来计划经济时期民商法单薄的局面。到了20世纪90年代，民商法比80年代增加近一倍，1990年的《著作权法》的制定和对《商标法》《专利法》的修改，标志着我国知识产权法体系已经初步形成。1995年的《担保法》使我国财产法律制度进一步充实。在民事主体制度方面，制定了《公司法》；在商法方面制定了《海商法》《商业银行法》《票据法》《保险法》《拍卖法》；此外还制定了《反不正当竞争法》《消费者权益保护法》《台湾同胞投资保护法》及《对外贸易法》。民商法体系得到进一步完备。

经济法。1979年制定了《森林法》。进入到20世纪80年代，制定了《个人所得税法》《中外合资企业所得税法》《统计法》《会计法》《水法》等。80年代为了适应经济法快速发展的需要，经济法主要集中在部门经济法的层次，但部门经济法中一些重要法律也未颁布。除税法外，宏观调控的法律、法规基本都没出台。到了20世纪90年代，制定或修订了《个人所得税法》《烟草专卖法》《水土保持法》等，颁布了《关于外商投资企业外国企业适用增值税、消费税、营业税等税收暂行条例的决定》。就整体而言，经济法还是略显凌乱。国有资产流失成为当时社会普遍关注的问题，但国有资产管理法却缺位，同时欠缺国家规划法。这一时期国家也正在筹划经济管理领域的一系列改革。如，《中国21世纪议程（草案）》确定实施可持续发展战略；《关于实行分税制财政管理体制的决定》改革地方财政包干体制，实行分税制；《关于金融体制改革的决定》明确了我国金融管理体制改革的目标；《关于进一步深化对外贸易体制改革的决定》则对对外贸易的体制改革提出了目标。

社会法。1978 年制定的《关于工人退休、退职的暂行办法》是20 世纪 70 年代全国人大颁布的唯一有关社会法的法律。80 年代颁布了《关于老干部离职休养的暂行规定》和《关于职工探亲待遇的规定》。中共中央和国务院还相继颁布了很多规定，但由于这些规定还存在一些局限于保护劳动者权益和弱势群体利益的问题日益凸显，于是 1986 年国务院颁布了《国营企业实行劳动合同制的暂行规定》和《关于企业职工待业保险暂行规定》。这时相对民商法和经济法的迅速发展，社会立法显得严重滞后。随着市场经济的发展，竞争加剧，贫富差距拉大，社会劳动保障立法迫在眉睫。从 1990 年至 1996年制定了《残疾人保障法》《未成年人保护法》《妇女权益保障法》《工会法》《劳动法》《老年人权益保障法》。其中《工会法》和《劳动法》是综合性的法律，《劳动法》确立了我国劳动关系调整的基本框架，其他法律则是具体针对不同群体的特殊社会和劳动保障的问题。与此同时，社会保险制度也开始进行了适当改革，劳动和社会保障制度经历着重要改革，国务院及其所属部委层次，出台了相关通知、规定、决定和办法等。社会法领域取得了重要进展。

程序法。1979 年《逮捕拘留条例》和《刑事诉讼法》颁布。《刑事诉讼法》是新中国第一部刑事诉讼法典，对于保证准确及时查明犯罪事实，惩罚犯罪分子，保证无罪之人不受刑事追究，发挥了重要作用，是我国程序法发展史上的重要里程碑。最高人民法院 1979 年颁布了《关于人民法院审判民事案件程序制定的规定（试行）》，以供《民事诉讼法》正式颁行之前试行。1982 年制定的《民事诉讼法（试行）》是新中国成立以后第一部民事诉讼法典，包括总则、一审程序、二审程序、执行程序、涉外民事诉讼程序的特别规定，共 205 条。1989 年的《行政诉讼法》被称为中国第一部"民告官"的法律，它的制定标志着我国三大诉讼程序法的雏形初步形成。不过《民事诉讼法》还有待在试行过程中进一步总结经验，调解仲裁非诉讼程序法仍然缺位。1991 年的《民事诉讼法》由总则、审判程序、执行程序和涉外民事诉讼程序的特别规定组成，共 270 条。较之前试行的《民事诉讼法》，在财产保全、先予执行、调解地位、特别程序、督促程序、公示催告程序和企业法人破产还债程序方面都做了大幅度的调整，增加了协议管辖的规定，增加代表人诉讼、集团诉讼的规定等。但是它也删除了"着重调解""巡回审理、就地办案"等内容。它与 1996 年的《刑事诉讼法》（修订）在程序法体系中都具有重要作用，标志程序法体系进一步完善。同时非诉讼程序法也纳入立法日程，1994 年制定了《仲裁法》。

通过对奠基、阶段分析总结，可以看出，我国处于社会转型期，民商法、经济法、社会法、行政法和民事诉讼法的立法严重短缺，社会转型所需要的不仅仅是立法的数量，更重要的是与之相适应的新的类型的立法。这个时期立法工作取得了突出成就，为之后我国形成中国特色社会主义法律体系打下了坚实的基础。这一阶段的中期经济立法、民商立法明显加速，在短时间内取得如此大的成就，在世界立法史上都是较为罕见的。但是，相比之下，在环境和社会方面的立法就很滞后。如何使得法律各部门与经济、社会建设相协调发展，是这一时期和之后法律体系建设的重要问题。这一阶段后期，进入 20 世纪 90 年代，我国法律体系中民商法体系还有较多的缺位，行政法和经济法体系也需要进一步清晰和发展，社会法刚刚起步。宪法与刑法相对完善，程序法的框架初步形成。这一阶段的立法成就为中国特色社会主义法律体系的形成奠定了重要基础。

（三）中国特色社会主义法律体系的初步形成（1997—2003）

随着社会主义市场经济体制的逐步建立、对外开放水平的不断提高、民主法制建设的深入推进和各项事业的全面发展，为把中国特色社会主义事业全面推向 21 世纪，1997 年中国共产党第十五次全国代表大会提出了 21 世纪第一个十年国民经济和社会发展的远景目标，确

立了"依法治国，建设社会主义法治国家"的基本方略，明确提出到
2010 年形成中国特色社会主义法律体系。按照这一目标要求，中国继
续抓紧开展各领域立法。①

宪法及其相关法。1999 年 3 月，九届全国人大二次会议通过的宪
法修正案明确规定："中华人民共和国实行依法治国，建设社会主义
法治国家。"使依法治国成为中国特色社会主义政治制度的重要特征；
确定了农村集体经济组织实行双层经营体制；提出在法律范围内的个
体经济、私营经济是社会主义市场经济的重要组成部分，反映了改革
开放以来非公有制经济的发展。宪法相关法方面，1997 年中国签署
《经济、社会和文化权利国际公约》，1998 年签署了《公民权利和政治
权利国际公约》。2000 年生效的《立法法》是我国多年来立法经验的
总结，是第一部规范立法机构、立法行为和程序的法律，有利于新时
期立法质量的提高。

行政法。1997 年的《行政监察法》和 1999 年的《行政复议法》
颁布之后，与之前颁布的《行政诉讼法》《行政处罚法》一起组成的
行政法体系，构架逐步清晰。制定和修订的部门行政法有：《国防法》
《献血法》《执业医师法》《高等教育法》。为了实施科教兴国战略，
1999 年国务院颁布了《国家科学技术奖励条例》。2001 年制定的《人
口与计划生育法》使多年一直实施的人口与计划生育政策法律化。
2003 年制定的《行政许可法》使行政行为法更加完善。同年制定的
《道路交通安全法》在规范交通秩序和保障生命安全方面起了重要作
用。2000 年还制定了《国家通用语言文字法》《现役军官法》，2001
年制定了《国防教育法》和《海域使用管理法》。2002 年、2003 年出
台了《民办教育促进法》《居民身份证法》等。

刑法。1997 年《刑法》是对 1979 年刑法的系统修改，明确规定
了刑法的基本原则，将类推制度废除，对刑法的适用范围、刑罚执行

①　中华人民共和国国务院新闻办公室：《中国特色社会主义法律体系》，人民出版社 2011
年版。

制度、裁量制度中的部分内容以及部分犯罪的罪状和法定刑进行了修改，调整了犯罪的分类，增加了大量的罪名，使我国的刑法典更加成熟。1999 年制定了刑法修正案，随后又在 2001 年、2002 年先后制定了刑法修正案（二）、（三）、（四）。刑法解释包括《关于刑法第二百九十四条第一款解释》《关于刑法第三百八十四条第一款解释》《关于刑法第九章渎职罪主体适用问题的解释》。值得注意的是，在 2000 年之后，除了修正案之外，刑法的修订和发展也越来越多地采取人大常委会刑法解释的形式。之前较多的则是通过最高人民法院、最高人民检察院司法解释的形式。

民商法。在综合《经济合同法》《技术合同法》《涉外经济合同法》的基础上，1999 年颁布了统一的《合同法》，将鼓励交易、意思自治、合同正义和诚实守信确定为我国《合同法》的基本原则。1998 年颁布的《收养法》与 1980 年制定的《婚姻法》《继承法》一起，标志着家事法的完善。2001 年修订的《婚姻法》引起社会广泛讨论，离婚条件、过错赔偿、家庭暴力、监护权等制度方面都比 1980 年的《婚姻法》有了重要变化。在民事主体制度方面制定的法律包括《合伙企业法》《个人独资企业法》；在商法方面制定了《证券法》《招标投标法》。2001 年制定了《信托法》，2003 年制定了《证券投资基金法》。民商法体系向着进一步完备的方向发展。

经济法。1997—1999 年制订或修订了《会计法》《土地管理法》《价格法》等法律。2001 年至 2003 年制定了《防沙治沙法》《政府采购法》《中小企业促进法》《环境影响评价法》《清洁生产促进法》和《银行业监督管理法》。经济管理领域，继续进行一系列改革：国务院于 1998 年制定《关于进一步深化粮食流通体制改革的决定》，提出继续实行按保护价敞开收购农民余粮，粮食收储企业实行顺价销售，粮食收购资金封闭运行的三项政策；同年，《中共中央关于农业和农村工作若干重大问题的决定》强调了必须长期坚持以公有制为主体，多种所有制经济共同发展的基本经济制度，以家庭承包经营为基础、统分结合经营制度，以劳动所得为主和按生产要素分配相结合的分配制度;① 1999 年《中共中央关于国有企业改革和发展若干重大问题的决定》指出要从战略上调整国有经济布局，推进国有经济战略性改组，提高国有经济的控制力，使国有经济在关系国民经济命脉的重要行业和关键领域占支配地位。

社会法。1999 年制定了《预防未成年人犯罪法》，2001 年制定了《职业病防治法》，次年制定了《安全生产法》。在这段时期，在国务院及其所属部委层级，社会保险制度也开始进行适当的改革，1995 年国务院发布了《关于深化企业职工养老保险制度改革的通知》，1996 年原劳动部颁布了《企业职工工伤保险试行办法》，1997 年，国务院发布了《关于建立统一的企业职工基本养老保险制度的决定》，1998 年国务院发布了《关于建立城镇职工医疗保险制度的决定》等。② 这一时期我国劳动和社会保障制度经历着重要改革时期，1997 年国务院《关于在全国建立城市居民最低生活保障制度的通知》，要求在 1999 年底以前在全国建立城市居民最低生活保障制度。1998 年中共中央和国务院发布的《关于切实做好国有企业下岗职工基本生活保障和再就业工作通知》提出当前及今后一个时期，主要解决下岗职工基本生活保障和再就业问题，争取在 2003 年前后初步建立起适应社会主义市场经济体制要求的社会保障体系和就业机制。

程序法。1996 年修订《刑事诉讼法》，1999 年修订《海事诉讼特别程序法》，2000 年制定了《引渡法》，在程序法体系中具有重要作用，它们的制定和修改标志着我国程序法体系的进一步完善。

2002 年 11 月，中共十六大报告提出:"加强立法工作，提高立法质量，到二○一○年形成中国特色社会主义法律体系。"这是对中共十五大报告相关要求的重申。2003 年 3 月，李鹏同志在第十届全国人民代表大会常务委员会工作报告中指出:"在前几届工作的基础上，

---

① 《中共中央关于农业和农村工作若干重大问题的决定》，人民出版社 1998 年版。

② 朱景文、韩大元:《中国特色社会主义法律体系研究报告》，中国人民大学出版社 2010 年版。

经过不懈努力，构成中国特色社会主义法律体系的各个法律部门已经齐全，每个法律部门中主要的法律已经基本制定出来，加上国务院制定的行政法规和地方人大制定的地方性法规，以宪法为核心的中国特色社会主义法律体系已经初步形成。"①

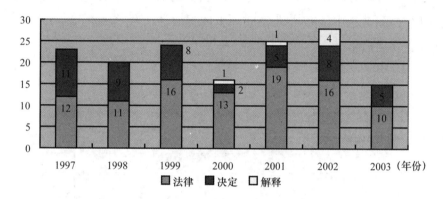

图2—4　中国制定法律和有关法律问题的决定和法律解释的数量（1997—2003）

资料来源：朱景文、韩大元：《中国特色社会主义法律体系研究报告》，中国人民大学出版社 2010 年版，第64—68 页。

这一阶段，总体来说，立法数量较上一阶段有了很大的增长（见图2—4）。作为民商法基础的合同法刚刚出台，《物权法》还未制定，对于侵权责任也只是在《民法通则》里做出一般规定，社会法也刚刚起步。宪法相关法必须坚持中国特色社会主义的政治制度，同时也有赖于政治体制改革的深化，需要进一步研究。部门法的增加，宪法相关法的比重降低，这是法律调整的进步，即社会关系由各部门法的具体规则所调整，而不是只靠宪法原则来调整。

（四）中国特色社会主义法律体系的基本形成（2004—2007）

2003 年初时，吴邦国同志表示争取在五年任期内，基本形成中国

① 《十六大以来党和国家重要文献选编》（上一），人民出版社 2005 年版，第298 页。

特色社会主义法律体系。2004 年 4 月，胡锦涛同志指示：要适应社会
主义市场经济发展、社会全面进步的需要和我国加入世贸组织后的新
形势，大力加强立法工作，提高立法质量，加快形成中国特色社会主
义法律体系。为了使社会主义民主更加完善，社会主义法制更加完备，
依法治国基本方略得到全面落实，更好保障人民权益和社会公平正义，
促进社会和谐，中国立法机关进一步加强立法工作（见图 2—5），不
断提高立法质量。

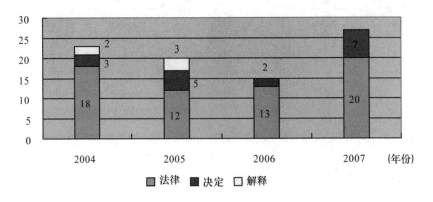

图 2—5   中国制定法律和有关法律问题的决定和法律解释的数量（2004—2007）

资料来源：朱景文、韩大元：《中国特色社会主义法律体系研究报告》，中国人民大学出版
社 2010 年版，第 68 页。

宪法及其相关法。2004 年宪法修正案的突出成就是人权保护、私
有财产保护和社会保障制度入宪，规定了"国家尊重和保护人权"
"公民的合法的私有财产不受侵犯""国家建立健全同经济发展水平相
适应的社会保障制度"。这些在以前是以宪法的具体规则来体现，但
2004 年宪法修正案第一次将这些内容提升到了宪法原则的高度。2005
年《反分裂国家法》是反对"台独"等分裂势力的重要法律，为维护
国家主权和领土完整，促进国家和平统一，提供了法律保障。2006 年
《各级人民代表大会常务委员会监督法》的制定总结了多年来我国人
大常委会监督的经验，同时标志着我国监督法、政治法的发展迈出了

重要的一步。对《地方各级人民代表大会和地方各级人民政府组织法》《全国人民代表大会和地方各级人民代表大会选举法》进行了修订。

行政法。这段时期制定、修订了许多引起社会广泛关注的法律，如 2007 年修订的《道路交通安全法》，进一步规范了交通秩序，保障了人民群众的生命财产安全。2005 年制定的《治安管理处罚法》，第一次把多年来的《治安处罚条例》上升为正式的法律。2005 年制定的《公务员法》是继《法官法》《检察官法》《律师法》等之后，又一件重要的规范主体资格的法律。同年制定了《公证法》，使得我国司法行政方面的法律变得更加完善。2007 年的《突发事件应对法》反映了行政管理中出现的突发事件的应对措施。这段时期还颁布了《禁毒法》，修订了《律师法》《传染病防治法》《公路法》《城市房地产管理法》《国境卫生检疫法》等。

刑法。2005 年、2006 年分别对刑法进行了修订，颁布了刑法修正案（五）、（六），刑法解释《关于刑法有关信用卡规定的解释》。

民商法。2004 年、2005 年对《票据法》《公司法》《证券法》进行了修改。

2007 年，全国人大及其常委会先后 8 次审议，制定了对民法典起支架作用的《物权法》，它是重要的民事基本法，是我国所有权制度改革成果的规范化、法律化，受到了社会的广泛关注。《物权法》具有鲜明的中国特色：国家所有权、集体所有权、私人所有权组成了所有权的结构；最大限度地妥善处理农村土地权利制度；最大限度地保护农民合法权益；加强保护国有资产和国有资源，同时保障充分发挥国有资产和国有资源的权益，突出体现国有财产是我国经济体制的基础；特别保护建筑物权利，体现了我国不动产权属的实际情况和对权利人的保护。同年还制定了《反垄断法》，保护了公民、法人和其他组织的合法权益，保障和促进社会主义市场经济的健康发展。

经济法。2005 年，新制定了《可再生能源法》《畜牧法》，次年制定了《农产品质量安全法》。《反洗钱法》的颁布适应了保证金融安全、惩治洗钱新型违法活动的需要。2007 年制定了《企业所得税法》，统一了以往各种类型的企业税法，统一了税率，实现了不同所有制企业在企业所得税方面的平等对待。这一阶段，还修改了多部法律。十届全国人大常委会第十九次会议决定，自 2006 年 1 月 1 日起，废止第一届全国人大常委会于 1958 年 6 月 3 日通过的《中华人民共和国农业税条例》。免除农业税，是中国农业发展史上一件具有重要意义的伟大事件。这个阶段，我国环境资源法发展也令人瞩目。2005 年，中共十六届五中全会胜利召开。这次大会通过了《中共中央关于制定国民经济和社会发展第十一个五年规划的建议》，明确提出了以科学发展观统领经济社会发展全局，"建设资源节约型、环境友好型社会"，为加快环境资源立法奠定了基础。2005 年 12 月国务院发布了《关于落实科学发展观加强环境保护的决定》。党的十七大上，胡锦涛同志再次对科学发展观的科学内涵进行了重申及进一步的阐述，明确地提出了建设生态文明的具体要求及内容。同时针对当前实际，对环境法制建设提出了"完善有利于节约能源资源和保护生态文明的法律和政策，加快形成可持续发展体制机制"的新要求，这意味着我国环境法律体系已经进入为适应新的形势而进一步完善的关键阶段。2007 年国务院颁布了《中国应对气候变化国家方案》。

社会法。2005 年修订了《妇女权益保障法》。2006 年国务院发布《关于解决农民工问题的若干意见》，提出建立城乡统一的劳动力市场和公平竞争的就业制度、保障农民工合法权益的政策体系和执法监督机制、惠及农民工的城乡公共服务体制和制度。2007 年，制定了《就业促进法》和《劳动合同法》。《劳动合同法》对于通过劳动合同制度保障劳动者的权益、改变实际存在的劳动用工单位无合同状态具有重要意义。不过在实施的时候，正处于金融危机期间，订立劳动合同的初衷在于改善劳动者的劳动条件和保障，但实际上加重了用工单位的劳动成本。金融危机致使银根紧缩，一些用工单位不得不裁员。于是针对这部法律的贯彻，国务院又专门制定出了《劳动合同法实施条例》。同年国务院还发出《关于在全国建立农村最低生活保障制度的通知》，提出将符合条件的农村贫困人口全部纳入保障范围。同时，也对城市低收入家庭进行了相应的调整，建立健全城市廉租房制度，发出了《关于解决城市低收入家庭住房困难的若干意见》。

程序法。2007 年制定了《劳动争议调解仲裁法》，第一次将仲裁和调解非诉讼应用到劳动争议中去。同年，针对实践中问题较多的"再审难""执行难"等问题，十届全国人大常委会第三十次会议通过《关于修改〈中华人民共和国民事诉讼法〉的决定》，对《民事诉讼法》进行了局部的修订。

通过数据分析，笔者认为，这一阶段的立法数量比前一时期有所减少，但是各领域的立法重心已由制定新的法律转移到修改既定法律。宪法与刑法领域，形成了以修正案作为修改法律方式的惯例继奠基阶段掀起了立法高潮之后，这一阶段对行政法、经济法、民商法和程序法的修改的比重变得更大。不同领域法律的多次修改，反映出我国法律所涵盖的社会领域越发广阔，中国特色社会主义法律体系的构建取得了重大进展。同时，这一体系的建构，并不是法律名称的堆砌，而是法律内容是否符合客观实际，反映出其所调整的社会关系。

2007 年 10 月 15 日，胡锦涛在中共十七大报告中明确指出"中国特色社会主义法律体系基本形成。"这就正式宣布了中国特色社会主义法律体系基本形成。

（五）中国特色社会主义法律体系的正式形成（2008—2011）

2008 年 3 月，吴邦国同志在部署 2008 年全国人大常委会工作时提出："确保到 2010 年形成中国特色社会主义法律体系"。为了维护国家法制统一，促进法律体系科学和谐统一，全国人大常委会、国务院、地方人大及其常委会集中开展了对法律法规的全面清理工作。全国人大常委会废止了 8 部法律及有关法律问题的决定，对 59 部法律作出修改；国务院废止了 7 部行政法规，对 107 部行政法规作出修改；地方人大及其常委会共废止地方性法规 455 部，修改地方性法规 1417 部，基本解决了法律法规中存在的明显不适应、不一致、不协调等问题。

开展法律法规全面清理工作,是保证中国特色社会主义法律体系科学、统一、和谐,确保到 2010 年形成中国特色社会主义法律体系的一项重要举措。①

根据党的十七大报告明确提出的要求,"要坚持科学立法、民主立法,完善中国特色社会主义法律体系。"我国继续大力开展立法工作,以构建和完善中国特色社会主义法律体系(见图 2—6)。

宪法及其相关法。修订了《驻外外交人员法》和《全国人大常委会议事规则》。2010 年制定、修订了《中华人民共和国全国人民代表大会和地方各级人民代表大会选举法》,取消了城乡人大代表所代表的不同人口数的内容,实现了"一人一票"向"一票一值"的发展,是我国选举制度历程中的重大进步。同时产生了《中华人民共和国全国人民代表大会和地方各级人民代表大会代表法》。

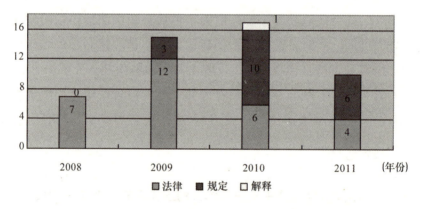

图 2—6　中国制定法律和有关法律问题的决定和法律解释的数量(2008—2011)

资料来源:朱景文、韩大元《中国特色社会主义法律体系研究报告》,中国人民大学出版社 2010 年版,第 68 页。

行政法。2009 年制定了《人民武装警察法》《邮政法》,2010 年

① 中华人民共和国国务院新闻办公室:《中国特色社会主义法律体系》,人民出版社 2011 年版。

修订了《居民身份证法》。截至 2008 年，我国共制定了国家级应急预案 116 件，体现了我国应对处理突发事件的经验总结。2010 年 4 月公布了《中华人民共和国国家赔偿法》。同年 12 月，颁布了《国家赔偿费用管理条例》。2011 年《中华人民共和国道路交通安全法》最新修正案生效。同年还制定修订了《中华人民共和国建筑法》。

刑法。2009 年制定了《刑法修正案（七）》。2010 年 4 月通过了《人民检察院扣押、冻结涉案款物工作规定》，2010 年 6 月公布《最高人民法院、最高人民检察院、公安部、国家安全部、司法部关于办理死刑案件审查判断证据若干问题的规定》。2011 年实施《刑法修正案（八）》。

民商法。2009 年制定了《侵权责任法》。这是继《合同法》和《物权法》之后，我国向建立民法典迈出的重要一步。侵权责任法独立成篇是世界民法史上的创举。以往大陆法系的民法史上，侵权责任都是归于债权之中。中国民法，将侵权责任独立成篇，引起了国际法学界的关注。该法规定了产品、机动车交通事故、医疗损害、环境污染、高度危险、饲养动物损害及物件损害等方面的责任。同年还制定了《电子签名法》。2010 年修改了《专利法》。2010 年 5 月通过《最高人民法院关于审理外商投资企业纠纷案件若干问题的规定》。2010 年 6 月公布了《最高人民法院关于使用〈中华人民共和国侵权责任法〉若干问题的通知》。2010 年 9 月通过了《最高人民法院关于审理旅游纠纷案件适用法律若干问题的规定》。2010 年 10 月通过《中华人民共和国涉外民事关系法律适用法》。

经济法。2008 年制定了《企业国有资产法》，该法是防止国有资产流失的一项重要法律。它的制定，不仅对关系国资出资人权益的重大事项作了专章规定，明确重大事项的决定权限和审批程序，还从国有资产流失可能发生在改制、关联交易、资产评估、国资转让等关键环节进行详细约束，在一定程度上堵住了国资流失的主要缺口，抑制了这些环节的"暗箱操作"。同年还制定了《循环经济促进法》。2010 年 2 月通过了《中华人民共和国审计法实施条例》。2011 年实施了新修订的《中华人民共和国煤炭法》《水土保持法》《土地复垦条例》。

社会法。2009 年中共中央、国务院发布《关于深化医药卫生体制改革的意见》，提出了切实缓解看病难、看病贵的五项重点改革措施和建立健全覆盖城乡居民的基本医疗卫生制度的长远目标。2010 年 10 月通过并公布了新修订的《中华人民共和国社会保险法》。2011 年开始施行《工伤保险条例》。

程序法。2009 年制定《农村土地承包经营纠纷调解仲裁法》，将仲裁和调解非诉讼程序应用到具体争议的解决中，为调解法出台做了准备。2010 年 6 月公布了《最高人民法院、最高人民检察院、公安部、国家安全部、司法部关于办理刑事案件排除非法证据若干问题的规定》。2010 年 7 月通过了《最高人民法院关于审理劳动争议案件适用法律若干问题的解释（三)》。2010 年 7 月 28 日通过并公布了《中华人民共和国人民调解法》。

2010—2011 年以来，共审议通过 16 件法律和有关法律问题的决定，听取审议国务院、最高人民法院、最高人民检察院 13 个工作报告，检查 6 部法律实施情况，开展 2 项专题调研和 3 次专题询问，办理代表议案 506 件，决定批准我国与外国缔结的条约、协定以及加入的国际公约 4 件。还决定和批准任免一批国家机关工作人员，为确保如期形成中国特色社会主义法律体系，推动中央重大决策部署贯彻落实，促进经济社会全面协调可持续发展做出了新的贡献。至 2011 年初，法律体系内部总体做到科学和谐统一。截至 2010 年底，我国已制定现行有效法律 236 件、行政法规 690 多件、地方性法规 8600 多件，并全面完成对现行法律和行政法规、地方性法规的集中清理工作。目前，涵盖社会关系各个方面的法律部门已经齐全，各法律部门中基本的、主要的法律已经制定，相应的行政法规和地方性法规比较完备，法律体系内部总体做到科学和谐统一。①

---

① 吴邦国：《在十一届全国人大四次会议第二次全体会议上的报告》，《人民日报》2011 年 3 月 10 日。

2011 年 3 月 10 日上午，吴邦国在十一届全国人大四次会议第二次全体会议上做报告指出："党的十五大提出到 2010 年形成中国特色社会主义法律体系的立法工作目标如期完成。中国特色社会主义法律体系已经形成。"

二　中国特色社会主义法律体系的结构

中国特色社会主义法律体系的构成是以宪法为统帅，以法律为主干，包括行政法规、地方性法规、自治条例和单行条例等规范文件在内的，由七个法律部门、三个层次的法律规范性组成的协调有机统一整体，表现出统一而又多层次。

（一）中国特色社会主义法律体系的层次

中国特色社会主义法律体系由三个不同层级的法律规范构成，层次分明又协调统一。在中国特色社会主义法律体系中，宪法作为母法，有着至关重要的地位。

宪法是中国特色社会主义法律体系的统帅。宪法是国家的根本法，在中国特色社会主义法律体系中居于统帅地位，是国家长治久安、民族团结、经济发展、社会进步的根本保障。宪法是各族人民、一切国家机关和武装力量、各政党和各社会团体、各企业事业组织根本的活动准则，在中国特色社会主义法律体系中具有最高的法律效力。一切法律、行政法规、地方性法规都不得与宪法相抵触。制定必须遵循宪法的基本原则，以宪法为立法依据。[①]

法律是中国特色社会主义法律体系的主干。法律是制度的载体，以法的形式反映和规范国家经济、政治、文化和社会的各项制度。宪法规定，全国人大及其常委会行使国家立法权。

[①]　中华人民共和国国务院新闻办公室：《中国特色社会主义法律体系》，人民出版社 2011 年版。

立法法规定了全国人民代表大会和全国人民代表大会常务委员会的专属立法权,并对需要制定法律的事项做出了明确的规定。全国人大及其常委会制定的法律,是对国家建设各个方面重要的基本的法律制度进行了确立,发挥着重要的制度建设作用。它是国家法制的基础,使国家各项建设有法可依,是中国特色社会主义法律体系的主干,同时,也是行政法规、地方性法规制定的重要依据。

行政法规是中国特色社会主义法律体系的重要组成部分。行政法规由国务院制定,其制定依据是宪法和法律。国务院可以根据全国人大及其常委会的授权决定,对应当由全国人大及其常委会制定法律的事项制定行政法规。为适应社会发展及履行职权的需求,国务院依法制定了内容涉及国家各项事务的行政法规,保障了社会主义现代化建设的有序进行。行政法规是将法律规定的相关制度具体化,是对法律的细化和补充,在中国特色社会主义法律体系中具有重要地位。

地方性法规是中国特色社会主义法律体系的又一重要组成部分。新中国成立以来,尤其是经历了改革开放的发展历程,为了适应我国统一、单一制国家结构以及各地方经济、文化、社会发展不平衡的实际需要,立法法确立了我国统一而又分层次的立法体制。除全国人大及其常委会集中行使国家立法权外,依照宪法和法律的规定,地方人大及其常委会也各自行使不同层次的立法权,我国现今具有地方性法规(包括经济特区法规、自治条例和单行条例)制定权的有省、自治区、直辖市和较大的市的人大及其常委会,民族自治地方的人民代表大会,经济特区所在地的省、市的人大及其常委会。具体来说,包括:22个省,4个直辖市,5个自治区,30个自治——120个自治县,深圳、珠海、汕头、厦门4个经济特区,49个较大市的人民代表大会及其常委会。在这些较大市中,有27个为省、自治区人民政府所在地市;18个为国务院批准的其他较大市;另有4个为经济特区所在地的市。

地方性法规由地方人大及其常委依照宪法和法律,结合地方具体情况,从实际出发,行使地方立法权,可依法制定地方性法规,细化法律和行政法规,或对地方事务作出规定。

地方人大及其常委会制定的地方性法规、经济特区法规、自治条例和单行条例，在中国特色社会主义法律体系中的作用不可替代。同样具有重要地位，是国家立法的延伸和完善，为国家立法积累了有益经验，与宪法、法律、行政法规共同构成了中国特色社会主义法律体系的统一整体。[①]

（二）中国特色社会主义法律体系的部门

法的部门划分标准的问题是由苏联法学界提出的，并对此进行过长期的争论。在20世纪40年代，法律调整对象作为划分法律部门的唯一标准的观点占据了苏联法学界的主导地位。当时苏联法学界的主流观点认为法律调整方法是完全受制于法律调整对象的，具有派生性、从属性，本身不具有独立的意义和价值。20世纪50年代后，苏联学者在划分法律部门标准的问题上占主导的观点发生了变化，即从一元（对象）论发展到二元（对象—方法）论。[②] 这一时期，苏联学者认识到了法律调整方法对法的部门划分的重要性和相对独立性，对法律调整方法的性质、类型和具体内容进行了比较深入的研究。在法律调整方法的性质方面，一般认为，既不能把法律调整对象看作纯粹客观的，也不能把法律调整方法看成是纯粹客观的。法律调整对象与法是被客观规律所制约的主观现象一样，也具有主观性。社会关系之所以能是法律调整的对象，是经过了立法者的选择，渗透着国家意志。作为法律调整对象的社会关系固然是法律部门划分的标准，但是社会关系的不同和分类，也要看其本身需要怎样的调整方法。

我国法学界早先承袭了苏联法学界20世纪40年代的观点，法律规范的划分标准为法律调整对象，后来亦接受了调整对象和调整方法的双重标准。这就意味着对同一事物进行分类时适用多重标准，双重

---

① 中华人民共和国国务院新闻办公室：《中国特色社会主义法律体系》，人民出版社2011年版。

② 朱景文：《比较法社会学的框架和方法——法制化、本土化、全球化》，中国人民大学出版社2000年版，第141页。

标准之间的关系是或然还是并然，实践中双重标准说易沦为实质上的单一标准说。由于法律部门划分面临这些理论难题，我国的一些学者开始反思和争论。① 有的学者认为，用法律调整的社会关系作为划分标准来区分部门法，在实践中并没有做到划分标准的统一；而用调整方法作为法律部门划分的次要标准，是就刑法的需要而提出，不具科学的普适性。② 有的学者认为，部门法理论是计划经济时代的产物；其理论缺乏明确的理论原则与目的；部门法的划分标准带有结构性、逻辑性的缺陷；部门法体系内容建构采取列举式的概括具有天然滞后性；部门法理论对立法实践的理论指导软弱无力等。③

但就目前为止，我国法学界主流的观点仍是：法律部门划分的第一位标准或首要、主要标准是调整对象，即法律所调整的一定的社会关系，法律部门划分的次要标准或第二标准、辅助标准是法律调整方法（或法律调整机制）。按照这一观点，中国特色社会主义法律体系主要可划分为七个法律部门，即宪法相关法，民商法，行政法，经济法，社会法，刑法，诉讼与非诉讼程序法。

1. 宪法相关法

宪法相关法是与宪法相配套、直接保障宪法实施和国家政权运作等方面的法律规范，调整国家政治关系。主要包括国家机构的产生、组织、职权和基本工作原则方面的法律，民族区域自治制度、特别行政区制度、基层群众自治制度方面的法律，维护国家主权、领土完整、国家安全、国家标志象征方面的法律，保障公民基本政治权利方面的法律（见图2—7）。④ 截至2011年8月底，中国已制定宪法相关法方

① 孙国华：《中国特色社会主义法律体系研究——概念、理论、结构》，中国民主法制出版社2009年版，第158页。
② 李林：《中国特色社会主义法律体系的构成》，载刘海年、李林主编《依法治国与法律体系构建》，社会科学文献出版社2008年版，第23页。
③ 李龙、范进学：《论中国特色社会主义法律体系的科学建构》，《法制与社会发展》2003年第5期。
④ 中华人民共和国国务院新闻办公室：《中国特色社会主义法律体系》，人民出版社2011年版。

面的法律 38 部和一批行政法规、地方性法规。2018 年对 1982 年宪法进行了第五次修改。

宪法相关法调整对象，可分为两大类："一是以国家或者国家机关为一方，而以公民和社会组织（经济组织、政治组织、其他社团）为另一方而形成的政治关系，或者双方都是国家机关而形成的政治关系；二是以社会组织为一方而以公民为另一方而形成的政治关系，或者双方都是社会组织而形成的政治关系。前一类是国家最基本的政治关系，因而是最基本、最主要的。这些社会关系涉及国家权力的组成和运作。"① 由此，我们可以得出，宪法调整对象涉及国体、政体、国家结构形式及公民基本权利和义务，是对这类国家最基本的政治关系进行调整，来建立并维持国家的政治、社会秩序。

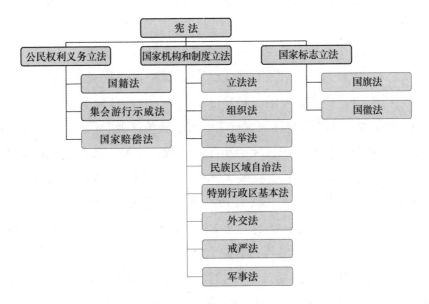

图 2—7　宪法及宪法相关法

资料来源：朱景文、韩大元《中国特色社会主义法律体系研究报告》，中国人民大学出版社 2010 年版，第 141 页。

---

① 朱景文、韩大元：《中国特色社会主义法律体系研究报告》，中国人民大学出版社 2010 年版，第 139 页。

宪法相关法的形式渊源主要是宪法性法律、法规。选举制度是宪法规定的重要制度。1953 年，我国便颁布了《中华人民共和国全国人民代表大会和地方各级人民代表大会选举法》。这部选举法规定了全国人大和地方各级人大由选民用普选方法产生，规定了选举程序和选举办法，规定了各地少数民族选举事宜，确定了我国的民主选举制度，体现了我国民主政治制度化的发展进程。当然这部法律也有些不足，如选举权的主体有限。① 1979 年在第五届全国人大第二次会议上，通过了我国第二部选举法，也是现行有效的选举法。1979 年选举法与1953 年选举法相比，作了大幅度的修改，主要体现在扩大选举权的主体范围，扩大了直接选举的范围，改变了投票方式，将等额选举改为差额选举，将地方各级人大名额由直接规定改为由省级人大常委会自行决定，改变选区划分方式，完善代表候选人提名程序，提高代表当选条件。

选举权的平等性是最受关注的，1979 年的选举法规定，选举全国人大代表，农村每一代表所代表的人数是城市每一代表所代表人数的8 倍，即8∶1，而省、自治区和自治州、县、自治县分别为5∶1和4∶1。也就是说，在选举全国人大代表和省、自治区及自治州、县、自治县人大代表时，农村每一选民的实际选举权只有城市每一选民的1/8、1/5 和1/4。1979 年选举法经多次修改，逐步缩小了农村与城市每一代表所代表人口数的比例，到了 1995 年已将省级和全国这两级人大的比例由5∶1、8∶1 统一修改为4∶1，县级4∶1 不变。这种比例在2004 年的修改中也被继续维持。

我国充分保障公民的选举权和被选举权。选举实行普遍、平等、直接选举和间接选举相结合以及差额选举的原则。中国宪法规定，年满18 周岁的公民，不分民族、种族、性别、职业、家庭出身、宗教信仰、教育程度、财产状况、居住期限，除依法被剥夺政治权利的人外，

① 韩大元：《"城乡按相同人口比例选举人大代表"的规范分析及影响》，《国家行政学院学报》2010 年第 2 期。

都有选举权和被选举权。① 平等地享有选举权与被选举权是宪法赋予我国公民的权利，选举法的修改就体现了这一宪法要求，2009 年第十一届全国人大常委会第十二次会议第二次审议了《选举法修正案（草案）》，并在 2010 年颁布了修订后的《中华人民共和国全国人民代表大会和地方各级人民代表大会选举法》，取消了城乡人大代表所代表的不同人口数的内容，实现了"一人一票"向"一票一值"的发展，是我国选举制度历程中重大的进步。修订后的选举法还规定，"应当有适当数量的基层代表"，保证了各地区、各民族、各方面都有适当数量的代表，"选举时应当设有秘密写票处"充分体现了我国民主制度的进步，使"公民在法律面前一律平等"的宪法原则在法律上得到了切实体现，实现了城乡居民选举权的完全平等。

在选举人大组成人员方面，现行有效的法律文件还包括《中国人民解放军选举全国人民代表大会和县级以上地方各级人民代表大会代表的办法》《全国人民代表大会常务委员会关于县级以下人民代表大会代表直接选举的若干规定》《全国人民代表大会和地方各级人民代表大会代表法》，以及全国人大对香港、澳门特区选举全国人大代表的具体规定。在选举自治组织方面做出相关规定的有《城市居民委员会组织法》和《村民委员会组织法》，规定了自治组织中公民依法直接行使民主选举、民主决策、民主管理和民主监督的权利，对基层组织的公共事务和公益事业实行民主自治，这成为中国最直接、最广泛的民主实践。

组织法是专门规定某类国家机关的组成和活动原则的法律。宪法是组织法的基础，组织法是宪法原则的具体化、制度化。宪法对国家机构的规定是原则和宏观的，具体的机构设置和运行方式需要组织法的落实。依照我国宪法规定，组织法分为两大类：国家机关组织法，包括《全国人民代表大会组织法》《国务院组织法》《人民法院组织

---

① 中华人民共和国国务院新闻办公室：《中国特色社会主义法律体系》，人民出版社 2011 年版。

法》《人民检察院组织法》和《地方各级人民代表大会和地方各级人民政府组织法》及特别行政区基本法；自治机关组织法，民族区域自治方面有《民族区域自治法》，基层群众自治方面，建立了城乡基层群众自治制度，颁布了《城市居民委员会组织法》及《村民委员会组织法》。组织法是国家机关日常活动获得正当性的法律来源，也体现了我国民主政治制度的发展和完善。

为了祖国早日统一，切实落实"一国两制"方针，我国实施了特别行政区制度。特别行政区基本法的颁行，对这一制度予以了确立。现行宪法是制定这两部基本法的唯一依据。基本法在香港、澳门特别行政区实施以来，维护了两地政治、经济、文化、社会的发展，建立起了稳定的基本法秩序，保持了香港、澳门的长期繁荣和稳定。

《民族区域自治法》从法律层面保障了民族区域自治制度的实施，充分尊重和保障了各少数民族的合法权益及其管理本民族内部事务的权利。依据宪法和法律，我国已建立了 155 个民族自治地方，其中包括 5 个自治区，30 个自治州，120 个自治县（旗），及 1100 多个民族乡。宪法对民族自治地方的自治权也进行了规定：自主管理本民族、本地区的内部事务；民族自治地方的人民代表大会有权依照当地民族的政治、经济和文化的特点，制定自治条例和单行条例，并可以依照当地民族的特点，依法对法律和行政法规的规定做出变通规定；使用和发展本民族语言文字。[①] 宪法和民族区域自治法确立的民族区域自治制度，符合中国各民族人民的共同利益和发展要求，保障了各少数民族依法自主管理本民族事务，民主参与国家和社会事务管理，平等享有经济、政治、社会和文化的权利，维护了平等、团结、互助、和谐的民族关系。

同时还制定了其他捍卫国家根本权利和保障公民权利的法律法规。反分裂国家法和国旗法、国徽法等法律维护国家主权和领土完整的宪

---

① 《中华人民共和国宪法》，中国法制出版社 1999 年版，第 35—36 页。

法相关法，捍卫了国家的根本利益。制定了集会游行示威法、国家赔偿法等法律以及民族、宗教、信访、出版、社团登记方面的行政法规，保障了公民基本政治权利。①

2. 行政法

行政法是关于行政权的授予、行政权的行使以及对行政权的监督的法律规范。调整对象是行政机关与行政管理相对人之间因行政管理活动发生的关系。在我国传统行政法理论中，行政关系被界定为国家行政机关在行使行政职能过程中，对内、对外发生的各种关系。长期以来，理论界一直以行政法律关系来概括行政领域所有的法律关系。这种观点排除了非国家行政机关依法行使公共权力而形成的法律关系，尤其排除了其他主体对行政机关监督而形成的法律关系，反映出在行政法性质和特征方面，人们认识的局限性。随着实践的发展，行政关系的内容也在发生变化，行政关系除了包括行政法律关系以外，还包括行政法制监督关系。行政法制监督关系的性质、内容特征都不同于行政法律关系，但与行政法律关系共同构成了行政领域的法律关系。行政法的调整方法则是典型的管理隶属办法，通过规定行政机关在行政管理活动中的职权与职责，保证正确行使并防止滥用国家权力，使公民的正当权利得到保障。

行政法的形式渊源一般只限于成文法。一般认为，我国行政法的发源主要包括宪法、法律、条约、行政法规、地方性法规、自治条例和单行条例、规章、法律解释等。根据我国行政法学的基本理论，学界主流观点认为，我国行政法包括行政组织法、行政行为法、行政救济法。（行政法结构见图2—8）

行政组织法是有关行政组织人的要素、物的要素以及相互之间有效结合的法律规范，主要规定行政主体的组织、性质、地位和职权，调整内部行政关系。行政组织法的法律渊源可以分为宪法、法律、行

---

① 中华人民共和国国务院新闻办公室：《中国特色社会主义法律体系》，人民出版社2011年版。

政法规、地方性法规和规章。从法治发达国家来看，其行政组织法治体系比较完备，除之前所提及的渊源独立存在之外，其不同法律位阶的法律规范组成了一个有机整体，对行政组织进行了全面的规范。一般而言，行政组织法治体系大致包括行政组织法、公务员法和公物法三大部分。就我国现行的行政组织法而言，目前主要有狭义上的行政组织法，即《国务院组织法》和《地方各级人民代表大会和地方人民政府组织法》，以及《公务员法》。

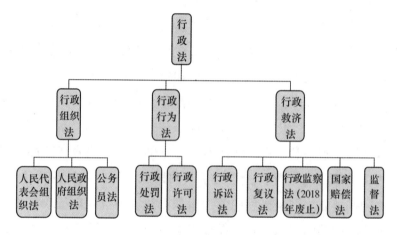

图2—8 行政法的结构

　　1982年颁行的《国务院组织法》是我国行政组织法体系中重要的法律规范之一，主要对国务院的组成、职权、工作制度及其组成部门的工作制度和设立、撤销和合并等程序进行了规定。1979年通过的《地方各级人民代表大会和地方人民政府组织法》已经通过了三次修订，是我国规范地方各级人民政府组织的唯一法律规范。这两部法构成我国现行行政组织法的基本框架。1993年《国家公务员暂行条例》出台，标志着现代化的公务员制度在我国建立。2006年《公务员法》在吸收《国家公务员暂行条例》经验、教训的基础上，有了更大的进步。在公务员分类、更新、晋升、工资、责任及权利保障等制度方面有了进一步的发展和创新，使公务员制度朝着法治化、制度化、科学化方向更进了一步。

但总体而言，当前行政组织法建设以及理论研究在总体上依然落后，无法适应社会的发展，也与政府改革无法有效协调。

行政组织要达成行政任务，必须根据具体行政管理事项的性质，采取不同的行政措施。行政行为法就是规范行政组织适用这些具体措施的实体以及程序的法律规范体系，主要规定行政主体行使职权的方式、程序，调整行政管理关系。行政处罚是行政机关实施行政管理最为常用、普遍的管理手段，是构成国家法律责任的重要组成部分。针对行政处罚实践的种种问题，颁行的《行政处罚法》成为保障民众权益，贯彻依法行政的重要措施。《行政处罚法》是行政行为法中最为关键、最为基本的法律，对行政处罚的设定权、实施主体、行政处罚的原则、程序和法律救济及相关的责任制度都进行了全面的规范。其中如听证、告知等具体制度都是吸收行政法学研究成果和国外先进制度的创造性举措，为行政管理实践中最普遍的行政处罚法治化提供了坚实的法律制度保障。行政许可是仅次于行政处罚的一种行政管理手段。《行政许可法》对行政许可设定范围、设定权、程序控制机制做出了规定。同时在行政许可中贯彻了"精简、统一、效能"原则，相对集中行使行政许可权，并建立起监督检查制度。《行政许可法》的颁布，有效规范了行政实践中的许可行为，保障了民众合法权益，为市场与政府之间关系的正确界定奠定了初步的基础，为政府职能转变提供了基本的法律框架。

行政救济法主要规定对行政主体行使职权行为如何实施法制监督，对受到违法行政行为侵犯的行政相对人如何进行法律救济，行政主体及其工作人员对其违法失职行为应承担什么样的法律责任，[①] 主要调整行政法制监督关系。目前，行政诉讼、行政复议、国家赔偿等行政救济制度已确立，权利救济与行政权的司法监督体系基本形成，通过

---

① 朱景文、韩大元：《中国特色社会主义法律体系研究报告》，中国人民大学出版社 2010 年版，第 141 页。

这些救济监督制度有效推进了政府法治进程。《行政诉讼法》健全了我国的诉讼制度，并且将行政机关与行政相对方置于平等的地位。从某种程度上讲，《行政诉讼法》的颁行是我国行政法体系建立的开始。行政诉讼推动了相关法律体系的不断建立完善。我国的行政诉讼制度首先在 1982 年的《民事诉讼法（试行）》中作出规定。1989 年《行政诉讼法》的颁布将行政诉讼作为了单独的诉讼类型，为行政诉讼的全面发展提供了法律平台。在 1991 年、1999 年及 2002 年最高人民法院分别出台了三个司法解释，使法律能有效地回应社会发展。我国现行《行政复议法》是对 1990 年颁行的《行政复议条例》进行了总结、修改、完善和突破。《行政复议法》使行政复议宗旨更加明确、原则更加科学合理、程序更加公正便民。在吸收、借鉴行政复议实践的基础上，进一步发挥了行政复议制度的优势，为公民合法权益的保障提供了一条能有效利用行政监督专业性、高效性、便捷性的途径，并有效保障司法审查的良性发展。1997 年在总结《行政监察条例》实践经验、教训的基础上颁行了《行政监察法》，规定了行政监察的领导体制，监察机关的职能、职责、权限，监察程序及法律责任，加强和完善了对国家行政机关以及公务员进行监察的基本制度，使监察工作逐步法治化，为监察机关履行监察职能、开展工作提供了更有力的法律保障。2018 年颁布了《国家监察法》，同时《行政监察法》废止。1994 年颁布的《国家赔偿法》规定了国家赔偿的构成要件、种类、义务机关、赔偿标准和赔偿费用以及国家赔偿的程序，完善了国家责任法体系，使行政法体系更加坚强，落实了宪法所规定的基本权利，有力保障了公民、法人及其他组织依法取得国家赔偿的权利。《中华人民共和国各级人民代表大会常务委员会监督法》（简称《监督法》），是全国人大从 1986 年着手起草，直至 2006 年最终通过，监督法明确规定了各级人大常委会通过听取和审议专项工作报告对"一府两院"进行专项工作监督及具体程序，规定了各级人大常委会审查、批准决算，听取和审议国民经济和社会发展计划、预算的执行情况的权力，以及听取和审议审计工作报告的权力，对规范性文件备案审查作出具体规定，并对特定调查权作出了规定。①

截至 2011 年 8 月底，中国已制定行政法方面的法律 79 部和一大批规范行政权力的行政法规、地方性法规，已经基本实现了有法可依、有章可循，行政法体系初步建立，这些法律从行政组织、行政行为和行政监督等角度，构建了比较健全的具有中国特色的行政法基本框架，从根本上改变了原来行政管理依靠政策、人治无法可依的状况，保障了行政机关依法行政的有效贯彻和公民的合法权益。

3. 刑法

刑法是规定犯罪与刑罚的法律规范，它的调整对象是代表公共权力的国家与犯罪者之间的关系，调整方法是确定什么是犯罪、各种犯罪的区别以及对不同的犯罪给予何种刑罚的方法。

我国第一部社会主义刑法典起草于 1954 年，除"反右派"斗争、"四清"运动及"文化大革命"三次大的停顿外，历经 25 年，实际起草工作也有五六年，前后易稿 38 次，最后于 1979 年第五届全国人民代表大会第二次会议上通过，这是我国第一部统一的社会主义刑法典。自 1980 年实施以来，发挥了积极重要的作用。但随着社会的发展，出现了许多新情况、新问题需要用刑法去解决，这就需要及时对刑法典进行必要的修改补充。从 1981 年起，全国人民代表大会常务委员会根据形势的发展变化和同犯罪作斗争的实际需要，先后制定了 25 个单行刑法，有《中华人民共和国惩治军人违反职责罪暂行条例》等。并在 107 个非刑事法律中设置了附属刑法规范。这些规定都是刑法的组成部分，解决了司法实践中产生的新问题，弥补了刑法的不足，为全面修订刑法提供了依据。这些补充和修改，主要是体现在以下的内容：空间效力上，增设普遍管辖权原则；溯及力上，个别采取了与 1979 年刑法从旧兼从轻原则所不同的原则；犯罪主体方面，在某些罪名增加了单位犯罪的规定；对共同犯罪的定罪和处罚作了一定的补充；增设新的刑罚种类；部分死刑案件的核准权下放；量刑制度上，对个别情

---

① 《中华人民共和国各级人民代表大会常务委员会监督法》，中国法制出版社 2006 年版。

节增加了加重处罚的规定;在罪数问题上,有些单行刑法排除了按牵连犯、吸收犯处理的可能;增设缓刑制度;分则罪名不断补充;罪状上,补充了某些罪的概念、特征;法定刑上,提高不少罪的法定刑,有的增设死刑;罚金适用上,某些罪开始规定罚金数量;法条适用方面,扩张了某些条文规定的犯罪构成要件。

截至 2011 年 8 月底,已制定 8 个刑法修正案以及关于惩治骗购外汇、逃汇和非法买卖外汇犯罪的决定,并通过了 9 个有关刑法规定的法律解释,有效惩罚了犯罪,保护了人民,维护了社会秩序和公共安全,保障了国家安全。2017 年对刑法进行了第十次修改、补充。

4. 民法商法

民法是调整平等主体的公民之间、法人之间、公民和法人之间的财产关系和人身关系的法律规范。遵循民事主体地位平等、意思自治、公平、诚实信用等基本原则。商法是调整商事交易主体在其商行为中所形成的法律关系的法律规范的总称,具体包括商人法和商行为法。遵循民法的基本原则,同时秉承保障商事交易自由、等价有偿、便捷安全等原则。①

中国特色社会主义法律体系形成时,我国民法渊源主要有宪法、单行民事法律、法规、规章和地方法规、最高人民法院的司法解释、国际条约和国际惯例及国家认可的民事习惯。按法律逻辑结构,我国民法的结构(见图 2—9)分为如下部分:

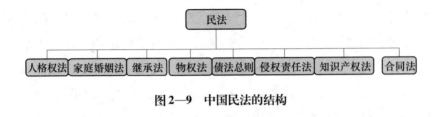

图 2—9 中国民法的结构

资料来源:朱景文、韩大元《中国特色社会主义法律体系研究报告》,中国人民大学出版社 2010 年版,第 268 页。

---

① 中华人民共和国国务院新闻办公室:《中国特色社会主义法律体系》,人民出版社 2011 年版。

《民法通则》中包括的民法总则、人格权法、侵权责任法。民法总则主要规定民法的基本原则、基本方法和基本制度。《民法通则》的主要部分规定的是民法总则规范，规定如民法基本原则、民事主体制度、法律行为和代理民事责任以及诉讼时效等。现行的人格权法是《民事通则》在"民事权利"一章规定"人身权"一节。虽然《民法通则》对人格权的具体规定内容不多、种类也不足，但《民法通则》将人格权与物权、债权和知识产权并列的做法，确立了具有鲜明特色的人格权法的"中国模式"。2009 年制定完成的《侵权责任法》，吸收了《民法通则》对民事责任单独规定的立法经验，是我国民法体系中用于解决民事主体权利保护问题的单行法律。主要规定了侵权责任构成、责任方式、抗辩事由等关于侵权责任的一般规定，以及产品责任、机动车交通事故责任、医疗损害责任、环境污染责任、高度危险责任、物件损害责任等多种特殊侵权行为类型。婚姻家庭法就是亲属法。我国在 1950 年就制定了《婚姻法》，经过多次修订，是基本适应我国现实社会生活需要的婚姻家庭法律规范。后来制定《收养法》来规范收养法律关系，与《婚姻法》一起构成我国现行的婚姻家庭法，规定亲属法律制度和身份权体系，以调整我国的亲属法律关系。1985年制定的《继承法》是我国民法最为稳定的单行法。该法调整被继承人死亡后遗产的有序流转法律关系，规定了遗嘱继承和法定继承制度，同时还规定了遗赠和遗赠扶养协议，具有鲜明的中国特色。2007 年制定的《物权法》是我国民法体系最为重要的民法单行法，其基本内容是规范物的归属和利用关系，规定了物权制度的基本规则，规定了所有权制度、用益物权制度、担保物权制度以及占有制度。之后最高人民法院颁发了司法解释对具体规则规定的不足进行了完善。1999 年制定的《合同法》总则、分则对合同订立、生效、履行、消灭、违约责任等合同法基本规则，以及买卖、租赁、委托、行纪等有名合同的具体规则进行了规定。同时，《合同法》总则规定了较多债法总则的规范，实际上就发挥了债法总则的作用。知识产权制度的建立，始于改革开放。1978 年颁布《发明奖励条例》，1982 年通过《商标法》，

1984 年通过《专利法》，1990 年通过《著作权法》，1993 年通过《反不正当竞争法》，以及《民法通则》第五章第三节对知识产权的规定，共同构成了我国知识产权法律制度的框架。此后又制定了相关条例，为了加入世界贸易组织，满足 TRIPS 协议对知识产权法律制度的要求，我国又对知识产权法律进行了适度修改。与此同时，也加入了最主要的知识产权国际公约。

《中华人民共和国民法典总则》经过十二届全国人大常委会前后三次审议，于 2017 年 3 月 15 日经中华人民共和国第十二届全国人民代表大会第五次会议表决通过，自 2017 年 10 月 1 日起实施。2018 年 2 月，民法典分则各编已完成专家建议稿。这些建议稿的内容涉及了分则的条文设计、立法理由和参考立法例。建议稿已提交人大常委会法工委。后续编纂工作将会对业已颁行的一般性法律进行修改完善。民法典分则各编，目前预计分为物权编、合同编、侵权责任编、婚姻家庭编和继承编等，同时会增设如"人格权法编"之类的新内容。

商法是调整、规范商人和商行为的特殊私法规范，有时包括商事公法规范。其调整对象是商事主体之间的商事关系，遵循民法的基本原则，同时秉承保障商事交易自由、等价有偿、便捷安全等原则。①

在我国，商法渊源主要为法律、行政法规、地方法规、规章、国际商事条约、公约和国际惯例及立法解释、司法解释、商事自治规则等。根据我国现行的法律，商法结构（见图 2—10）大体由商人制度和商行为制度两部分组成。商人制度包括商个人制度、商合伙制度和商法人制度。商行为制度又包括证券制度、票据制度、保险制度。

---

① 中华人民共和国国务院新闻办公室：《中国特色社会主义法律体系》，人民出版社2011 年版。

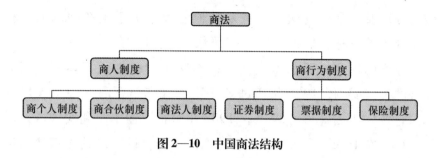

图2—10　中国商法结构

资料来源：朱景文、韩大元《中国特色社会主义法律体系研究报告》，中国人民大学出版社2010年版，第389页。

在我国现行法律中，存在商个人、商合伙、商法人的现实分类。商个人分为：个体工商户，调整个体工商户的法律、法规有《民法通则》和《城乡个体工商户管理暂行条例》；农村承包经营户，调整农村承包经营户的法律有《民法通则》《农村土地承包法》和《物权法》；个人独资企业，相关法律、法规有《个人独资企业法》《企业名称登记管理规定》；商合伙则是由《合伙企业法》来调整规范。与商个人和商合伙相比，商法人是具有独立法律地位的社会组织，与企业法人的含义基本相同，属于法人的特殊类型。按商主体的准据法，商人可分为公司企业法人、非公司企业法人和合作经济企业法人。公司法是调整公司的组织与公司组织相关活动的法律总称。我国现行的是1993年颁布的《公司法》，经历了1999年、2004年及2013年三次修正。修正后的《公司法》修改了关于支持高新技术产业发展和国有独资公司设立监事会的规定，取消了对公司债券发行价格的限制，大量删除了反映计划经济体制的残留，吸收了最新理论研究成果，反映了司法实践经验，取得了巨大进步，即：完善了公司人格制度，贯彻了鼓励投资的基本思想，尊重股东意思自治，完善公司法人治理结构，保护了公司利益相关者。在遵循商法人破产主义的国家中，唯有商法人，才有破产问题。形式上，破产法是指立法机关制定的单行破产法典，如我国的《企业破产法》；实质上，破产法是指单行破产法以及民法、商法、刑法及其他法律中关于破产问题的各种法律规范的总称，如我国的《公司法》《保险法》《商业银行法》关于破产的规定。新中国成立后，长期实行计划经济体制，商品经济的发展受制，1986年通过了适用于国有企业的《中华人民共和国企业破产法（试行）》，在1988年试行。为了顺利实施这一试行法律，在1992年、1997年最高人民法院对试行中的破产法的适用作出了更加具体的规定，发布了《关于贯彻执行〈中华人民共和国企业破产法（试行）〉若干问题的意见》和《关于当前人民法院审理企业破产案件应当注意的几个问题的通知》。到2006年《中华人民共和国企业破产法》通过，并于次年正式施行。

调整商行为的法律分为一般法与特别法。前者主要是指抽象规范商事交易的法律以及分别规定买卖、借贷、融资租赁、保管和经纪等的法律，后者主要指规范证券、票据以及保险海商等事项的特别法律。就一般法而言，我国现有商法强调民商合一，合同法不仅调整一般民事关系，也调整商事关系。特别法主要指证券法、票据法和保险法等。我国于1998年通过了《证券法》，在2004年对《证券法》个别条款作出了修正。2005年作了大幅修订，重新颁布。经修改后的《证券法》，鼓励和推进市场创新，加大对投资者的保护力度，完善证券发行上市制度、赋予证券监管部门准司法权，助推多层次资本市场的建立，与《公司法》的关系更加协调。新中国成立以后，实行严格的计划经济和金融管制体制，随着经济体制的改革，我国票据制度逐步恢复和发展。1998年颁布了全国性的票据规章《银行结算法》。1995年通过了《中华人民共和国票据法》，并在2004年作出适应经济发展需要的修改。实施之后，又发布了《票据管理实施办法》《关于审理票据纠纷案件若干问题的规定》。为完善票据功能，推动票据业务发展，2005年又发布了《中国人民银行关于完善票据业务制度有关问题的通知》。1992年通过的《中华人民共和国海商法》，第一次以法律形式对海上保险作出了明确规定。1995年通过的《保险法》是新中国成立以来的第一部保险基本法，采用了集保险业法和保险合同法为一体的立法体例，是一部较为完整、系统的保险法律。2002 年根据入世承诺，首次修改了《保险法》。为保护被保险人和受益人，平衡双方利益，2009 年对《保险法》进行了再次修订，明确了保险合同成立时间和效力问题，规定保险人未及时得到事故通知时不得随意免责，规定了责任保险中的第三人直接请求权，设公共秩序条款限制保险人，增加不可抗辩条款，限制保险人解约权，同时明确保险标的转让的法律后果，并强化保险公司的说明义务。

5. 经济法

经济法是调整国家从社会整体利益出发，对经济活动实行干预、管理或者调控所产生的社会经济关系的法律规范。经济法为国家对市场经济进行适度干预和宏观调控提供法律手段和制度框架，防止市场经济的自发性和盲目性所导致的弊端。[①]

我国经济法的渊源基本都是制定法，包括法律、行政法规、规章、地方性法规、民族自治地方自治法规、政策、司法解释、其他国内法渊源以及国际法渊源。

许多学者因构建依据不同，对经济法结构体系的理解也有所不同。其中主要包括：依照社会主义市场经济体系构建经济法体系、依照经济失灵的领域和表现构建经济法体系、依照现实经济立法构建经济法体系、依照国家与市场的关系及国家在经济生活中的职能构建经济法体系等不同的思路。分析经济法的结构，应从经济法调整范围，依照经济与法律的内在逻辑来着手，以便更加清晰。按照经济关系及其经济法调整的内在逻辑，即主体在公共管理下从事经济活动，经济法可分为经济法主体制度、经济活动法和公共经济管理法。（见图 2—11）

---

① 中华人民共和国国务院新闻办公室：《中国特色社会主义法律体系》，人民出版社 2011 年版。

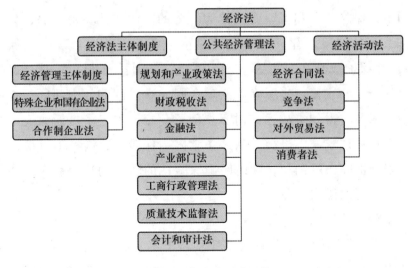

图 2—11　经济法的结构

资料来源：朱景文、韩大元：《中国特色社会主义法律体系研究报告》，中国人民大学出版社 2010 年版，第 413 页。

经济法主体制度，是指归于经济法的主体法律制度。从现实经验出发加以概括和总结，基本由如下内容构成：经济管理主体，在经济法律关系中承担公共经济管理职能的当事人，包括国家机关、特殊企业和其他社会经济组织。随着社会主义经济建设发展，我国可对国外先进经验进行借鉴，按经济法的理念在责权利一致的基础上实现公共经济管理的要求，设立具有相对独立性的专门机构，如保监会等，同时为重要的经济管理机关制定专门的法规；特殊企业和国有企业，经济法不调整普通市场主体的法律主体资格问题，而是具有公私融合性特殊形态企业，主要包括进行特定的政策性、公益性经营的国有企业；合作制企业不同于普通市场主体，是对普通资本企业忽视人及劳动价值的反思和矫正。合作制在国家的鼓励和支持下产生、发展，农村社区合作与村民自治紧密联系，在这个层面上，可将合作制企业纳入经济法范畴。①

---

① 朱景文、韩大元：《中国特色社会主义法律体系研究报告》，中国人民大学出版社 2010 年版，第 413 页。

经济活动法，作为国家维护各类市场主体从事经济活动、参与市场公平竞争及其秩序的经济法律制度，主要包括经济合同法、竞争法、对外贸易法和消费者法。经济合同法，在我国历史上有过经济合同和经济合同制度，彼时法律依据是现已废止的《经济合同法》。该法中所规定的经济合同是执行国家计划的工具。经济法中的合同，就其性质来说，可表述为政府商事合同。竞争法的调整对象是不正当行为和垄断行为，我国采取了分别立法的模式。现行竞争法的主体是《反不正当竞争法》和《反垄断法》。《价格法》《招投标法》《政府采购法》《对外贸易法》和《电信条例》等法律法规也有部分条款以规制不正当竞争行为和垄断行为。对外贸易法是国家监督、管理、调控对外贸易关系的法，我国对外贸易领域的基本法是《中华人民共和国对外贸易法》，1994 年制定、2004 年根据入世承诺与世贸组织规则进行修订，《海关法》《进出口商品检验法》《进出境动植物检疫法》《货物进出口管理条例》《技术进口管理条例》《反倾销条例》《反补贴条例》和《保障措施条例》等法律、法规也与对外贸易具有直接关系。消费者法是消费者运动的产物。我国的消费者保护立法是从地方立法开始的。《福建省保护消费者合法权益条例》颁布后，有三十多部关于消费者保护的地方立法。1993 年《消费者权益保护法》颁布，这是我国消费者保护的基本法。

公共经济管理法，是调整公共经济管理关系或公共经济管理中形成的有关经济关系的法，主要包括：规划和产业政策法，即国家总体规划法、区域规划法、国家专项规划法、地方综合性规划法、地方专项规划法、特殊规划措施法和产业政策法；财政法和税法，我国实行分税制财政体制，通过《关于实行分税制财政管理体制的决定》《预算法》和《过渡期财政转移支付办法》等法规、政策，初步奠定了我国财政收支划分制度的基础。此外，我国现行有效国债法律制度是1992 年颁布的《国库券条例》；税法相应分为实体税法和程序税法，我国实体税法的表现形式是《企业所得税法》《个人所得税法》《增值税暂行条例》和《营业税暂行条例》等法律法规，程序税法主要有

《税收征收管理法》和《发票管理办法》等；金融法，是调整在金融活动中发生的社会关系的法，我国金融法大致分为四大部分，即金融组织法、金融调控与监管法、金融业务法及涉外金融法；产业部门法，是针对市场不能有效调节，需要特别规制的政策、法律，如农业法、电信法、邮政法、铁路法等，农业法有新中国成立初期的《土地改革法》和《农业法》《90年代中国农业发展纲要》《土地管理法》《村民委员会组织法》和《农村土地承包法》《农民专业合作社法》等，电信业有《电信条例》《电信建设管理办法》等，《中华人民共和国电信法》也在制定中，邮政方面有《邮政法》和《邮政体制改革方案》等；工商行政管理法调整特定工商管理关系，是具有公共经济管理性质的经济监督管理关系；质量和技术监督管理法，我国现行质量立法主要包括质量管理体制、质量管理措施、特殊商品的质量管理、质量责任和义务、质量纠纷和解决途径、其他质量管理规范等，技术监督法主要包括标准化法和计量法；会计法和审计法，我国现行调整会计关系的基本法是《会计法》，而在省级实践中，则是平行的两组审计法，即调整国家审计关系的《审计法》和调整社会审计关系的行业性准则《注册会计师法》。

环境法在我国没有成为单列的法律部门，环境保护方面的法律，根据侧重于管理经济运行过程还是授权行政机关予以行政规制的不同，来分属经济法与行政法。环境法的法律渊源主要有宪法性规定、法律、单行法、其他法律中的环境保护法律规范、行政法规、地方性法规、行政规章等。这是根据法律规范的效力等级划分，内容则分为：

综合性环境保护法，有1989年颁行的《环境保护法》、2009年通过的《限期治理管理办法（试行）》（2016年废止），2014年修订《环境保护法》，2014年出台《环境保护主管部门实施限制生产、停产整治办法》。

环境污染防治法，已颁布的专门的环境污染防治单行法律有《大气污染防治法》（1987年，1995年修正、2000年修订、2015年修订）、《水污染防治法》（1984年，1996年修正、2008年修订）、《固体废物污染环境防治法》（1995 年，2004 年修订）、《放射性污染防治法》（2003 年）等，并大多由国务院颁布了实施细则，另外，我国还颁行了大量污染防治方面的行政法规、规章，本书便不再作详细列举。

自然资源保护法，主要分为：生物资源保护法，包括《渔业法》（1986 年，2000 年、2004 年修订）、《森林法》（1984 年，1998 年修改）、《草原法》（1985 年，2002 年修订）及其实施条例等；非生物资源保护法，包括《土地管理法》（1986 年，1998 年、2004 年修订）及其实施条例、《基本农田保护条例》（1998 年）、《水土保持法》（1991 年）及其实施条例等；特定区域环境保护法，有《自然保护区条例》（1994 年）、《文物保护法》（1982 年，1991 年、2002 年、2007 年三次修正）及其实施条例、《城市市容环境卫生管理条例》（1992 年）、《村庄和集镇规划建设管理条例》（1993 年）等；能源法，有《电力法》（1995 年）、《煤炭法》（1996 年）、《节约能源法》（1997 年）、《可再生能源法》（2005 年）等四部能源专门法律，国务院也颁布实施了《乡镇煤矿管理条例》等二十多部能源行政法规，而《能源法》正在制定，《石油天然气法》和《原子能法》还在立法调研和起草准备阶段；气象法与自然灾害防治法，相关法律法规有《气象法》（1999 年）、《防洪法》（1997 年）、《防震减灾法》（1997 年，2008 年修订）、《防沙治沙法》（2001 年）等。

其他法律部门中的环境法制度，是除环境单行法之外，依靠其他法律部门中相关的法律来规定环境法律责任的承担。环境法律责任包括民事责任、行政责任和刑事责任。环境民事责任的承担，"首先应适用环境资源保护单行法中关于法律责任的规定；如果没有规定，可以适用《侵权责任法》第八章的规定；若第八章也无相关规定，可以适用《侵权责任法》第一、二、三章有关侵权责任的一般规定。"[①] 环境行政责任是相关规定最多的责任形式，在各环境资源保护单行法中

_____

① 朱景文、韩大元：《中国特色社会主义法律体系研究报告》，中国人民大学出版社 2010 年版。

都有规定，环境行政责任的承担，依据一般性行政法律法规，如《行政许可法》《行政处罚法》《行政复议法》《行政诉讼法》《治安管理处罚法》等。还有《环境保护行政处罚办法》和《环境行政复议办法》等行政规章。环境刑事责任的承担，则依据《刑法》。《刑法》分则第六章第六节"破坏环境资源保护罪"规定了重大环境污染事故罪、非法处置进口的固体废物罪、破坏性采矿罪、盗伐林木罪、非法收购盗伐、滥伐的林木罪等罪名。

6. 社会法

社会法是调整劳动关系、社会保障、社会福利和特殊群体权益保障等方面的法律规范。社会法的调整对象是政府与社会之间、社会不同部门之间的法律关系。通过国家和社会积极履行责任，对劳动者、失业者、丧失劳动能力的人以及其他需要扶助的特殊人群的权益提供必要的保障，维护社会公平，促进社会和谐。①

社会法的法律渊源主要有正式渊源和非正式渊源。

正式渊源：制定法，即成文法渊源，包括宪法，如第 14 条第 4 款规定"国家建立健全同经济发展水平相适应的社会保障制度"，第 42、43 条关于公民劳动权以及劳动者的相关权利的规定，以及第 44、45 条关于公民的社会保障权和物质帮助权的规定；法律，如综合性法律《劳动法》、社会单行法《劳动合同法》《劳动争议协调仲裁法》以及《工会法》等；其他法律中有关社会法律规范，如《刑法》《公司法》《残疾人保护法》等法律中有关劳动和社会保障的法律规定；行政法规，主要包括执行法律规定需要制定行政法规的事项，如《劳动合同法》颁行后的《劳动合同法实施条例》；实施宪法规定的职权事项，如《劳动保障监察条例》；应制定法律的事项，国务院根据全国人民代表大会及其常务委员会授权决定先制定行政法规，经实践检验，待条件成熟，再由全国人民代表大会及其常务委员会制定，如《企业劳

---

① 中华人民共和国国务院新闻办公室：《中国特色社会主义法律体系》，人民出版社 2011 年版。

动争议处理条例》经数十载检验，全国人大常委会在 2007 年制定了
《劳动争议仲裁法》；地方性法规，包括为执行劳动和社会保障法律、
劳动和社会保障行政法规的规定，需要根据本行政区域的实际情况作
具体规定的事项，如为执行《残疾人保障法》，北京市人大常委会通
过了《北京市实施〈中华人民共和国残疾人保障法〉办法》，属于地
方性事务需要制定地方性法规的事项；部门规章和地方政府规章，如
为了执行《就业促进法》，劳动和社会保障部颁布了《就业服务与就
业管理规定》，为执行《劳动法》和《工会法》的规定，颁布《集体
合同规定》等；国际劳工组织公约，如第十届全国人民代表大会常务
委员会第十七次会议决定批准国际劳工组织《1958 年消除就业和职业
歧视公约》（第 111 号公约），并向国际劳工局长正式交存批准书，进
行登记。为落实该公约相关内容，全国人大常委会在《就业促进法》
中就反对就业歧视、实现公平就业进行了专门规定。最高人民法院关
于劳动争议案件的司法解释，一是最高人民法院针对劳动争议和社会
保障案件的审理颁布的专门性解释，如最高人民法院《关于审理劳动
争议案件适用法律若干问题的解释》以及最高人民法院《关于审理劳
动争议案件适用法律若干问题的解释二》；二是最高人民法院对司法
审判程序所颁布的一般性解释，如审判组织的组成、证据规则的适用
等。还有就是制定法外的其他规范性法律文件，如"文件""答复"
"批复"等。不过，目前学界对"文件"等是否属于劳动法的正式渊
源都存在较大争议。

　　非正式渊源：劳动和社会保障政策，对劳动关系的调整发挥了极
大作用，如中共中央办公厅、国务院办公厅《关于印发〈2002—2005
年人才队伍建设规划纲要〉的通知》，中共中央、国务院发布的《关
于切实做好国有企业下岗职工基本生活保障和再就业工作的通知》
等，虽缺少法律规范的拘束力，但在实践中对相应立法机关、行政机
关等制定相应规范性文件发挥着指导作用；最高人民法院公报发布的
关于劳动和社会保障争议案件的指导案例，我国不承认判例制度，虽
然指导案例对法院审理并无拘束力，但对法官审理劳动争议案件的规

则适用和裁判结果的形成发挥一定作用；用人单位的规章制度，最高人民法院《关于审理劳动争议案件适用法律若干问题的解释》第19条就有具体规定"用人单位根据《劳动法》第4条之规定，通过民主程序制定的规章制度，不违反国家法律、行政法规及政策规定，并已向劳动者公示的，可以作为人民法院审理劳动争议案件的依据。"[①] 集体合同，很大程度上决定了劳动条件，对劳动关系产生规范性影响，因而在受集体合同约束的雇主和雇员之间产生直接、强制性的效力。[②]《劳动合同法》第54、55条也对集体合同的约束力进行了规定。

社会法作为中国特色社会主义法律体系的重要法律部门，其体系构建应遵循内在体系与外在体系的统一。就整体而言，从我国社会立法的现状看，体系较为庞杂，立法层级也较低。笔者基于划分法律部门的标准，即调整对象及调整方法，就我国社会法的体系结构进行了大致的梳理（见图2—12）。

我国社会法的体系构成主要是劳动法和社会保障法，其中劳动法主要包括劳动就业法、劳动关系协调法和劳动保障法，社会保障法包括社会保险法、社会救助法、社会福利法以及社会优抚法。21世纪以来，我国社会立法实现了迅速发展，立法机关先后制定和修订了许多部社会法律，逐步形成了较为完善的体系，尤其是在2007年先后通过了《劳动合同法》《就业促进法》以及《劳动争议调解仲裁法》，并起草制定了《社会保险法》和《社会救助法》。《劳动法》在实施中暴露了许多问题，因而《劳动合同法》有针对性地制定和完善了相关制度。《就业促进法》制定的根本目的在于促进就业、削减失业，因为就业问题事关社会稳定和经济发展。《劳动争议调解仲裁法》完善了劳动争议处理的协商、调解、仲裁和诉讼四个程序，目的则在于公正及时地解决劳动争议，保护当事人合法权益。2010年10月28日，第十一届全国人民代表大会常务委员会第十七次会议通过《社会保险

---

① 《关于审理劳动争议案件适用法律若干问题的解释》，中国法制出版社2001年版。
② ［德］W. 杜茨：《劳动法》，张国文译，法律出版社2003年版，第27页。

法》，该法确立了覆盖城乡全体居民的社会保险体系，建立了基本养老保险、基本医疗保险、工伤保险、失业保险和生育保险五项保险制度，保障公民在年老、患病、工伤、失业、生育等情况下，能够获得必要的物质帮助和生活保障；明确基本养老保险基金逐步实行全国统筹，其他社会保险基金逐步实行省级统筹；规定了劳动者在不同统筹地区就业社会保险关系转移接续制度。① 2016 年，《中华人民共和国慈善法》颁布实施。

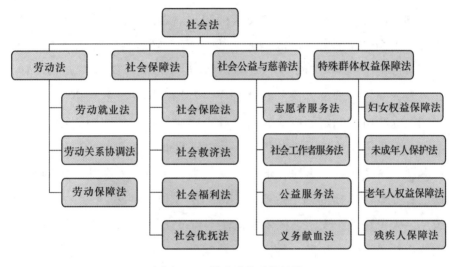

图 2—12　社会法体系的结构

资料来源：朱景文、韩大元：《中国特色社会主义法律体系研究报告》，中国人民大学出版社 2010 年版，第 469 页。

与劳动立法和社会保障立法相比，我国特殊群体权益保障法律体系较为完善，相关制度建立得也比较早，如《残疾人保障法》《未成年人保护法》和《妇女权益保障法》均在 20 世纪 90 年代初期就已颁布。随着社会的发展，也对其进行了修订和完善。除此之外，还制定

① 中华人民共和国国务院新闻办公室：《中国特色社会主义法律体系》，人民出版社 2011年版。

了对于保护特殊群体合法权益的法律，《老年人权益保障法》《预防未成年人犯罪法》。对维护社会公平正义，发挥了重要作用。

7. 诉讼与非诉讼程序法

诉讼与非诉讼程序法是规范解决社会纠纷的诉讼活动与非诉讼活动的法律规范。诉讼法律制度是规范国家司法活动解决社会纠纷的法律规范，非诉讼程序法律制度是规范仲裁机构或者人民调解组织解决社会纠纷的法律规范。① 我国诉讼法主要包括刑事诉讼法、民事诉讼法和行政诉讼法。

刑事诉讼法，是国家制定或认可调整刑事诉讼活动的法律规范的总称。内容包括刑事诉讼的任务、基本原则与制度，公、检、法机关在刑事诉讼中的职权和相互关系，当事人及其他诉讼参与人的权利、义务及如何进行刑事诉讼的具体程序，等等。狭义上的刑事诉讼法单指国家立法机关制定的成文的刑事诉讼法典，我国的即为《中华人民共和国刑事诉讼法》，广义的则是一切与刑事诉讼有关的法律。其法律渊源，主要包括：宪法；刑事诉讼法典，《中华人民共和国刑事诉讼法》是我国主要的刑事诉讼法渊源；法律包括刑法、人民检察院组织法、人民法院组织法、国家赔偿法、监狱法、律师法等；法律解释，主要包括最高人民法院、最高人民检察院、公安部、国家安全部、司法部、全国人大常委会法制工作委员会《关于刑事诉讼法实施中若干问题的规定》、最高人民法院《关于执行〈中华人民共和国刑事诉讼法〉若干问题的解释》《人民检察院刑事诉讼规则》及《公安机关办理刑事案件程序规定》；行政法规及规定，如《中华人民共和国看守所条例》等；国际条约，我国目前也签署了一些公约规则，如《禁止酷刑和其他残忍、不人道或有辱人格的待遇和处罚公约》《联合国少年司法最低限度标准规则》以及我国政府已签署尚待批准的《公民权利和政治权利国际公约》。适用国际条约时，我国声明保留的条款

① 中华人民共和国国务院新闻办公室：《中国特色社会主义法律体系》，人民出版社 2011 年版。

除外。

民事诉讼法，狭义上是指最高权力机关制定、颁布的关于民事诉讼的专门性的法律，我国现行的是指《中华人民共和国民事诉讼法》和《中华人民共和国海事诉讼特别程序法》。广义是指包括狭义的民事诉讼法及宪法、法院组织法、民事实体法等法律中有关民事诉讼的规定。民事诉讼法的法律渊源，包括宪法、民事诉讼法典、其他程序中有关民事诉讼程序的规定、行政法规和国务院所属部门制定的有关规章、民族自治地方的变通或补充规定、最高人民法院司法解释、我国缔结或参加的国际公约。

从法律内容结构来看，按照民事诉讼程序的特点和具体功能不同，我国民事诉讼法结构如下：

民事审判程序，其功能在于解决争议，是民事诉讼程序体系的基础和主要组成部分。民事审判程序按其解决争议的性质不同，分为民事争议案件的审判程序和民事非争议案件的审判程序。民事争议案件的审判程序包括第一审程序、第二审程序和再审程序。其中第一审程序包括普通程序和简易程序。除了简单的民事案件外，其他案件都要依照普通程序进行审理。普通程序主要规定了起诉和受理、审理前的准备、开庭审理、审理中止和终结、判决和裁定。而所谓简单民事案件，则是指由基层人民法院及其派出法庭审理的事实清楚、权利义务关系明确、争议不大的民事案件，这类案件适用的审判程序，则是简易程序。简易程序规定的主要内容则包括适用范围、起诉方式、传唤方式、审判组织及程序和审限。第二审程序主要内容是上诉期限、上诉状、上诉方式、抗诉方式、审理范围、审理方式、二审裁判、对裁定上诉的处理、二审调解、上诉的撤回、二审裁判的效力和审限。我国民事诉讼实行两审终审制，第二审程序也称为终审程序。再审程序则是对已经发生法律效力的案件再一次进行审理并重新作出裁判的诉讼活动。再审制度是在裁判稳定性、权威性与裁判正确性、公正性之间寻求平衡的结果。

民事非争议案件的审判程序，包括特别程序、督促程序、公示催告程序和破产宣告程序。适用特别程序的案件，实行一审终审制，包括选民资格案，宣告失踪、死亡案件，认定公民无民事行为能力、限制行为能力案件，认定财产无主案件。督促程序和公示催告程序主要内容包括支付令申请条件、申请受理、支付令的发出和债务人异议的效力；公示催告程序的适用范围、公告及期限、止付通知及效力、权利申报除权判决和除权判决的撤销。破产宣告程序则是破产程序的重要环节。

民事执行程序，其功能在于凭借国家强制力量，实现权利主体经过法院或者其他机关、组织确认的权利，因而具有鲜明的强制性特点。民事执行程序分为一般民事执行程序和特殊民事执行程序。一般民事执行程序，即民事执行，也称为民事强制执行或强制执行。特殊民事执行程序即破产清偿程序，其特殊性在于既具有综合性又具有独立性。破产清偿程序并非由具体债权债务争议所引起，因而具有非讼性；但是在破产还债程序中，存在对立双方当事人，会产生一定争议，所以又具有一定争议因素。同时破产清偿程序的直接目的在于还债，可将其视为债务清偿的程序，因此也具有执行性。

民事诉讼附属程序，其功能在于由法院操作服务于民事权益的确认或实现。我国民事诉讼程序规范中的附属程序主要包括以下五种：诉前财产保全程序，其目的是保护利害关系人不致遭受无法弥补的损失，属于应急性保全措施；对民事诉讼中特定事项的复议程序，涉及民事诉讼程序的多个阶段，包括当事人对财产保全或先予执行的裁定不服的复议，当事人不服人民法院关于其回避申请的决定的复议，以及对罚款、拘留的决定不服申请复议等；确认仲裁协议效力的程序，根据我国民事诉讼法和仲裁法规定，人民法院对仲裁在程序上有法定的监督权限；申请撤销仲裁裁决的程序，仲裁庭做出仲裁裁决后，任何一方当事人根据特定事由向法院提出撤销仲裁裁决的申请，对符合法定应予撤销情形的仲裁裁决，人民法院组成合议庭审查核实，裁定撤销仲裁裁决；裁定承认外国法院判决、裁定和外国仲裁裁决的程序，根据我国《民事诉讼法》第266条的规定，我国人民法院接到请求承认和执行外国法院判决、裁定的申请后，必须依法进行审查。符合我国法律规定的，裁定承认其效力，需要执行的依我国法律规定的执行程序执行，否则不予承认和执行。

需要指出的是，民事诉讼是现代社会最为重要的民事纠纷解决方式，但并不是唯一的方式。依据解决纠纷争议方式的不同，纠纷解决程序又可分为：私力救济，即自力救济，如和解、自决程序；公力救济，即司法救济，如诉讼程序。在这两种救济程序之间，还存有一种过渡性程序，有学者将其称为"类司法程序"，如调解程序、仲裁程序等。

行政诉讼法，确立了"民告官"的法律救济制度。1989 年颁布的《行政诉讼法》，将行政机关与行政相对方置于平等的法律地位。1989 年颁布这部行政诉讼法就是现行的行政诉讼法，它的颁行标志着我国行政诉讼制度基本形成，与民事诉讼和刑事诉讼相比，行政诉讼在我国建立的时间较短。我国的行政诉讼制度首先在 1982 年《民事诉讼法（试行）》中第 3 条第 2 款作出规定，确定了我国的行政诉讼制度。1989 年随着《行政诉讼法》的颁行，我国行政诉讼制度又有了长足发展。该法的颁行不仅将行政诉讼作为单独的诉讼类型，与民事诉讼和刑事诉讼并列出现，更是为行政诉讼的全面发展提供了法律平台。《行政诉讼法》颁行二十多年来，共受理行政案件近两百万件，保障了公民的合法权益。

非诉讼程序法，狭义上是指专门调整非诉讼纠纷解决机构及其程序的法律规范体系，主要包括仲裁法、调解法、各种专门性调解仲裁法；广义上是指由各种调整非诉讼纠纷解决方式、程序、组织和机制的法律法规、司法解释及其他规范性文件共同构成的法律规范体系。

非诉讼程序法的法律渊源包括：宪法类法律，《宪法》《村民委员会组织法》和《居民委员会组织法》都对人民调解组织做出了规定。单行法，主要包括《仲裁法》《劳动争议调解仲裁法》《农村土地承包经营纠纷调解仲裁法》以及 2010 年 7 月 28 日才通过并公布的《中华人民共和国人民调解法》。行政法规和部门规章，属于专门的纠纷解决程序的有《人民调解委员会组织条例》《人民调解工作若干规定》《民间纠纷处理办法》等，以及有关法律的实施条例、细则；一些行政法规内容间接涉及非诉讼程序或纠纷解决，如《法律援助条例》《物业管理条例》等。地方性法规，是各地方人民代表大会在其权限内通过以促进本地非诉讼纠纷解决机制的发展，如杭州市人民代表大会常务委员会颁布的《杭州市人民调解条例》。散见于其他法律中的相关规范，如《消费者权益保护法》中解决消费争议的五种途径的规定，《道路交通安全法》中有关交通事故责任认定和民事赔偿方面的规定。司法解释，对非诉讼纠纷解决机制给予了重要支持，其中最重要的是《关于建立健全诉讼与非诉讼相衔接的矛盾纠纷解决机制的若干意见》。此外，实践中大量非诉讼程序是以非正式渊源的形式建立和运行的，包括各个时期党和国家、地方政府的政策、改革中的尝试，以及不同地区的传统习惯等。

非诉讼程序法的结构，主要由以下几部分组成：（见图2—13）

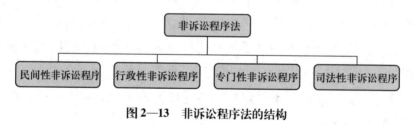

图2—13 非诉讼程序法的结构

资料来源：朱景文、韩大元：《中国特色社会主义法律体系研究报告》，中国人民大学出版社2010年版，第535页。

民间性纠纷解决机制及程序，包括《仲裁法》《中华人民共和国人民调解法》以及根据《消费者权益保护法》设立的消费者保护协会、民间机构（包括工会）性质的劳动争议调解组织、保险公司及行业协会等民间机构设立调处交通事故、医疗事故、旅游纠纷、物业纠纷等的专门性纠纷调解机构及其程序。

行政性纠纷解决机制及程序，包括行政裁决、行政调解、行政执法、准行政机制、信访等多种形式。根据解决纠纷的方式，行政性纠纷解决机制一般可划分为行政裁决、行政投诉和行政调解。但行政裁决乃至行政诉讼都不可能排除协商、和解，调解的导入已成为大势所趋，而投诉也可转化为协商调解程序。随着调解的作用和价值日益受到重视，裁决与调解的结合已成为普遍趋势。

专门性纠纷解决机构及其程序，如劳动争议、交通事故、医疗纠纷、消费纠纷、商事纠纷、家事纠纷、知识产权纠纷、社会保障及保险纠纷等处理机构，形成民间性、行政性，或准行政性解决纠纷程序与司法程序的衔接。

法院附设非诉讼程序及司法审查程序，包括法院设立的人民调解窗口等社会调解、委托调解、协助调解等方式，以及法院对非诉讼纠纷解决结果的司法审查确认程序。

至此，上述法律部门确立的各项法律制度，为依法治国、建设社会主义法治国家提供了坚实的基础。涵盖了社会关系的各个方面，把国家各项工作、社会各个方面纳入了法治化轨道，为依法治国、建设社会主义法治国家提供了坚实的基础。法律已经成为中国公民、法人和其他组织解决各种矛盾和纠纷的重要手段，也为中国各级人民法院维护公民、法人和其他组织的合法权益提供了重要依据。①

---

① 中华人民共和国国务院新闻办公室：《中国特色社会主义法律体系》，人民出版社 2011 年版。

第 三 章

中国特色社会主义法律体系的
本质属性

《现代汉语词典》中这样解释本质，是指"事物本身所固有的、决定事物性质、面貌和发展的根本属性"。我们可以得出本质是一种事物之所以为该事物的内在属性。一种事物若丧失了这种内在属性，就不再为该事物。法也是如此。法的本质属性，是中国特色社会主义法律体系在法的层面的集中体现。而社会主义性质，则是中国特色社会主义法律体系最根本、最本质的属性。

一　法的本质属性

对法的本质，一直是法学发展历史上争论不休的基本问题。在新中国成立初期，我国的学者更多关注的是社会主义法本质的阶级性。马克思主义法学在这个问题上提出了与其他唯心主义法学流派不同的科学观点：与其他社会规范不同的是，从最直接的层面上看，法体现的是国家意志，以及掌握政权的社会集团的意志。从更深层次上说，它体现了生产力发展的要求。

自改革开放以来，在新形势下从马克思主义的角度重新认识法的本质问题开拓了新的思路。学界针对法的本质的阶级性和社会性展开了激烈的讨论，多数学者认为法的本质是多层次的，确立了法的物质制约性、阶级性和社会性等多层次的法的本质。① 笔者赞同多数学者的观点，从本质上讲，法的本质应归根于解放、保护和发展社会生产力，还应该体现中国最广大人民的根本利益。

（一）法的物质制约性

法的物质制约性，是马克思主义法学的基本观点。指法根源于社会物质生活条件并受其制约。马克思在《政治经济学批判》序言中就有表述。"法的关系正像国家的形式一样，既不能从它们本身来理解，也不能从所谓人类精神的一般发展来理解。相反，它们根源于物质的生活关系，这种物质的生活关系的总和。黑格尔按照 18 世纪的英国人和法国人的先例，概括为'市民社会'，而对市民社会的解剖应该到政治经济学中去寻求。"②

马克思和恩格斯在《共产党宣言》中对资本主义法的经典论述"你们的观念本身是资产阶级的生产关系和所有制的产物，正像你们的法不过是被奉为法律的你们这个阶级的意志一样，而这种意志的内容是由你们这个阶级的物质生活条件来决定的。"③ 揭示出了社会物质生活条件是法的客观物质基础。马克思主义经典著作中的这些相关论述表明，要探讨法的本质，就要深入到本质的根源。因为"每种生产形式都产生出它所特有的法权关系，统治形式等等"。④

党的十九大报告指出："我国仍处于并将长期处于社会主义初级阶段的基本国情没有变"。正因如此，我国建立中国特色社会主义法律体系，其物质制约性就体现在为社会主义初级阶段的物质生活条件所决定并受其制约。社会主义的物质生活条件中起决定作用的是社会

---

① 徐忠麟、宋金华：《社会主义法的本质新探——"三个代表"重要思想对社会主义法的本质理论的丰富和发展》，《安徽大学学报》2004 年第 5 期。

② 《马克思恩格斯选集》（第 2 卷），人民出版社 1995 年版，第 32 页。

③ 《马克思恩格斯选集》（第 1 卷），人民出版社 1995 年版，第 289 页。

④ 《马克思恩格斯选集》（第 2 卷），人民出版社 1995 年版，第 6 页。

主义生产方式，即社会主义生产力和生产关系。①

随着 1956 年"三大改造"的完成，我国进入社会主义社会。改革开放之后，国家和社会生活取得了良好的发展，但是，我们应清醒意识到这些变化并未使我国仍处于社会主义初级阶段的这一基本国情发生改变。在这一阶段，我们要准确把握中国特色社会主义法律体系的物质制约性。中国特色社会主义法律体系根源于社会主义初级阶段的物质生活条件，另外，又在一定程度上促进和保障社会主义物质生活条件的发展。②

（二）法的阶级性

法本质上是统治阶级意志的体现，这是马克思主义法学的又一重要观点。之前就提到在《共产党宣言》中对资本主义法的经典论述"你们的观念本身是资产阶级的生产关系和所有制的产物，正像你们的法不过是被奉为法律的你们这个阶级的意志一样，而这种意志的内容是由你们这个阶级的物质生活条件来决定的。"③ 既揭示了社会物质生活条件是法的客观物质基础，同时也揭示了与法的物质制约性紧密相连的法的阶级性，这对理解法的本质、法律体系的本质具有普遍意义。

法的最本质的属性是它所体现的阶级意志性。问题在于法所体现的阶级意志是哪个阶级的意志。每个阶级为了切身的利益都希望将本阶级的意志提升为法律，使全体社会一体遵行。而现实是，法律总是取得胜利、掌握国家政权的统治阶级的意志体现。在激烈的阶级对抗中，唯有取得胜利的阶级才能掌握国家政权，成为统治阶级，将自己的意志制定成为法律。可见，通过鼓吹"法的全民意志"即"全民

---

① 徐忠麟、宋金华：《社会主义法的本质新探——"三个代表"重要思想对社会主义法的本质理论的丰富和发展》，《安徽大学学报》2004 年第 5 期。

② 本志红：《"中国特色社会主义法律体系"性质探析》，《湖北民族学院学报》（哲学社会科学版）2012 年第 3 期。

③ 《马克思恩格斯选集》（第 1 卷），人民出版社 1995 年版，第 289 页。

法"或"社会整体意志"的观点来质疑法的阶级意志性，是需要深刻分析的。社会主义运动史上，尽管苏联曾经取得了巨大成就，但同时苏联曾有过轻易抛弃阶级斗争理论，轻率提出和虔诚信奉"全民法"理论，留下了深刻的教训。在 20 世纪六七十年代后，苏联共产党认为在新的阶段，作为无产阶级专政产生的国家已发展成为全民的国家，所制定的法律也便是"全民法"。从历史现实的角度，不难看出苏联共产党对自己所处历史阶段和成就估计过高，认为在苏联已不存在阶级斗争，也彻底解决了民族问题，因此完全放弃了无产阶级专政。"全民法"理论也应运而生。不难看到，造成苏联国内剧变，社会主义制度被推翻、共产党被解散、苏维埃联盟被肢解的主要原因便是苏联的最高领导从一个极端走向另一个极端，即，以往搞阶级斗争扩大化，夸大阶级斗争，然后又完全放弃了阶级分析和无产阶级专政。[1]

随着我国社会的不断发展，学界对法的阶级性的认识发生了很大的变化。自 20 世纪 60 年代起、改革开放前，学界对马克思主义的观点理解过于机械，把法的本质笼统地理解为阶级性。[2] 有学者不正确地将"阶级意志性"简单等同于"阶级斗争为纲"。有学者认为，讲法的阶级意志性会与当代中国依法治国，建设社会主义法治国家的方略有冲突，"法本质的统治阶级意志论不能适用当代社会主义中国的法"[3]。有学者将列宁说的"无产阶级的革命专政是不受任何法律约束的政权"视作讲阶级矛盾、阶级斗争、无产阶级专政就是不讲法治的证据，认为现今的中国，剥削阶级已不存在。从而推断出阶级斗争理、法的阶级意志理论是一种"过时的、落后的理论"。

马克思主义无产阶级专政理论，是马克思主义的精髓，是马克思主义国家和法的学说的核心，也是马克思、恩格斯一贯的和最根本的思想。在人类社会尚未发展到最后消灭剥削阶级、剥削制度的阶段之

---

① 覃福晓：《〈法的阶级意志论的再思考〉的思考——与何柏生先生商榷》，《学术论坛》2005 年第 9 期。

② 翁文刚、卢东陵：《法理学论点要览》，法律出版社 2001 年版，第 41 页。

③ 张恒山：《法理要论》，北京大学出版社 2002 年版，第 147 页。

前，马克思主义关于阶级分析、阶级斗争、无产阶级专政的理论武器是不能轻言丢弃的。① 说它过时、落后更是略显草率。

以全面、发展的眼光来看，马克思、恩格斯认为法所蕴含的是统治阶级的意志，这是集中了的统治阶级的整体意志，是一种共同意志，不是统治者的意志，更不是统治者的恣意。不是统治阶级中个别集团的意志，也并非个别成员的意志，或者说是统治阶级中单个成员意志的叠加。马克思曾一再强调，统治阶级力图通过法律的形式来实现其自身意志，同时又要保证不受统治阶级之中任意单个人的任性所左右。② 法律是社会共同的，由一定物质生产方式所产生的利益和需要的表现。法所体现统治阶级的意志，讲的是法的阶级本质，是由统治阶级的物质生活条件决定的。马克思、恩格斯明确指出"这个意志的内容决定于统治阶级赖以生活的物质生活条件"，物质生活条件包括地理环境、人口、生产方式等方面，其中生产方式是决定生活面貌、性质和发展方向的主要因素，也是决定法律的内容的主要因素。

新中国成立之后，随着社会主义改造的完成，我国剥削阶级作为阶级已被消灭。我国实行人民民主专政，实质上就是无产阶级专政，人民当家作主。自党的十六大以来，较以往单纯以阶级分析社会矛盾的方法有所不同，更倾向于对社会阶层的分析。在十六大报告中，就运用阶层分析的方法，将在社会变革中出现的社会阶层，即民营科技企业的创业人员和技术人员、受聘于外资企业的管理技术人员、个体户、私营企业主、中介组织的从业人员、自由职业人员等，作为中国特色社会主义事业的建设者明确列入人民的范畴，强调对人民内部的关系进行协调。但是这并不是表明我们要放弃以阶级方法去解决社会矛盾，马克思主义法学中法的阶级性，不只适用于阶级对立的社会。江泽民同志说过"只要阶级斗争还在一定范围内存在，我们就不能丢

---

① 覃福晓：《〈法的阶级意志论的再思考〉的思考——与何柏生先生商榷》，《学术论坛》2005 年第 9 期。

② 《马克思恩格斯全集》（第 3 卷），人民出版社 1960 年版，第 378 页。

弃马克思主义的阶级和阶级分析的观点和方法。"① 中国处于社会主义初级阶段，阶级斗争还将长期存在，这意味着，应当对敌视和破坏我国社会主义制度的敌对分子以中国特色社会主义法律体系的阶级性进行斗争。而随着社会的发展，更为重要的是在于阶级性对人民内部各社会阶层之间矛盾的化解，及各阶层之间利益的协调。②

（三）法的社会性

法的社会性，也是由一定社会物质生活条件决定的。马克思强调了法的阶级性，但并没有忽视法的社会性。法的阶级性也是与法的物质制约性紧密相连。"法律应该是社会共同的、由一定物质生产方式所产生的利益和需要的表现。"③

改革开放四十年来，法学界在法的本质属性上有了符合社会发展需求的理论创新，主要是体现在从法的阶级性到法的社会性与阶级性并重的转变。社会主义市场经济的发展决定我国法的社会性的逐步凸显，内容较之以往也有所不同。法的社会性，以往更多的是指其社会管理职能，调整社会关系，执行社会公共职能。而随着我国法律体系的形成，我国颁行的法律涵盖了社会建设各个方面，对各方面起了保障和促进作用。再加之法学理论研究的水平逐渐提高，对我国法律体系的本质与社会主义本质相一致有了新的认识。在这个方面看来，法的社会性，对生产力和社会主义事业有推动作用。

从法的阶级性向法的社会性与阶级性辩证统一转变，是改革开放四十年法的本质属性理论发展的一个客观历史进程。1978 年十一届三中全会召开，法学也进入了蓬勃发展的时期。法的阶级性不仅是法的主要内涵，还是法的本质属性所在。但由于思维存在一定的惯性，法的社会性虽已进入法的话语空间，但基本上还没有纳入主流的法的本

---

① 江泽民：《论"三个代表"》，中央文献出版社 2001 年版，第 62 页。
② 徐忠麟、宋金华：《社会主义法的本质新探——"三个代表"重要思想对社会主义法的本质理论的丰富和发展》，《安徽大学学报》（哲学社会科学版）2004 年第 5 期。
③ 《马克思恩格斯全集》（第 6 卷）；人民出版社 1961 年版，第 291 页。

质属性视野。20 世纪 80 年代末之后，法的阶级性与社会性开始转向结合。这种结合状态集中体现在"权利本位论"的产生与发展。权利话语体系的经济基础是市场经济体制，因而，随着市场经济的不断完善和发展，法的阶级性与社会性结合得日益紧密。法的阶级性与社会性得到了发展与对话、理解与沟通、渗透与提升，为法的阶级性与社会性的全面融合奠定了基础。马克思主义经典作家对法的阶级性与社会性结合问题早就作过科学的说明。恩格斯是这样论证二者关系的："政治统治到处都是以执行某种社会职能为基础，而且政治统治只有在它执行了它的这种社会职能时才能持续下去。"①

21 世纪以来，法的阶级性与社会性全面融合。截至 2011 年 8 月底，我国的中国特色社会主义法律体系包含了现行宪法和有效法律 240 部、行政法规 706 部、地方性法规 8600 多部，确立了我国的宪法、民商法、行政法、经济法、刑法、社会法、诉讼及非诉讼程序法等各项法律制度，涵盖了社会关系的各个方面，社会的经济建设、政治建设、文化建设、社会建设以及生态文明建设等各个方面实现了有法可依。在立法层面的典型反映是"国家尊重和保障人权"入宪，表明以人权与国家义务为内容的话语体系成了法律发展的重大主题。同时，还应积极促进现有法律制度的有效实施，充分发挥其对社会的各方面建设的促进和保障作用。从改革开放以来的发展历程来看，法的本质属性一直在不断丰富创新并进行话语形式转换。这是对法的本质属性认识的深化。法律作为统治阶级意志体现了法的阶级性。在实行人民民主专政的我国，中国特色社会主义法律体系回归于人，成为广大人民共同意志的体现，反映了社会发展的需求，尊重与保障人权也就成为了历史的必然，充分体现了法的社会性，实现了法的阶级性与社会性的辩证统一。②

---

① 《马克思恩格斯选集》（第 3 卷），人民出版社 1995 年版，第 523 页。

② 李龙、程关松、占红沣：《以人为本与法理学的创新》，中国社会科学出版社 2010 年版，第 10—13 页。

二　中国特色社会主义法律体系的社会主义本质

马克思主义的基本原理认为，物质是第一性的，意识是第二性的，存在决定意识。研究法、法律体系不能单由其本身来说，要到社会的物质生活条件中去找寻答案。一个国家法律体系的本质，是由这个国家的法律确立的社会制度的本质所决定。中国是工人阶级领导的、以工农联盟为基础的人民民主专政的社会主义国家。社会主义制度的确立，为中国特色社会主义法律体系的构建提供了制度依托。在社会主义初级阶段，中国实行公有制为主体、多种所有制经济共同发展的基本经济制度，这就决定了中国的法律制度必然是社会主义的法律制度，所构建的法律体系必然是中国特色社会主义性质的法律体系。①

中国特色社会主义法律体系作为社会主义上层建筑的重要组成部分，是要为其自身的经济基础服务，为建立、巩固和发展社会主义生产关系服务。中国特色社会主义法律体系所具有鲜明的社会主义本质，这是其与西方国家法律体系的本质区别。所以研究中国特色社会主义法律体系的本质，关键就在于要完整透彻地理解社会主义本质的深刻内涵。

中国特色社会主义法律体系中"社会主义"这一关键词，表达了我国法律体系的根本性质。"历史唯物主义的建立，揭露了资本主义社会基本矛盾运动的特殊规律。提出了以公有制、按劳分配以及建立无产阶级政权，来替代过去私有制、剥削制度的科学论断，为建立社会主义制度奠定了理论基础。"社会主义制度的确立，在为中国特色社会主义法律体系的构建提供了制度依托的同时也使中国特色社会主义法律体系具有鲜明的社会主义本质，这是与西方资本主义国家法律

---

① 中华人民共和国国务院新闻办公室：《中国特色社会主义法律体系》，人民出版社 2011 年版。

体系的本质区别。

中国特色社会主义法律体系的社会主义本质主要体现在我国法律体系的理论指导、领导力量、构建及反映其意志的主体上。"中国特色社会主义法律体系以中国特色社会主义理论为指导,以中国特色社会主义道路为指引,坚持党的领导、人民当家作主、依法治国的有机统一,体现了人民共同意志,保障了人民当家作主,维护了最广大人民根本利益,是中国特色社会主义经济建设、政治建设、文化建设、社会建设等创新实践的法制体现,是中国特色社会主义兴旺发达的法制保障,是中国特色社会主义永葆本色的法制根基。"①

(一) 坚持马克思主义的指导地位

在本书初始,就指出马恩列法律思想、毛泽东思想、中国特色社会主义理论体系蕴含的法律思想为中国特色社会主义法律体系奠定了理论基础。中国特色社会主义法律体系,在中国特色社会主义理论体系指导下建立而成,这一科学的理论体系,为正确把握有中国特色社会主义法律体系的性质、功能和价值提供了理论依据。

"在社会主义初级阶段,走社会主义道路的根本体现和实质标志,就是坚持公有制为主体、多种所有制经济共同发展的基本经济制度。"② 我国宪法对经济基础性质进行了规定:"中华人民共和国的社会主义经济制度的基础是生产资料的社会主义公有制","国家在社会主义初级阶段,坚持公有制为主体、多种所有制经济共同发展的基本经济制度"。③ 我国经济基础的社会主义性质,决定了坚持马克思主义在意识形态领域的指导地位。依据对我国基本国情的准确判断,即中国正处于并将长期处于社会主义初级阶段,"制定了以经济建设为中

---

① 周叶中、伊士国:《关于中国特色社会主义法律体系的几个问题》,《思想理论教育导刊》2011 年第 6 期。

② 李慎明:《国际金融危机现状、趋势及对策的相关思考》,《马克思主义研究》2010 年第 6 期。

③ 《中华人民共和国宪法》,中国法制出版社 1999 年版。

心，坚持四项基本原则，坚持改革开放，建设富强民主文明和谐美丽的社会主义现代化国家的基本路线，开辟了中国特色社会主义道路，形成了中国特色社会主义理论体系"。①

中国特色社会主义法律体系坚持以中国特色社会主义理论体系，包括邓小平理论、"三个代表"重要思想、科学发展观以及新时代中国特色社会主义思想等重大战略思想在内的科学理论体系。② 这一当代中国化的马克思主义为指导，自觉运用马克思主义的立场、观点和方法，立足于现实的我国基本国情确定立法思路，在社会主义现代化建设的进程中逐步构建起来。科学发展观的核心理念是以人为本，这也是中国特色社会主义法律体系的立法原则，要用中国特色社会主义理论体系和社会主义法治理念为中国特色社会主义法律体系的形成和完善提供理论支持。把实现好、维护好、发展好最广大人民的根本利益作为立法工作的出发点和落脚点，尊重人民主体地位，保障人民各项权益。"要用中国特色社会主义理论体系和社会主义法治理念，对中国特色社会主义法律体系进行科学阐释和说明，防止法律体系理论上的'拿来主义'倾向，努力实现中国特色社会主义法律体系从理论到方法、从形式到内容、从整体到具体的全面创新和发展，为中国特色社会主义法律体系的形成和完善提供更加科学、更加系统、更加全面的理论支持。"③在构建中国特色的法律体系过程中，我们始终坚持以中国特色社会主义理论体系为指导，保证制定的法律法规"有利于巩固和完善社会主义制度，有利于解放和发展社会生产力，有利于发挥社会主义制度的优越性"。④

---

① 李婧、田克勤：《中国特色社会主义法律体系构建的原则和基本精神》，《思想理论教育导刊》2010 年第 11 期。

② 黄文艺：《中国特色社会主义法律体系的理论解读》，《思想理论教育导刊》2012 年第 2 期。

③ 李婧、田克勤：《中国特色社会主义法律体系构建的原则和基本精神》，《思想理论教育导刊》2010 年第 11 期。

④ 吴邦国：《形成中国特色社会主义法律体系的重大意义和基本经验》，《求是》2011 年第 3 期。

（二）坚持解放和发展生产力①

邓小平同志在科学社会主义史上首次将解放和发展生产力纳入社会主义本质的范畴，并将解放和发展生产力放在社会主义首要的位置。离开这一点，就不是真正的社会主义。社会主义的优越性，社会主义的存在根据，就在于它是一个能够不断解放和发展生产力，不断改善人民物质文化生活的社会，这是社会主义制度具有强大生命力，能够不断持续存在的根源。社会主义经济的发展，为中国特色社会主义法律体系的构建提供了强大的物质基础。

经济基础决定上层建筑是马克思主义历史唯物主义的基本原理。如果说社会主义比资本主义更有优越性，应当要表现在社会主义制度能够更好地解放生产力，更快地发展生产力，尽可能快地增加生产力的总量。这是社会主义存在的根据，是社会主义的本质要求。马克思、恩格斯对未来社会进行构想和设计时，将生产力大发展作为实现社会主义的前提条件，并认为社会主义只能在资本主义高度发达的国家才能实现。列宁在经济文化较为落后的俄国建立了社会主义。他认为劳动生产率归根结底是保证新社会制度胜利的最重要、最主要的东西，②丰富、发展了马克思主义。邓小平同志指出："绝不能要求马克思为解决他去世之后上百年、几百年所产生的问题提供现成答案。列宁同样也不能承担为他去世以后五十年、一百年所产生的问题提供现成答案的任务。"③

生产力的发展是人类社会发展最活跃、最革命的因素，是推动社会历史发展的最终决定力量。能够更快更好地解放和发展生产力，是社会主义制度优于资本主义制度的最本质的特征。邓小平同志就曾说道："社会主义的优越性归根结底要体现在它的生产力比资本主义发

---

① 孙国华：《邓小平理论、"三个代表"重要思想与中国民主法制建设导论》，中国人民大学出版社2004年版。

② 《列宁选集》（第4卷），人民出版社1995年版，第16页。

③ 《邓小平文选》（第3卷），人民出版社1993年版，第291页。

展得更快一些、更高一些，并且在发展生产力的基础上不断改善人民的物质文化生活。"① 社会主义的优越性、社会主义的存在根据就在于它是一个能够不断地解放和发展生产力，不断改善人民的物质文化生活的社会，这是社会主义制度具有强大生命力，能够不断存在的根源。否则，无法得到人民的拥护，社会主义事业就会遭受失败。

历史唯物主义认为，生产力和生产关系是社会生产方式不可分割的两个方面。生产关系一定要适应生产力发展的要求。改变社会制度前提下的解放生产力，是一次革命；不改变社会制度前提下的解放生产力，是一种改革。社会主义各种具体制度的建立、完善，要经历一个长期曲折的过程，已建立的制度随着实践发展也会出现新的弊端，束缚生产力的发展。因此，社会主义条件下建立的制度也会有一个不断改革、完善的过程。在邓小平同志看来，"改革的性质同过去的革命一样，也是为了扫除发展社会生产力的障碍，使中国摆脱贫穷落后的状态。"② 改革是全面的改革，既有经济基础的改革，也有上层建筑的改革，既有经济体制的改革，也有思想观念层面的改革。改革的实质是体制创新，是一场深刻的社会变革，意味着利益调整、体制转换和观念更新。通过这种不断的变革，社会主义制度才会有强大的生命力和活力。

社会主义的本质就在于既强调发展生产力，也强调解放生产力。解放生产力与发展生产力一样，是贯穿于社会主义全过程的本质要求。进行社会主义实践就应遵循这一客观规律，确保社会主义历史进程中生产力得到持续解放与发展。生产力的发展是人类社会全面发展的基础，是工人阶级夺取政权后的根本任务。每一历史时代主要的经济生产方式和交换方式以及必然由此产生的社会结构，是该时代政治的和精神的历史所赖以确立的基础。③

中国特色社会主义法律体系是以社会主义经济为基础的上层建筑，

---

① 《邓小平文选》（第3卷），人民出版社1993年版，第63页。

② 同上书，第135页。

③ 《马克思恩格斯选集》，人民出版社1995年版，第257页。

是由社会主义经济基础决定的。只有在社会主义经济基础的范围内，立法机关才有根据经济、政治、文化等条件选择进行法律调整的自由。社会主义本质要求不断解放和发展生产力，同广大人民的根本利益相一致，符合中国特色社会主义法律体系的本质要求。

法律与经济、政治都有相互依存的关系，各方面都需要综合平衡，不能顾此失彼。归根结底，"还是要把经济建设当作中心。离开了经济建设这个中心，就有丧失物质基础的危险。其他一切任务都要服从这个中心，围绕这个中心，决不能干扰它。"① 邓小平同志反复强调，在社会主义初级阶段，应当以经济建设为中心。一方面，我国已经进入社会主义社会，以生产资料公有制为基础的社会主义经济制度已经建立，人民民主专政的社会主义政治制度也已建立，马克思主义在意识形态领域中的指导地位已经确立。另一方面，我国的生产力发展水平还很低，人均国民生产总值仍居世界后列。"为了建设社会主义现代化强国，需要做的事情还很多，各种任务之间是相互依存的关系……社会主义现代化建设是我们当前最大的政治，因为他代表着人民最大的利益、最根本的利益。"② 经济建设是基础，也是首要任务。

中国特色社会主义法律体系的构建和完善的根本途径是经济发展和社会进步。中国特色社会主义法律体系的构建和完善并不是孤立的法律现象，与社会主义的经济、政治、文化密不可分。经济因素在社会生活中占据支配地位，各种社会矛盾的产生及最终的解决，都可从经济方面找根据。社会主义市场经济的发展，使社会物质财富累积更快，为中国特色社会主义法律体系的构建与完善提供了强大的物质保障。市场经济的发展，促使市场主体明确了自己的法律地位和法律权利，从而更积极地运用法律维护和实现自身权益，更好地发挥中国特色社会主义法律体系的作用。随着市场经济的发展和中国特色社会主义法律体系的形成，人们将逐渐树立起依法办事的观念，行使民主权

① 《邓小平文选》（第2卷），人民出版社1994年版，第250页。
② 同上书，第163、249页。

利，保护自己合法权益，整个社会的民主法治观念也会日益成熟。

若没有社会主义经济作为强大的根基，中国特色社会主义法律体系就会成为"空中楼阁"。没有经济建设的发展，我国的综合国力就得不到增强，人民的生活水平就得不到较快地改善，社会就不会安定与繁荣。社会主义经济基础的发展有其客观规律，并不以人的意志为转移。中国特色社会主义法律体系的构建必须符合这些客观经济规律的要求，法律体系的完善和发展不可能超越经济制度和体制的发展，不能违背客观经济规律，否则，已经制定的法律、法规要么难以实施，要么会阻碍和破坏生产力的发展。因此，经济建设是中心，解放和发展生产力是推动中国特色社会主义法律体系形成与不断完善的基础和根本动力。

（三）坚持社会主义公有制

在私有制和阶级剥削、两极分化的基础上是不可能建立起社会主义的。社会主义发展生产力，成果属于人民。私有制是导致剥削分化的经济根源。在社会经济生活最基本的方面，一部分人凭借对生产资料的占有来剥夺劳动者的剩余劳动或剩余产品的剩余价值，这就会造成富的越富，穷的越穷，形成社会财富悬殊的鸿沟。即使是现代资本主义社会仍然能够发展生产力，其成果也不属于工人阶级和广大劳动人民，社会财富的绝大部分归少数富人所有。资本主义再发达，它也不是一个合理的社会，不是工人阶级和广大劳动人民追求的社会目标。[1] 邓小平同志指出："社会主义的目的就是要全国人民共同富裕，不是两极分化。如果我们的政策导致两极分化，我们就失败了。"[2]"如果富的愈来愈富，穷的愈来愈穷，两极分化就会产生，而社会主义制度就应该而且能够避免两极分化。"[3]

---

① 孙国华：《邓小平理论、"三个代表"重要思想与中国民主法制建设导论》，中国人民大学出版社 2004 年版，第 148 页。

② 《邓小平文选》（第 3 卷），人民出版社 1993 年版，第 110—111 页。

③ 同上书，第 374 页。

　　为此，为了避免两极分化的途径，那就是坚持以生产资料公有制为主体的所有制结构，实行按劳分配为主体的分配原则。我们在改革中坚持了两条，一条是公有制经济始终占主体地位，一条是发展经济要走共同富裕的道理，始终避免两极分化……只要我国经济中公有制占主体地位，就可以避免两极分化。[①] 另一条途径便是坚持国家宏观调控。如果出现了贫富差距过大，社会主义国家可以采用行政的、经济的、法律的手段，对那些超高收入者进行必要的调节和限制，从而避免两极分化的扩大。如果我们动摇了公有制和按劳分配这两个主体地位，或者放弃国家宏观调控，出现两极分化是完全可能的。那样我们的改革就失败了。所以，我们在改革中，必须始终坚持公有制经济和按劳分配制度占主体地位，始终代表广大人民的根本利益，始终坚持走共同富裕的道路。

　　我国宪法第六条规定："中华人民共和国的社会主义经济制度的基础是生产资料的社会主义公有制，即全民所有制和劳动群众集体所有制。社会主义公有制消灭人剥削人的制度，实行各尽所能、按劳分配的原则。"[②]

　　我国目前仍然处于并将长期处于社会主义初级阶段。坚持以公有制为主体，多种经济成分共同发展的社会主义市场经济是符合我国目前生产力发展水平的。私营经济与外资企业，只要有利于发展我国社会主义社会的生产力，有利于增强我国的综合国力，有利于提高人民生活水平，在政策上就应允许和鼓励其存在和发展，在法律方面就受到中国特色社会主义法律体系的保障与维护。

　　社会主义市场经济并不能完全与社会主义经济画等号。社会主义市场经济既包含社会主义经济，也包含了非社会主义经济。社会主义市场经济中的公有制经济是社会主义经济，而其中的私营经济和外资企业则是非社会主义经济。邓小平同志就指明了社会主义市场经济与

---

① 《邓小平文选》（第3卷），人民出版社1993年版，第149页。

② 《中华人民共和国宪法》，中国法制出版社2004年版。

社会主义经济的区别："三资"企业受到我国整个政治、经济条件的制约，是社会主义经济的有益补充，归根结底是有利于社会主义的。[①]
这说明社会主义市场经济允许利用资本主义经济成分为发展社会主义社会的生产力服务，同时，又说明社会主义市场经济中允许存在私有制经济。中国特色社会主义法律体系范围内的非公有制经济是社会主义市场经济的重要组成部分，我国宪法第六条明确规定："国家在社会主义初级阶段，坚持公有制为主体、多种所有制经济共同发展的基本经济制度，坚持按劳分配为主体、多种分配方式并存的分配制度。"[②]

对于非公有制与公有制不应孤立而又抽象地去做评判。马克思主义从生产力原则出发，认为哪种所有制更有利于生产力的发展，就会得到历史的认可与选择。马克思主义也不会从道义原则出发。原始社会实行公有制，没有剥削、没有压迫，但是是建立在生产力极端落后基础上的必然结果。奴隶社会的私有制取代了原始社会的公有制，建立人类史上第一个剥削制度，也是最野蛮的剥削制度。若以道义原则来衡量，这会是人类社会历史巨大的倒退。然而，马克思主义却认为这是一个巨大的进步，在当时的历史情况下"只有奴隶制才使农业和工业之间的更大规模的分工成为可能，我们的全部经济、政治和智力的发展，是以奴隶制既成为必要同样又得到公认这种状况为前提的。在这个意义上，我们有理由说：没有古代的奴隶制，就没有现代的社会主义。"[③] 因而，马克思主义创始人从生产力原则出发，以奴隶制的私有制比原始社会的公有制更有利于生产力的发展和科学、艺术进步的历史事实，得出以奴隶制取代原始公社制是历史的巨大进步的结论。

实行公有制为主体的社会主义市场经济制度是历史的选择。在旧中国，我国实行了那么多的私有制都没有使中国摆脱贫困落后的面貌，所以，中国只能走社会主义道路。如果要中国走资本主义道

路，可能极少数的人会富起来，形成一个新社会阶层，但大量的人仍然摆脱不了贫困，甚至无法解决温饱问题。"我们说的社会主义是中国特色的社会主义，而要建设社会主义，没有共产党的领导是不可能的。我们的历史已经证明了这一点。"①

中国特色社会主义法律体系是建立在社会主义公有制经济基础之上，前面提到法的物质制约性就表明中国特色社会主义法律体系根源于社会主义公有制经济，并必将维护和保障社会主义公有制经济的发展。无论是在我国的根本法宪法，还是其他具体的部门法中都有体现。

我国处于社会主义初级阶段，中国特色社会主义法律体系允许和鼓励多种经济成分共同发展，其中绝不包括奴隶制和封建制经济。资本主义剥削方式则基本上是建立在经济强制基础之上的，摆脱了超经济强制的束缚，劳动者具有了人身自由。中外资本主义经济成分在相当长的时期内容纳生产力发展的余地还较为广阔，因而中国特色社会主义法律体系将在相当长的时期内允许这些经济成分的存在和发展。相比奴隶制与封建制的超经济性强制的剥削方式，资本主义剥削方式有其自身的进步性，对现阶段社会生产力具有促进作用。非公有制是在中国特色社会主义法律体系规定范围内存在和发展的一种经济成分，只要是合法的行为，就应当受到法律的保护。

依照我国目前的生产力发展水平，我国社会主义初级阶段存在非公有制也是一种客观、必然的历史发展过程。非公有制的产生、存在、发展、更迭以及最终的消灭，都不以人的意志为转移。它存在于生产力的发展和生产力与生产关系相互作用之中，是社会经济形态发展的客观规律，我国社会主义初级阶段存在非公有制经济成分是历史的必然。

我国社会主义初级阶段存在非公有制经济成分是历史必然，那么中国特色社会主义法律体系对其加以确认和保护就有其合理性。据国

---

① 《邓小平文选》（第3卷），人民出版社1993年版，第207—208页。

家工商行政管理局的统计资料，截至 2002 年第三季度，中国内地的私营企业共有 232804 万户，从业人员达 3060.4 万人，这一数字还不包括个体工商户，并且还在增长和变化。私营部门已经成为中国经济增长的重要力量。从我国社会主义初级阶段的现实出发，根据"三个有利于"的标准，正面鼓励非公有制经济的发展是有必要的。只要是在中国特色社会主义法律体系规定范围内合法经营、诚实劳动，只要我国法律承认其资本或生产资料所有权，他们就应当得到合理的回报，其私人财产也应当受到法律保护。

正确处理好私人企业主阶层与私人企业员工关系，并在中国特色社会主义法律体系的范围内加以调整解决，使他们成为社会主义市场经济的建设者。目前我国处于社会主义初级阶段这一历史条件之下，就应按照生产力发展的水平实事求是制定政策、法律，完善中国特色社会主义法律体系，保障合法收入。同时，也要运用各种手段，主要是法律手段制裁、消除非法剥削。

我国目前还不具备完全消灭非公有制的条件。因此，我们要以中国特色社会主义法律体系为保障，坚持社会主义公有制为主体、多种所有制经济共同发展。

（四）坚持党的领导

中国特色社会主义法律体系的社会主义根本性质，还在于它的建立坚持了党的领导。我国宪法序言就指出："中国新民主主义革命的胜利和社会主义事业的成就，是中国共产党领导中国各族人民，在马克思列宁主义、毛泽东思想的指引下，坚持真理，修正错误，战胜许多艰难险阻而取得的。"并且"中国各族人民将继续在中国共产党领导下，……把我国建设成为富强、民主、文明的社会主义国家。"[1] 中国共产党是中国特色社会主义事业的领导核心。党带领广大人民群众建立了人民政权，代表了最广大人民的根本利益。党领导人民正确处

---

[1] 《中华人民共和国宪法》，中国法制出版社 2004 年版。

理各种社会矛盾，把全国人民的意志和力量凝聚到建设中国特色社会主义事业上来，体现了最广大人民的共同意愿。把科学社会主义的基本原则运用于中国的实践从而创立了中国特色社会主义理论体系。以这一理论为指导，中国共产党领导人民推动国家经济社会发展、探寻依法治国基本方略的艰辛努力和伟大实践中逐步形成了中国特色法律体系，凝结着几代共产党人的心血和智慧。坚持党的领导，是中国特色社会主义法律体系始终保持正确的政治方向和真正体现人民意志的根本保障。中国特色社会主义法律体系建设的每个重要关头都与党的一些重要会议密切相关。党在不同历史时期的决策部署决定了法律体系建设的重心。而党的工作重心的转变更是对法律体系建设的重心产生了最直接的影响。

按照马克思主义的国家学说，政党不是国家机器，党的主张也不是国家意志。但是党的主张反映了广大人民群众根本利益。党领导人民通过人民代表大会制度，掌握国家权力，制定法律法规体现了人民意志。中国特色社会主义法律体系就是要经过法定的程序将这一意志上升为国家意志。坚持党的领导，最为根本及重要的就是通过法定程序，将已被实践所证明的党的路线方针和政策的法制化，使之成为法律法规。依照宪法和法律规定，通过多种形式管理国家各项事务，保证国家各项事业的发展。回顾改革开放以来，党在领导法律实施的实践中，不断总结经验、审时度势，从立法上对时代发展提出的新要求做出相应的回应，进而使法律体系得到不断丰富与完善。坚持党对立法工作的领导，无论是宪法的修改、重要法律的颁布以及立法规划的制定，都体现了党的基本路线方针以及重大决策的法制化进程。

中华人民共和国的一切权力属于人民。人民行使国家权力的机关是全国人民代表大会和地方各级人民代表大会。党领导人民严格贯彻法律的实施，让人民在法律上和事实上享有广泛的权利，保护人权，维护社会公平正义。人民按照法律规定，通过各种途径行使权力，管理国家事务，管理经济和文化事业，管理社会事务。① 这也就从制度上、法律上保证了党的路线方针政策的贯彻落实，保证了改革开放和社会主义现代化建设的顺利进行。

（五）坚持人民当家作主

从中国特色社会主义法律体系的构建主体上说，我国的立法权由人民掌握和行使，而立法权的分配和运行以人民代表大会制度为基础。人民代表大会制度是人民当家作主的制度保障。我国《宪法》第二条、第五十八条都作出了明确规定。全国人民代表大会和全国人民代表大会常务委员会行使国家立法权。② 按照这一制度，人民通过民主选举代表，组成国家权力机关，行使国家权力。由其产生国家的行政机关、审判机关、检察机关，并对其负责，受其监督。这就保证了国家权力始终掌握在人民手中，保护了国家权力始终体现人民的意志。我国《宪法》规定："全国人民代表大会由省、自治区、直辖市和军队选出的代表组成，各少数民族都应当有适当名额的代表。"最高国家权力机关的组成可以说明立法权掌握在人民手中。

从中国特色社会主义法律体系的构建过程来说，我国的立法是经由民主的程序和方式制定出来的。历届全国人大常委会的领导人都强调，"立法工作必须充分发扬民主，走群众路线，广泛听取各方面意见，切实做到集思广益，制定出切实可行的法律"。③ 我国相继制定了一系列民主立法的制度，体现了对人民意见的听取，如民意征集制度、立法听证会制度等，广泛征集各方面尤其是基层群众的意见，以及直接听取公众和有关方面意见。④

中国特色社会主义法律体系也是广大人民共同意志的体现。我国

---

① 李林：《中国特色社会主义法律体系形成的重大意义》，2010 年 8 月，求是网（http：//www. qstheory. cn/zz/fzjs/201008/t20100824_ 44452. htm，2010 – 08 – 24/2010 – 08 – 31）。

② 《中华人民共和国宪法》，中国法制出版社 1999 年版，第 18 页。

③ 彭真：《论新中国的政法工作》，中央文献出版社 1992 年版，第 266—267 页。

④ 黄文艺：《中国特色社会主义法律体系的理论解读》，《思想理论教育导刊》2012 年第 2 期。

法律体系的社会主义性质就在于维护最广大人民根本利益，体现人民共同意志。但这并非易事。人民群众因所处的社会阶层、社会群体以及社会区域不同，其利益和需求也有所不同。根据不同阶层、不同群体、不同区域之间的关系，中国特色社会主义法律体系"统筹了个人利益与集体利益、局部利益与整体利益、当前利益与长远利益、不同群体的利益之间的关系，由此发现和把握了广大人民的共同意志和根本利益。"①

（六）坚持实现共同富裕②

社会主义的最终目标是：共同富裕。这是社会主义区别于以往任何社会的东西，也是最体现社会主义本质的内容。实现共同富裕的途径是先富带动后富，分三步走，最终实现共同富裕。而发展经济，不断完善中国特色社会主义法律体系，健全法制，则是解决改革发展过程中出现的一系列问题的有效方法。

社会主义最大的优越性就是共同富裕，这是社会主义区别于以往任何私有制社会的体现社会主义本质的东西。实行公有制的原始社会，没有剥削和两极分化，但由于生产力极端低下，仅维持生存，必然是没有共同富裕。私有制的奴隶社会、封建社会和资本主义社会，虽然生产力超过以往任何社会所达到的生产力总和，但存在剥削制度和两极分化，而不可能达到共同富裕。消除两极分化是社会主义生产关系性质的体现，是实行公有制和按劳分配的必然结果，这是从生产关系角度揭示社会主义本质。也是将解放生产力、发展生产力的成果归属于人民，为最终达到共同富裕创造了条件。

共同富裕是社会主义追求的目标，是要实现人人平等享有社会财富，人民当家作主、共同富裕的理想社会。这就表明社会主义的价值

---

① 黄文艺：《中国特色社会主义法律体系的理论解读》，《思想理论教育导刊》2012 年第 2 期。

② 孙国华：《邓小平理论、"三个代表"重要思想与中国民主法制建设导论》，中国人民大学出版社 2004 年版。

目标与社会主义国家的不懈追求，便是让人民群众获得最大利益。邓小平同志曾说："社会主义财富属于人民，社会主义的致富是全民共同致富。"① 离开共同致富，离开最广大人民群众的根本利益，发展生产力就会脱离社会主义的根本方向。对于如何达到共同富裕，邓小平同志提出了两个重要思想：一是允许一部分地区、一部分企业、一部分工人或农民先富起来，以先富带动后富，最终达到共同富裕；二是分三步走，加速社会主义的经济、政治、文化及社会的发展，最终达到共同富裕。

允许和鼓励一部分地区和个人先富起来是实现共同富裕的途径之一。我国的现实国情决定了立即实现同步发展、同等富裕是不现实的。邓小平同志对此就有精辟的论述，"我们坚持走社会主义道路，根本目标是实现共同富裕，然而平均发展是不可能的。过去搞平均主义，吃'大锅'饭，实际上是共同落后，共同贫穷，我们就是吃了这个亏。改革首先要打破平均主义，打破'大锅饭'，现在看来，这个路子是对的。"

鼓励一部分人先富起来，符合社会主义发展的客观规律。我国还处于社会主义初级阶段，这一阶段的社会主义经济还存在一定的社会分工以及与此相联系的劳动的社会差别，如脑力劳动与体力劳动，复杂劳动与简单劳动等。在这样的生产力和社会发展水平上实行平均主义，就意味着干多干少都一样、干好干坏都一样，实际上是挫伤了劳动者的积极性，滋长了懒惰和落后，阻碍了生产力的发展。而鼓励一部分人先富起来，可以让那些思想观念新，有一技之长，劳动能力强又肯努力劳动的人充分发挥他们的能力，通过为社会创造更多的财富，使自己先富起来，这样有利于调动劳动者和企业的生产积极性，有利于社会劳动生产率的不断提高，有利于生产力的进一步解放。在经济发展的过程中，一部分先富的个人、企业和地区，对后富者产生极大的示范力量，激励带动其他地区也富裕起来，产生明显的带动效应，

---

① 《邓小平文选》（第3卷），人民出版社1993年版，第172页。

而无须借助政府的力量和国家的投资，为社会创造更多的财富，促进生产力水平的发展。从而，迅速增强社会主义的综合实力。

但是我们必须注意的是，将社会主义发展中先富后富的差别，与私有制条件下的两极分化区别开来。根据《关于国民经济和社会发展"九五"计划和2010年远景目标纲要的报告》，我们可以得到以下数据：原定2000年我国国民生产总值比1980年翻两番的目标，提前5年实现，国民经济增长速度年均增长9.8%。中国经济的高速增长在很大程度上归功于"先富政策"。这些"先富"的人"富"的程度和比例并未超出社会所允许的限度。从主流来看，这些先富后富之间多少、快慢的差距在合理范围之内，也是在中国特色社会主义法律体系的规定范围之内。社会主义的公有制为全体劳动者提供了劳动条件和发展机会，同时，国家掌握着调节社会收入的手段，这是实现共同富裕，避免两极分化的根本保证。

实现共同富裕的另一个途径是通过加速社会主义建设的发展，最终达到共同富裕。发展才是硬道理。为了达到共同富裕，必须加速社会主义的发展。经过改革开放四十年的不懈努力，我国的社会生产力得到了迅猛发展。可以肯定的是，实现全面建设小康社会的目标后，人民的生活必将更加幸福、美好，中国特色社会主义必将在共同富裕的道路上进一步显示出巨大的优越性。

自改革开放以来，我国取得了举世瞩目的成就。但是，随着改革开放进程的不断深入，也有许多新的问题出现。如，实行一部分人、一部分企业和一部分地区"先富起来"的政策，不可避免在发展初期会产生一定的收入分配差距。

第一是地区差距。东、西部地区发展不平衡，产生了较大的地区差距。东部沿海地区是率先实行改革开放政策的地区，较早建立了市场经济的运行体制，大力发展了非国有经济。国家率先在东部沿海开辟了经济特区，同时给予了很多优惠政策，如在财政、税收、投资决策权和外贸自主权等方面，也造就了一批开拓创新、适应市场经济发展的企业。而中西部地区相较东部沿海，实行改革开放政策较晚，并且自然地理环境恶劣，基础设施建设薄弱，教育文化水平低，思想观念也较为保守。这就导致了中西部地区的经济社会发展与东部沿海地区形成了巨大的差距。

第二是收入差距。企业所有者、经营管理者与职工之间的收入产生了较大的差距。私营企业的所有者在法律规定范围内，由投资回报和合法经营产生的利润归其所有。国有企业的经营管理人员与经营业绩挂钩，报酬与业绩相当。因而，在国有企业和私营企业，企业经营管理者的收入与一般职工还是存在一定的差距。

第三是"违法暴富"。"违法暴富"引起了人民群众极大的不满与愤恨。邓小平同志所说的"允许一部分人先富起来"，是在合法诚信经营、努力踏实劳动的前提下。但是有的"先富"的私营企业主或国有企业的领导，并非合法经营、诚实劳动，而是"违法暴富"，甚至侵吞大量国有资产和社会财富。这些"违法暴富"的行为意味着剥夺了本应属于社会和人民群众的那部分财产。由此形成了分配不公，造成了贫富分化，引起了人民群众的极大不满与愤恨。这些现象的存在，体现出了我国在经济体制改革过程中体制、管理、法律、政策上的漏洞。

解决以上新的问题的有效方法便是发展经济、不断完善中国特色社会主义法律体系。发展才能稳定，稳定促进发展。在建设中国特色社会主义的进程中，全国人民的根本利益是一致的，各种具体的利益关系和人民内部矛盾可以在完善中国特色社会主义法律体系的过程中进行调整。

中国特色社会主义法律体系代表最广大人民的根本利益，从人民群众的根本意志和长远利益出发，正确反映并兼顾不同方面群众的利益，使全体人民朝向共同富裕迈进。继续大力推动社会主义经济的发展，保护发达地区、优势产业以及通过辛勤劳动和合法经营先富起来的人们的发展活力，鼓励他们继续积极创造财富，促进劳动、知识、技术、管理和资本迸发出新的活力。同时，运用经济和法律手段规范社会收入分配关系，逐渐缩小差距，使差距稳定和控制在法律允许的范围内。

　　要实现共同富裕，就要不断完善中国特色社会主义法律体系，充分发挥法律体系对经济基础的反作用。法治是对社会公正的反映，通过中国特色社会主义法律体系对市场主体的行为进行规范，能够较好地为社会所接受。市场经济不断产生新的利益关系，使得利益多元化。在多元的利益之间，必然会产生一定冲突，处理不好便会危及整个社会的稳定。在解决和调控这些社会矛盾时，社会主义法治作为治国基本方略，是社会公正的捍卫者，具有特殊的、相对独立的地位和价值。中国特色社会主义法律体系，保证国家和社会生活各方面有法可依，是全面落实这一基本方略的前提和基础，是经济发展进步的制度保障。因此，必须不断完善社会主义法律体系，通过合理界定、调节这些社会利益关系，抑制冲突的扩展，防止矛盾激化。运用法律手段依法对市场主体的活动进行必要的法律监督管理，打击制裁各种违法行为，严厉打击各种经济犯罪，维护社会主义市场经济秩序，保护市场主体的合法利益。

　　通过法律手段来确保劳动者的合法权益得到保障。社会主义市场经济发展初期，收入分配和富裕程度存在一定差距是不可避免的。因而，这一时期对劳动者的利益予以法律保护就显得尤为必要。中国特色社会主义法律体系中的劳动和社会保障法，对于调整劳动关系、解决劳资纠纷，保护劳动者的合法权益和基本生活条件就具有特别重要的意义。国家对那些违反劳动法，以超经济手段野蛮剥削劳动者的行为必须坚决予以取缔。法的适用机关必须严格执法，将法律规定落到实处，确保企业职工的工资和养老金足额按时发放，充分发挥社会主义国家的政治优势，使劳动人民的合法权益得到有效保障、基本生活得到切实保护。

　　随着经济的发展，社会财富进一步积聚，综合国力进一步提高。要创造条件使贫富差距的变化趋于稳定，然后在经济增长的一定阶段中逐渐缩小这种差距。在推进国有企业改革的同时，国家建立了国有企业下岗职工保障制度、失业保险制度和城市居民最低生活保障制度，并颁布了《国营企业职工待业保险规定》《失业保险法》和《城镇居民最低生活保障条例》等法律法规予以制度上的保障。同时，大力推行再就业。通过对民营企业、集体企业、个体经济进行发展，推动基层设施工程的建设，已有千万计的人实现了再就业。而在 20 世纪 90 年代末，我国开始实施西部大开发，建设重点向西部转移。至 21 世纪初叶，西部大开发已经取得了重大进展。随后党中央又积极部署发展战略，做出振兴东北老工业基地的战略决策。系列措施为缩小贫富差距，实现共同富裕发挥了推动作用。

改革开放四十年来，随着经济建设的发展，我国在解决人口控制、资源节约、环境保护等问题方面也取得了积极进展，走科学的可持续发展之路成为人们的共识。我国也正坚定不移沿着中国特色社会主义道路前进，为建设社会主义现代化强国而努力奋斗。

由上可以看出，社会主义是中国特色社会主义法律体系的本质属性。所以只有完整透彻地理解社会主义本质的深刻内涵，才能更好地把握中国特色社会主义法律体系的本质。中国特色社会主义法律体系的本质便在于它坚持中国共产党的领导，它所包括的全部法律规范、所确立的各项法律制度，有利于巩固和发展社会主义制度，充分体现了人民的共同意志，维护了人民的根本利益，保障了人民当家作主。构建和完善中国特色社会主义法律体系，制定法律，具体法律制度内容的规定，都坚持从中国特色社会主义的本质要求出发，从人民群众的根本意志和长远利益出发，将实现好、维护好、发展好最广大人民的根本利益作为根本出发点和落脚点。

第 四 章

中国特色社会主义法律
体系的民族性

　　法的民族性，在于法维护某一民族利益，并体现这一民族的民族精神或民族意识。德国法学家萨维尼认为："法律同语言一样是'民族精神'最重要的表达式之一。这种深奥的思想至少包含着这样的观点，即法律远不只是规章准则或司法判例的累积，它反映并展示了整个文化概貌。民族或人民的精神囊括了全部民族史，同时也是社会群体通过追溯它本身生存的进程而获得的集体经验。任何时代记录下的民族或民众的法律只不过是一种始终在变化着的文化演进过程的静态表象。"①

　　每个民族都有各自不同的个性。而每个民族的个性，就成为该民族的共性，也就是这个民族各个成员的"共同性"，也叫"共同精神"或"共同意识"。这种共同精神或共同意志对另外一些民族来说，是特殊的，互不相同的。每个民族有其"独具的特性"。同语言和风俗一样，法也有各民族不同的法，具有各个民族固有的特性。中国特色社会主义法律体系的民族性就在于它既植根于中国传统法律文化的滋养，同时又吸纳转化了外国法律文明成果。

一　中国优秀传统法律文化的滋养

　　中国法制文明的起源和发展，不同于古希腊、古罗马，也有别于

---

① ［英］R. 科特威尔：《法律社会学导论》，华夏出版社 1989 年版，第 24—25 页。

古埃及、古巴比伦，体现了中华民族法制文明特殊的规律性。中国是世界文明古国中唯一一个历史文化与国家的主体一直延绵至今的国家。在漫长的发展过程中，以丰富的文化内涵而居于世界法制发展的先列。关于欧洲的发展，马克思有过这样的论述"没有希腊文化和罗马帝国所奠定的基础，就没有现代的欧洲"①，这对目前中国的发展也格外具有指导意义。中国已经进入到国家的发展和复兴的历史时期，古人的经验和智慧对我们的发展与复兴弥足珍贵。法律方面，亦是如此。

（一）中国传统法律的特点

中国法制不仅历史悠久，而且从未中断，辗转相承、沿革清晰，形成了内容丰富、特点鲜明，为世界所少有的传统。发展至今，从日常生活、社会活动、思维方式以及是非好恶的价值观中，都深深刻有传统的烙印，对当今社会的法律价值观也产生了一定的影响。

1. 引礼入法，礼法结合

作为中国古代的社会现象之一，礼起源早并贯穿整个古代社会。礼因其"因俗制宜"的功能及精神威慑力，被统治者作为重要的统治手段。在社会生活的各领域，礼调节人与人、与社会、与国家之间的行为。礼法的渗透与结合，构成中国传统法律体系最本质的特征。

礼的主要功能是确定宗法等级秩序，以规范人们的行为，作为评判是非的准绳得到了法律的强制保障。礼法的结合是与中国古代宗法伦理的社会特性分不开的。礼法的结合起到了互补的作用，且礼中的等级差别与法里的特权是一致的。礼法结合的具体表现便是：以礼为主导，以法为准绳；以礼为里，以法为表；以礼入法使法律道德化，以法附礼使道德法律化。

孔子说过"导之以政，齐之以刑，民免而无耻；导之以德，齐之以礼，有耻且格。"可见他认为治理国家应以"德"和"礼"为追求，因为德礼教化不仅能使民众避免违法犯罪，而且能够使民众有羞耻之

---

① 《马克思恩格斯选集》（第3卷），人民出版社1995年版，第524页。

心，主动守法。

在汉代，汉儒以"德主刑辅"，来归纳孔子的法的学说，确立了刑的辅助地位。汉武帝时期，董仲舒认为统治者为政的手段可以与阴阳变化相比附。在《汉书·董仲舒传》中就记载"阳为德，阴为刑；刑主杀而德主生"。汉儒还将儒家学说转变成统治者的学说，使儒家的法体系更具实用性。春秋至秦代因孔子学说具有过于浓重的理想色彩，过分强调教化，而对之弃用。因而在肯定教化的同时汉儒并不讳言刑杀。由此，汉儒不仅弘扬了儒家的德礼教化，并对由法家理论指导的秦制进行了继承。

2. 天理、国法、人情协调统一

孔子认为，法条与正直、公正并无必然的联系。机械维护法条的人，未必就是正直的人。而正直的人，应该按人之常情办事，因为公正体现于人情之中。故当法律符合天理人情之时，才能体现其公正。

孔子所谓人情，便是礼教所倡导的"亲亲""尊尊"。他认为人类的本性就应该亲亲属、尊上级、敬长者、男尊女卑。人的一生，就是要根据自己所处的社会位置来尽责任、尽情分，无论是父子、君臣、长幼，抑或是夫妻。告发触犯国法的父亲或其他亲人，违背了人情，也违背了为人的根本法则，不应提倡。进而，孔子认为，若呆板机械遵循法条，会使得官吏刻薄、百姓诡诈。法律须体现人情，并顺乎人情，官吏审狱也须动之以情，才能淳朴民风、长治社会。

汉初，董仲舒将三纲神秘化。汉以后，宋儒进一步奉三纲为天理，以辩护宗法政治等级制度的永恒及不可侵犯性。天理通过国家立法而法律化，违法与违天具有一致性。同时封建统治者也鼓吹"法情允协""执法原情"，以掩盖法律之实质。这里的情便是指伦理亲情。为了避免法与情的矛盾，历代统治者在立法方面都力图使亲情义务法律化。

从汉代起，评判君主是否英明、官吏是否贤能以及法律是否优良的标准，在于能否体现人情。机械恪守法律条文，而不人情练达的官吏，也并未见能得到好的名声。如汉代的张汤，即使"家产直不过五百金"，但也"由于治淮南、衡山、江都反状，皆穷根本"而被当时的人斥为"诈忠"，"被污恶言"而死。而宋代的另一位官员：包拯，执法如山，却成为声名远扬代代相传的"青天"，受人敬仰。就是因为他"务憨厚，虽甚嫉恶，而未尝不推以忠恕"①。

在对伦理道德的追求中，法律在人们心中的实际地位无法与其应有之权威相提并论。只有当法律与人们心中的道德或人情期许相一致时才真正具有活力。

3. 法自君出，皇权至上

自进入阶级社会，中国就建立了专制主义的政治体制。秦统一建立帝制，皇帝"口含天宪"，是法律之所出。同时，将皇权制度化、法律化。皇帝有国家最高权力，凌驾于法律之上。权尊于法，是暴政的渊源。回顾历史，虽然有汉文帝和唐太宗重视法，但是这只是个别，并未从根本上撼动和改变皇权凌驾于法律之上的实质。可以说一直到了清末的戊戌变法仍是为解决皇权与法律之间的关系问题。

4. 重刑轻民

在古代专制主义的统治下，国家利益重于私人利益。国家是庶民利益的总代表，再加之家族本位的社会结构和特定的文化背景，决定了中国古代重刑轻民，刑、法同义。由于重刑，使得刑罚残酷，刑法体系严密，历代主要法典均为刑法典，刑事案件的诉讼制度也较为完备。律学是以刑法为主要内容，是中国古代法学的集中代表，无论实用性、综合性，还是准确性都达到了很高的水平。重刑轻民、私权不发达，也就决定了调整私权法律规范的薄弱。直到清末变法，引进西方法律，才打破重刑轻民的法律传统。②

5. 职官管理法细密

官是专制制度下君主控制国家活动的权利媒介，是实现国家职能具有人格的工具。法家代表人物韩非所说的"明主治吏不治民"被封

---

① 《宋史—列传第七十五·包拯传》。
② 张晋藩：《中国法制史》，中国政法大学出版社 2002 年版，第1—5 页。

建统治者奉为准则。为了以法治官，统治者制定了较为完备的职官管理法，对官员的职责和权力进行了详细的规定。历代考课官吏有法定的标准，以督励其尽职尽责，同时还有监察法和严密的监察系统来保证官员队伍的整肃。细密的古代职官管理法，相对同时期的世界各国，都是罕有的。

6. 成文法与判例法相结合

古代以成文法典为传统法律的主干，重视由国家制定的法律。制定成文法的重要动力是援法断罪。秦简、唐律等都对援法断罪进行了记载与规定，提高了成文法的权威。但是由于法律的制定程序复杂费时，且成文法的规定不能包罗复杂的社会关系和各类犯罪形态，于是在司法实践中也有判例法的适用，允许类推裁断，以弥补成文法的不足。秦简中"廷行事"作为司法审判的重要依据，就是判例的法制化。唐律也有相关规定。成文法的调整方式是一般到个别，而判例法是个别到一般。两者相互配合、相互补充，有效调整随社会发展而变动的社会关系，使法律制度的确定性和法律适用的灵活性得到了统一，这是中国传统法律的特点与优点之一。不过，对判例法的适用，因类推裁断的滥用，尤其专制皇帝以意为法，也使罪刑法定遭到破坏。

7. "诸法合体，民刑不分"的法典编纂

中国自公元前5世纪起，历经两千五百年，至20世纪初，法典编纂体例仍然是诸法合体，民刑不分。虽然在这一历程中，民法、行政法渐趋法典化，但是具代表性的法典，仍是刑法为主，涵盖了各部门法。这种保守性或是封闭性，在世界也较为罕见。不过，虽然法典编纂体例是诸法合体，民刑不分，但是中国古代法律体系也是由若干法律部门构成，客观上仍然是"诸法并存，民刑有分"的法律体系。尽管法典编纂并未有明确概念，但是由于社会关系的复杂多样，决定了法律调整方式的复杂多样，构成了不同调整对象的部门法，是客观社会发展的结果，不以立法者主观意志转移。

8. 追求息讼、无讼的境界

"无讼"是指人与人之间和睦相处，摩擦、冲突通过彼此忍让来协商解决，而非通过法律途径，诉至官府、对簿公堂。即以德礼教化百姓，消除暴虐，而不用刑罚。"息讼"一方面是一种官吏处理诉讼的方法，另一方面则是蕴含在整个法律体系中限制诉讼的指导思想，是古代为了实现一种道德理想而诞生的处理纠纷的方法。

无讼的思想有广泛的社会基础，它根植于古代宗法社会中，宗法社会中的"人情"观是其温床。而息讼的思想并非我国古代独有，在西方也同样存在。查士丁尼《法学总论》中第四卷第十六篇就有"对健讼者的罚则"。但是与西方所不同的是，在中国，息讼、无讼成了人们的理想追求，在现实中，甚至还成为考核官吏的标准。应该说，这是与中国进入文明时期的状况有关。中国古代的人们较早进入阶级社会，但是家族血缘的关联是无法脱离的。周天子以"伯父、伯叔"称呼王室成员以及亲属长者，与后世帝王的威严全然不同。因而百姓对这一君如父母、天下一家的血缘社会怀念不已。

先秦时期，诸子所持的政治主张虽有不同，但所追寻的理想社会却不谋而合。法家力倡"以法治国"，并将"去刑"作为法律的最终目的。道家则主张顺应自然、返璞归真，竭力反对繁法峻罚。消除人为法是道家的追求之一。孔子并不否认法律还不能在现实中消亡，他说道"听讼，吾犹人也，必也使无讼乎"，表明他认为听讼的目的就在于消除争讼。

无讼是儒家所追求的理想境界。追求无讼，必然会提倡忍让和自律。上面提到的孔子之言，意义在于无论是立法、还是执法，为政者都不应忘却消除争讼才是法律存在的目的。无讼才是最终的追求。这一追求对黎民的影响可谓深刻，宋人吴自牧记："临安府治（今杭州）前曰州桥，俗名懊来桥。盖因到讼庭者，至此心已悔也"。历代统治者对于民间的"讼事"都主张依靠家法、乡规、村约等"礼"来进行调解。因为讼事到官，既破了人情、影响和睦，又破费钱财。因此，在古代，我国的家训、楹联以及学校等各处，都有劝人息讼的教育内容。比如山西平遥古城县衙大门的楹联内容就是告诫众人不要轻率争讼，官员要秉公办事。

9. 强调统治者的表率作用

孔子认为治理国家，人才甚至比法律更重要。在《论语·子路》中，记录了"子曰：其身正，不令而行；其身不正，虽令不从。"意为：统治者的表率作用大于法令的制定和发布。统治者自身行为端正，天下人会争相效法；统治者自身行为不端，即使设立了严刑峻法，人们也未必会遵守。这就说明在孔子看来，相对于制度建设，君主的知人善任与官吏的高素质更为重要。达到"无讼"的理想，须依仗"善人为政"而非严刑峻法。制度的完备并不是治国的第一要务，处于统治地位的君主增强自身道德修养与治国能力，才是关键所在。

荀子又将这一思想进一步深化。荀子将法与人的关系进行比较，提出了"有治人，无治法"的论断，并以历史经验为例，说明国家的兴衰存亡在于人，而非法。立法方面，荀子认为"君子者，法之原也"，意为君子是法的来源，有了良君，才有良法。执法方面，荀子认为"法不能独立，类不能自行。"意为有了良君，法才能得到很好的适用与实施。守法方面，荀子认为"君者，民之原也。源清则流清，源浊则流浊。"意为君主是民众之榜样，君主是否重视法律，以身作则，关系到百姓是否守法。

在中国古代社会，与其说法律的社会效果取决于法制本身是否合理，不如说是取决于执法者的自律与表率作用。人们在对法律的评判过程中，看重的不只是法律自身是否完善，更看重执法者自身的道德品行。许多孝子、清官、循吏断案既能使当事人心服口服，又能教育一方民众，就在于百姓对其自身的表率作用的认可。传统社会里，君主、官吏的道德修养与素质，远重于设法立制。而百姓对明君、清官的依赖也远超对法律的信任。"有其法者尤贵有其人"，便是清官在古代为人们所称颂乐道的理由。①

从上述中国法律传统中，我们可以发现，既有文化的多源头，又

---

① 朱景文、韩大元：《中国特色社会主义法律体系研究报告》，中国人民大学出版社 2010年版。

有儒家思想的支配地位，既有冲突，又有融合。虽不可避免有精华亦有糟粕，但是我们都应当对这些历史和文化的积淀进行科学的总结，从而利用中国传统法律的滋养，以完善反映新时代特色的中国特色社会主义法律体系。

（二）对中国传统法律的借鉴

所谓传统法律文化，是个有机整体，与中国传统的经济、政治相辅相成。应该说，"传统"并非凝固的历史，而是发展变化着的一种传承和轨迹。传统法律文化更是一个开放的体系，它带有历史的烙印，也吸纳现实社会的气息，在中国悠远的五千年文明发展史中，被不断沿革，不断演变。在这一发展中，不合时宜的被淘汰或改造，顺应时势的被保留或拓展出新的内容。与时俱进、兼收并蓄是中国传统法律在历史发展中所呈现出的特点。中国传统法律对现实的借鉴作用，便有如下的一些体现：

1. 追求正义与和谐

虽然古今中外对公平、正义、和谐给出的定义和实现途径各有不同，但中西传统不谋而合的是法的理念，即将正义而和谐视为法的灵魂。司马迁的"天下一致而百虑，殊途而同归"既总结了历史，又预言了人类社会的发展。中国传统法律在对正义与和谐的追求的独到之处在于更加注重弘扬人的善，通过自律自觉来实现社会的和谐。公平、正义在和谐的社会中可以得到实现。因强调对善性的弘扬，中国传统法律体系的道德与法律互为表里曾一度为人们所抨击，认为法律与道德应该是泾渭分明。但是，正是因为法律与道德互为表里，实践中的法律才有了更高的目的。法国启蒙思想家伏尔泰，在《风俗论》中描述中国的法律，"在别的国家，法律用以治罪，而在中国，其作用更大，用以褒奖善性。若是出现一桩罕见的高尚行为，那便会有口皆碑，传及全省。官员必须奏报皇帝，皇帝便给应受褒奖者立牌挂匾。"虽然伏尔泰所述内容未必与具体情况完全切合，但他描述的是中国古代现实存在的"旌表"制度。旌表制度的法律意义在于"扬善"。即礼的作用在于将恶"扼杀于摇篮之中",发扬光大人的善性,使人在潜移默化中践行善而远离恶。为此,中国古代有一套完备并行之有效的旌表制度。官府定时对德行卓著者进行表彰,二十五史中的《孝子传》《列女传》《忠义传》等记载了大量因品行出众而受到表彰的人,这些人大部分是普通的市民、农夫、妇女,甚至仆人。不独惩罚罪行和不良行为,而且还表彰善行和对社会有益的行为,构成中国古代法律的特色,而这一点也引起了我国法学界一些专家的关注与思考。我们不难发现中国传统法律所体现的精神和理念,其优秀精华的部分,值得现代法律借鉴。中国传统法律所强调的法律对人之善性的弘扬,强调制度和人们自律来实现社会的正义与和谐,与西方社会强调法律对人之恶性的遏制,强调通过完善制度的设计及实施来实现社会的正义与和谐,确为"殊途而同归"。

中国古代强调运用多种手段达到和谐和公正的目的,相当于是我们当今的"综合治理"。早在《礼记·乐记》中,就提出了礼乐政刑综合为治,从而达到和谐公正。在古代,礼教人以敬;乐以沟通社会各阶层,缓和等级之间的矛盾;政为国家的制度,以约束人们言行;刑以惩罚破坏制度者。因此,礼乐约束人心,政刑制约言行,礼乐政刑便用不同方式达到相同目的。

而依法治国与以德治国相辅相成,便是对中国传统法律的批判继承和借鉴。而中国特色社会主义法律体系中诉讼和非诉讼程序法部门的《人民调解法》的颁布与实施,也是对中国传统法律中"无讼"思想一定的继承与延续。在本章第三部分将会做较为详细的论述,在此不再赘述。

2. 对犯罪以预防为主,慎刑慎杀

用礼乐政刑不同手段或方式进行社会治理,追求的是一种由表及里的和谐,而不是满足于表面的秩序。因此,中国古代的思想家、政治家一再强调,惩罚犯罪并非法律的目的,而是一种手段和途径,通往向善而不犯罪的理想社会。所以中国传统法律格外重视对犯罪的预防。汉代政治家贾谊对儒家的治国理论进行了总结,充分肯定了"礼禁于未然之前，法施于已然之后"的法律体系，即以礼乐教化预防犯罪，以制定刑罚制裁犯罪，但是统治者应该格外关注的是日常的教化。秦汉时就形成的"乡饮酒礼"就是古代深化实施教化的重要途径，并一直延续到清末。即在秋忙之后，冬闲时各村寨家族成丁者聚在一起，由德高望重的耆老主持，县衙派官参加。对村中一年中发生的善事进行表彰，而一年中有作奸犯科者则被列入另座，进行教育。乡饮酒礼还有两个内容，便是宣礼读律，倡导人伦道德，告诫不可触犯国法。

在惩罚犯罪方面，中国传统法律更注重慎重用刑，早在"三代"就有"与其杀不辜，宁失不经"的用刑原则。汉以后，为体现儒家"仁义"的思想，统治者对一些"情有可悯"的罪犯也"法外开恩"予以减免惩罚。对待死刑则更为慎重。对判处死刑的案子，一般要经过较为复杂的执行程序，比如复奏、会审等。唐代规定死刑的执行必须奏请皇帝批准。除谋反等严重危害国家安全的犯罪复奏一次外，京师死刑案复奏五次，地方州县复奏三次。孕妇犯死罪则在产后百日行刑。如果行刑者没有遵守法律的规定，则判以徒刑。

中国特色社会主义法律体系中刑法部门及诉讼与非诉讼程序法部门中对此也有所体现。

3. 完善选拔、约束官员机制

在中国古代，社会和谐的关键是"官"，因此在慎重选拔官吏、因材授任方面，先秦诸子是一致的。法家有"明主治吏不治民"的名言，儒家也有"其身正，不令而行"的说法。

中国古代的选任官吏制度，为我们现今所关注的，一方面是通过考试为国家储备大量受过统一教育，并具有一定理念的人才。古代科举制度，打开了平民通往仕途的路径，孔子"有教无类"教育平等的思想得以弘扬。另一方面则是注重官员实际能力。古代考生经过礼部考试录取之后，只获得为官的资格，而究竟做什么官，还需要经过吏部的铨选。吏部择人的标准有四：身、言、书、判。这些测试的是考试的实际操作能力，即考生体貌、言辞、书法、文理。入仕后，除定期考核外，还会受到监察机构的监督，违法者还会受到弹劾。唐代的监察机构，即御史台，以御史大夫为长，职责便是依据礼法，肃整朝廷。

这些制度在当今现实中的体现，便是中国特色社会主义法律体系行政法部门中《公务员法》及相关法律。对我国公务员的考取、选拔以及考核监督，都有明确的规定。

4. 关注弱势群体

在西周时期，统治者就要求在社会生活与司法实践中不能够予无劳动力又无亲属供养的人以不公正待遇。而中国古代法制对因贫苦而无法告诉的百姓，以及年长独身体弱多病者也有特别的规定。如《大清律例……吏律·收养孤老》规定："凡鳏寡孤独及笃废之人，贫穷无亲属依倚，不能自存，所在官司应收养而不收养者，杖六十。若应给衣粮而官吏克减者，以监守自盗论。"我国还有视以强欺弱、以多欺少为罪的传统，会受到法律的严惩。注重对弱势群体的权益保障，体现了法律的以人为本，与当今的法律诉求相一致。

而这一传统在中国特色社会主义法律体系社会法部门中，有较多体现。

5. 合理利用开发自然资源

中国古代法律中对环境开发利用的限制也值得我们借鉴。《礼记》中有许多篇目是对人们一年中顺应季节变化从事不同劳作的记载。有些劳作在一定季节中是被禁止的，以免生态环境遭到破坏。在《礼记》之后的朝代里，我们可以从当时的法律典籍中，看到《礼记》所设立的一些目标，已经逐渐变成现实，并实现了法制化。这种保护自然资源、保护环境的法律规定，反映了多方面多层次的法律理念，其中的一些观念与现代法治理念是相吻合的。

深入研究中国的法律传统，可以看出，无论是法律理念还是法律制度，都有可以吸纳优秀之处。中国特色社会主义法律体系中的一些内容，也可以是在批判的传统法律的基础上进行改造。我国近代的一些思想家在对历史的批判中进行自我的反思，其实是对中国优秀法律传统的古为今用，仍然抱有希望。因而，我们可以深入研究、充分挖掘传统法律优秀之精华，为进一步完善中国特色社会主义法律体系所用。

二　外国法律文明成果的吸纳转化

在人类漫长的法制文明发展的历史长河中，不同社会形态下法律文化间的传承、交流，构成了诸多体现时代特征的世界法律文化传统与体系。我们通过对这些具有不同民族特点的法律文化传统与体系的考察，不难发现它们的形成和发展的渊源之中，往往存有不同程度的来自外域法律文化影响的因素。借鉴与移植外域法律文化成果，是人类法制社会发展进程中一个规律性的现象。

再考察中国近代以来法制发展进程，同样也不难发现，借鉴与吸纳西方法律文化成果，并对中国传统法律进行转化与更新，构成了近代中国法制发展的基本格局。应当说，在清末，中国传统法律文化的发展经历了重大变化。一方面诸法合体的传统法律体系被抛弃，礼法合一的内容被修改，维护皇权、父权、夫权的基本精神遭质疑；另一方面，对于中国人来说完全陌生的大陆法系的"六法"体系、独立的法律规范以及追求民主、正义、自由、平等的法律价值观将被抛弃的传统法律取而代之。这些变化，与外国法律文化在中国传播并产生深远影响有关。随着民国的建立，扫去了封建时期的思想禁忌，解除了清末以来法制变革的枷锁，西方法律文化更加深了对中国法学的培植乃至制度构建的影响。

新中国成立之后，民国时期的法律体制被彻底废除，近代以来借鉴外国法律文化的成果也被彻底抛弃。但是改革开放以来，伴随着市场经济的发展与社会主义法制建设的逐步展开和深入，借鉴外国法律文化重新成为法制发展的重大课题。

（一）借鉴外国法律文明成果的必要性

改革开放之初，中国的国家领导人与立法者就提出了要重视对外国法律文化的了解。在 20 世纪 80 年代初中国法学会成立大会上，中国社会主义法制的主要奠基人彭真同志就要求中国法学工作者研究法学必须吸收古今中外有益的经验。"法学会要研究古今中外的法律，不管进步的、中间的、反动的，不管是奴隶主的、封建的、还是资本主义的，都要研究，取其有用的精华，去其糟粕和毒素。"① 1988 年全国人大常委会委员长万里指出："为了加快立法步伐，外国、香港一些有关商品经济发展的成熟法律，应该注意借鉴，适合我们情况的可以吸收过来，不必事事从头搞起。"② 1994 年全国人大常委会委员长乔石也指出，"制定社会主义市场经济方面的法律，对我们是个新课题。制定法律和法规要从中国的实际出发，也要广泛地研究借鉴世界上所有国家的立法经验，吸收对中国有用的东西……立法必须从我国国情出发，但这并不排除我们吸收国外的经验。凡是国外立法中比较好的又适合我们目前情况的东西，我们都应当大胆吸收，他们走过的弯路，也值得我们借鉴。有些适合我们的法律条文，可以直接移植，在实践中充实、完善。"③ 这些讲话充分表明，借鉴外国法律文化对当代中国社会主义法制建设具有重要价值和意义。

党的十五大报告中就明确提出了要加强立法工作，提高立法质量，2010 年形成有中国特色社会主义法律体系。2011 年 3 月 10 日，吴邦国同志在十一届全国人大四次会议第二次全体会议上宣布："中国特色社会主义法律体系已经形成。"同年 10 月 27 日，国务院新闻办公室发表了《中国特色社会主义法律体系》白皮书。改革开放四十年来，中国特色社会主义法律体系形成，我国在立法方面已取得很大成就。但中国特色社会主义法律体系还需不断完善，距实现法治国家的目标还有不小的差距。要实现这个目标，我们一方面需要加强立法，另一方面需要根据新的发展形势对原有法律进行修订。而要完成这两方面的任务，都需要借鉴外国比较成熟的法制经验。

① 沈宗灵：《比较法研究》，北京大学出版社 1998 年版。
② 《万里文选》，人民出版社 1995 年版，第 594 页。
③ 《十四大以来重要文献选编（上）》，人民出版社 1996 年版，第 341 页。

从立法方面来看，我国在刑法、刑事诉讼法、民事诉讼法等一些重要的法律部门都已经制定了相对完备的法律。在民法领域，民法典还亟待完善。

各国的立法经验证明，民法典的颁布是一个大陆法系国家法制成熟完备的重要标志。许多发达国家的民法典都已成熟完备，部分第三世界国家受大陆法传统影响，也为了适应社会发展的需要而颁布了民法典。民法典可以被视作市场经济法律体系的重要基础。我国的市场经济体制已经建立，如何更加高效的运行，对民法典颁布的呼声就显得迫切。虽然我国已颁行了《民法总则》以及为数众多的单行的民事法律，但由于法典还未完成使其更加系统、更加完备，使得调整市场经济的法律体系还不够健全。就这一方面来讲，各国民法典所调整的对象是共通的，即市场经济条件下的平等主体之间的人身关系和财产关系。这就使得民法在内容上具有某种意义上世界各国或地区共同认可、一体遵循的通行性。因而我国民法典的制定应广泛借鉴发达国家或地区成功的立法经验，而非所有问题都从零开始。我国民法在不同的历史时期，受不同国家、不同法系的影响。在 20 世纪初期，借鉴了一些大陆法系国家的民法模式；新中国成立后，深受社会主义法系国家苏联的影响；随着改革开放的深入，我国又借鉴了一些英美法系的民事法律制度。所以，应当顺应国际发展潮流和我国社会主义现代化建设的需要，深入研究两大法系的民法制度及理论，结合我国现实国情，制定出中国特色的民法典。

从民法典的体例来看，现代市场经济在世界范围内快速发展，使得交易规则必须具有国际性，并且相对统一。因此许多国家采用了民商合一的体例。从民法典的编制结构来看，传统有法国式和德国式两种结构，除此之外，还应注意各国新制定民法典的经验，如俄罗斯民法典，还有荷兰民法典，参考其内容、编制方面，多有裨益。

除民法典外，我国在环境保护、能源管理等领域也需要制定新法，并不断完善原有法律。如我国已经颁行了煤炭法、电力法、节约能源法、可再生资源法以及与之配套的行政法规，但这些法律调整关系仅限于能源的某一领域。总体上缺少可以调整能源关系和活动的能源基本法。美国、日本等发达国家在这方面已有很成熟的法律制度。在能源的开采、储备、使用等方面已制定了非常完善的法律制度。我国要制定和完善这方面的法律制度，就应当借鉴这些相关经验，尽快促进和完善我国能源管理的现代化。《环境保护法》是统率土地利用规划、环境污染防治、自然资源、环境资源管理等的基本法。我国已施行的《环境保护法》的内容，如涉及自然生态保护的规定，还需进一步完善。而日本的环境基本法的发展，法律调整范围和调整对象不断扩大，从单纯的公害控制发展到保护整体环境。日本颁布的被动式的基本法《公害对策基本法》《自然环境保全法》，难以应对可持续发展要求下的国内、国际环境事务问题。《环境基本法》的诞生，可以称为日本在环境方面实施可持续发展的较为完整的法律依据，是日本环境法走向成熟、完善的标志。这一成功经验值得我国借鉴，使可持续发展环境法律化、制度化。

中国加入WTO之后，客观上也加快了对外国法律文化的借鉴。中国入世，不仅是政治与经济问题，在某种程度上更是法治问题。WTO的宗旨是消除各国及地区的贸易壁垒，建立完整、更具活力的稳定的多边贸易体系。我国根据WTO的法律框架来改革和完善了我国的相关法律制度。如，在贸易政策的制定方面，WTO的原则和规定会使世贸组织成员政府使用贸易政策的自由度降低，也对各成员国应急的政策性贸易措施进行了相应的限制。同时，要求各成员国在制定贸易政策方面增强透明度，使其贸易政策具可预测性。为了与WTO的规则接轨，我国加快学习、参考和借鉴了国外和国际社会通行的制度、惯例和原则，制定或修订了很多方面包括行政管理法制的规定，以适应加入WTO以后我国社会发展的需要。

借鉴外国法律文化是推进人类法制进步不可或缺的重要途径。我国完善中国特色社会主义法律体系，也应遵循人类法制建设的这一规律。

（二）正确借鉴外国法律文明成果

对于外国法律文明成果的借鉴，应当包括肯定与否定两方面，即批判的借鉴。合理、科学的，对我国有益的部分，要吸收，反之，则摒弃。这两者是相结合的，偏向任何一种都不正确。对于外国法律文明成果，简单"照搬"和"全盘否定"一样，都是片面的。为此应该注意以下的问题：

1. 要划清资本主义和社会主义两种意识形态的界限

外国法律文化思想中占主导地位的是资产阶级意识形态，其最终目的是使资产阶级能够适应发展的新形势，以巩固其统治阶级的地位。典型的资本主义政治是民主共和国及自由与法制。如同列宁指出的："民主共和制是资本主义所能采用的最好的政治外壳"①，发达的资本主义经济关系中，包含人的法律因素，这些因素客观决定了民主、自由、法制的产生，而不是单纯凭借一些资产阶级思想家的设计和想象而生的。

资产阶级意识形态还有一个特点，它的各种理论极少数以赤裸裸的资产阶级本身的名义出现，相反，总是以"全民的"姿态出现，以形式的东西掩盖实质的东西，从而使人民群众甚至一些自以为属于马克思主义的思想家常常发生误解。

鉴于这些情况，借鉴外国法律文明成果，就必须先从本质上划清它与马克思主义思想体系的界限。为此，邓小平同志一再提醒我们，讲民主，不能照搬套用资产阶级的民主。"一般讲政治体制改革都讲民主化，但民主化的含义不十分清楚。资本主义社会讲的民主是资产阶级的民主，实际上是垄断资本的民主，无非是多党竞选、三权鼎立、两院制。我们的制度是人民代表大会制度，共产党领导下的人民民主制度，不能搞西方那一套。"② 对于外国法律文化，采取超阶级、非意

---

① 《列宁选集》（第3卷），人民出版社1995年版，第120页。
② 《邓小平文选》（第3卷），人民出版社1993年版，第240页。

识形态的观点,是错误的、不可取的。

2. 要同我国现实国情相结合

要根据我国现实社会的客观情况,结合我国国情有选择的借鉴外国法律文明成果。即借鉴必须有确定的标准和目的。这意味着借鉴外国法律文明成果要立足于社会主义初级阶段的实际,并结合我国具体情况区别对待,而非对西方国家的发展思路照抄,或简单地进行套用。2008 年,吴邦国同志在十一届全国人大常委会第一次会议上对中国特色社会主义法律体系如何借鉴外国法律作出了精辟的论述:"我们的法律体系是中国特色社会主义法律体系,在形成并完善法律体系过程中……不能用西方的法律体系来套我们的法律体系。外国法律体系中有的法律,不符合我国国情和实际的,我们不搞;外国法律体系中没有的法律,但我国现实生活需要的,要及时制定。"①在此之前,也对立法工作中对国外有益经验借鉴提出了要求。"我们在立法工作中也需要研究和借鉴国外的有益经验和人类共同创造的文明成果……但在学习、借鉴国外立法经验时,应采取分析、鉴别的态度,从中吸取一些对我们有益、有用的东西,而不能照抄照搬。"② 这些讲话指出了我们借鉴外国法律文明成果时应当注意的方向和坚持的原则。

3. 要关注外国或国际上法律的发展趋势

勇于创新是推动法制进步的不懈动力。在立法方面,坚持创新,对于完善中国特色社会主义法律体系有积极的促进作用。立法源于实践,我们应遵循这一原则,根据我国社会的发展趋势和实践,与时俱进,用新观念、新思路进行立法和修改完善及清理现有的法律,使立法适应时代的需要,法律体系要更加完善。而要做到创新,就有必要对外国法的新制度、新理论进行学习和借鉴。如,2005 年日本国会通过的《公司法典》,实现了有限公司与股份公司的一体化,废除了设

---

① 《十七大以来重要文献选编》(上),中央文献出版社 2009 年版,第 932 页。
② 同上书,第 560 页。

立公司所需的 1000 万日元的最低资本金制度，使"1 日元创业"进一步规范化。该法还考虑到由大学研究人员与企业共同创建风险投资型企业的情况，新引进了"合同公司"类型。合同公司可以在章程内规定高级管理人员的权限及盈余分配等，而且出资者以出资为限承担有限责任。这些新规定对鼓励创业有积极意义，值得参考。我国当前就业形势较为严峻，需要有政策和措施来鼓励创业。在这一方面可以参考借鉴一些国外成功的范例，通过修改法律，为创业提供便利，以推动经济的发展。在诉讼法领域，现代科学技术的广泛应用是国际大趋势，如民事诉讼方面的电子送达，刑事诉讼方面的电子监听等都得到了采用。这也是值得我们去思考的。

4. 要注重吸纳外国先进的立法经验和技术

为了尽可能地实现立法目的，满足社会发展的需求，所制定的法典的实质内容要符合社会发展需要，并且其编制结构也应是优良的。而要制定一部好的法典，则必须具备良好的立法技术。立法之难题，在于保持法律的稳定性和灵活性的平衡。所以，立法者在立法时，应当具备良好的立法技术，使制定出的法律能满足人们的预期，保持社会行为的连续性，同时又能顺应社会发展的形势，具有一定的前瞻性，不至于在短期内被淘汰。许多法律发达的国家在这方面为我们提供了有益的经验。不过，在立法技术方面，大陆法系和英美法系存有很大差别：大陆法系国家注重演绎法，法条规定比较抽象；而英美法系国家注重经验分析，因此在法条中往往会详尽地列举各种可能出现的情况。所以我们在借鉴时，应有针对性地选择，根据实际需要来借鉴外国的立法技术。

"他山之石，可为玉璞"。世界文明发展的历史现实已经证明，一个民族、一种文明文化唯有在保持其文化主体性的同时，以开放的胸襟吸纳其他文明的优秀成果，不断吐故纳新，方可保持旺盛的生命力，并创造出更加辉煌的成果。

三 中国特色社会主义法律体系的民族性具体体现：以人民调解制度的法治化为例

由上论述，可知法律是民族精神、民族文化的产物。同时，我们也不应排斥借鉴外国法律文明成果。这种借鉴更多的是在民族文化层面上的借鉴，学习外国的法律，更多的是以维护和巩固中华民族根本利益为前提的，是民族文化之间的交流。

人民调解是一项具有中国特色的化解矛盾、消除纷争的非诉讼纠纷解决方式。中国宪法、民事诉讼法对人民调解的性质和基本原则都作出了的规定，国务院颁布的人民调解委员会组织条例，以及2010年8月28日通过的《中华人民共和国人民调解法》，都是中国法律的独创。是中国法律民族性的范例，也是中国民族精神、优秀文化在与外国法律交流中开出的奇葩。

（一）人民调解存在的文化内涵

调解制度在中国的长期存在，有其深厚的文化内涵和底蕴。这一文化底蕴就是之前所阐述的中国独特的传统法律文化以及由此延伸而呈现的"无讼"观念。在这样的文化和观念之下，调解制度得以衍生，当然，也就包括了调解制度中最具中国特色的人民调解。

"无讼"是我国传统法律文化的基本价值取向和具体体现。从历史的角度分析，我们不难发现，"无讼"是儒家、道家、法家皆为主张的思想，只是实现这一思想的具体路径有所不同而已。道家追求的是"无为"境界，道法自然的"自然"便是要人们"无为"，反映在法上，就是诉讼方面的"使民不争"。在道家看来，"争"乃万恶之源。法家倡导"以法治国"，但此法不完全等同于现今的法。法家的"法"是奉行重刑主义。法家对法重视的目的在于定纷止争，主张"以刑去刑"也是法家寻求使民"不争"的途径。

道家与法家都以不同的方式来实现使民"不争"的理想，然而明确提出并系统论证无讼思想的是儒家的孔子。先前提到《论语·颜渊》中"听讼，吾犹人也，必也使无讼乎"，就是对无讼思想的明确提出。就我国古代社会的政治理想而言，追求的是秩序与和谐的大同社会，"礼法结合，德主刑辅"成为正统法律思想追求秩序和谐实现无讼治世的基本模式。儒家以有讼为耻，无讼为德，不仅正面赞美无讼的美好境界，还从反面制造为讼之害的舆论。

　　笔者认为，"无讼"思想的产生还有两点的原因：一是，这是由当时自给自足的自然经济这一经济基础所决定的。中华民族的经济体系是以农业为主体的自给自足的自然经济。农业社会所呈现的是一种相对稳定的状态，并以自给自足的一家一户为单位而存在。家庭或家族既是生产单位，又是生活管理单位，彼此独立，呈现出天然抑制商品经济发展的免疫力。也就不可能通过平等经济交换手段实现自身权利，并进而形成"市民社会"。而这种特点，大大限制了生产者的积极开拓精神，塑造出了循规蹈矩，甚至故步自封的群体。为此，竭力避免纷争，即使有了纷争也通过求助家长或族长等人调解加以解决，而非诉诸法律。二是，家国一体的社会结构，是"无讼"思想产生的社会基础。我国封建社会历来强调家国一体，家国利益从根本上说是一致的，不可分割。而起源于周朝的宗法制度，规定了世袭继承制度血缘系统之间的等级亲疏关系。封建国家便是以宗法制为其组织形式基础，家国一体，宗法与国法并行不悖。在这种社会环境下，国如一家，自然安定和睦为上，争讼则被视为不睦的延伸。宗法制下若以家人为被告产生诉讼，是大逆不道的行为。在宗法制度盛行的历史大环境下，无讼思想得以产生与发展。宗法时代以血缘关系聚族而居与世代毗邻的地域关系，使社会成员之间的关系枝蔓相连，并在儒家思想的渗透下，形成了和睦共处，和谐无争的生活准则。同时发生纠纷就寄希望于礼德教化、族长调解，如此便促进我国调解制度的发达。①

----

① 河南省法学会：《调解制度理论与实践》，郑州大学出版社2010年版，第47页。

（二）人民调解的价值体现

价值所反映的是人所追求，是内在的、主观的概念。一般来说，价值主要包括民主自由、公平公正、效率等。就人民调解制度而言，也具有其自身的价值。[①]

1. 人民调解与民主

民主的概念最早出现在古希腊，字面上看，是指"人民统治"或"多数人的统治"。进入中世纪，直至 13 世纪前，民主理论长期处于缺位状态。清晰明确的主权在民观念，以及如何实现这一理念的理论，是在 17—18 世纪时才开始出现。可以说，人民主权观念成为普遍接受的政治理念与社会契约说的提出密不可分。而在进入 20 世纪后期，西方学术界对传统民主理论进行了反思。认为对民主的自由内涵过于强调，反而在一定程度上忽略了平等，从而提出了"协商民主"的理论。

对于协商民主，学界存在不同的见解。从学者对协商民主内涵的不同界定来说，我们可以将协商民主理解为一种理性的决策形式，或者一种治理形式。其中，参与公共协商的公民是平等自由的。他们以自己就事相关的理由说服他人，或者对自身进行调整、转换，最终达成共识，从而在审视各种相关理由基础上赋予立法和决策以合法性。就协商民主的本质来说，是对重视自由而忽视平等的改变，重新强调了公民对公共利益的责任和通过共识来形成决策。

人民调解是指由人民调解委员会这一第三方通过说服、疏导等方法，促使当事人双方在平等协商基础上自愿达成调解协议，解决民间纠纷的活动。在调解的过程中，当事人充分行使各自权利，进行沟通和对话，这一过程与"协商民主"的精神内涵具有一致性。协商民主的价值之一就在于强调平等公民间理想对话、交流在决策中的重要性。调解行为具有民主的内涵和本质，闪耀着民主的光芒。从自由的类型

[①]　河南省法学会：《调解制度理论与实践》，郑州大学出版社 2010 年版，第 48—61 页。

来看，当事人在享受调解的民主时，还拥有人身与精神的双重自由。因为在调解的过程中，当事人不会被进行人身限制，并且人身是安全的；同时，在调解的过程中，当事人充分享有发言权，可以自由表达自己的意见，与对方磋商，并且对调解人的解决方案，也有同意与不同意的自由。

2. 人民调解与公平

公平的思想起源于正义之中，就人类对公正认识的萌芽来看，具有超越地域的一致性。对于公正的认识和追求，在人类社会存在之初就早已存在，无论是西方还是东方，人类对公正的美好追求在神话中都可以得到印证。

就人民调解而言，在调整过程中，从人民调解委员会的角度来看，这个第三方是要基于公平公正，对当事人双方的争议或纠纷进行说服、劝导，提出合理的解决方案，并最终予以解决。从当事人的角度来看，双方处于平等地位，双方不存在一方控制或约束另一方的情形。双方当事人基于自己的利益进行交流、磋商，在相互自愿妥协的基础上，接受双方当事人都可接受的合理方案，进而最终达到化解纠纷的目的。在调解的过程之中，当事人均可针对调解程序方案及解决方案，提出不同意见和看法，双方博弈的同时融入人民调解委员会的意见，最终形成双方都能接受的方案。从程序公正来说，这一调解过程对双方当事人都是公正的。对调解的结果来说，是双方当事人基于自愿相互妥协、让步的结果。即是，一方当事人的让步换得另一方当事人的及时履行。因而实体结果也具有公正性。

美国法学教授 Jay Follerg 和调解人 Alison Taylor 也从调解与诉讼的比较视角指出了调解的公平性："许多调解之外的方法解决的纠纷是由不平等的谈判力量起因于不同层次的经历、支配的模式、对避免风险的不同倾向、一方纠纷当事人在情感上的更多需要或者是通往和解之路上的心理障碍。某项事宜是否应当进入诉讼，相同的事项在法庭上就如同在谈判的情形中一样，亦可能使结果的公平性发生偏差。除此之外，负担诉讼开支的资源，在选择最好的律师方面的老练程度，甚至哪一位法官被指派对此案做出决定的运气都可能是不公平的。"①

3. 人民调解与效率

如果将人民调解所付出的成本及其收益进行分析，势必需要选择参照物来进行对比分析，而就人民调解这一非诉讼纠纷解决方式来说，最合适的参照物便是诉讼了。每一次诉讼未必都能产生正义，但是每一次诉讼必会产生资源的耗费。

法院为了审理案件，必然会耗费巨大的人力、物力、财力的资源，如法庭及办公设施的建设、法庭工作人员的收入、装备、办公经费等项目开支。这些经济支出是来源于国家财政拨款。也就是说，这一部分是国家将要承担的诉讼成本。如果国家在这方面投入的成本不足的话，就可能出现案件积压的情形。审判成本的欠缺必然导致大量案件不能在审限内裁判。仅 2000 年 7 月底，全国法院就有未结案件 185 万多件，其中有不少就是超限案件。

诉讼当事人的诉讼费用、律师费用以及诉讼产生的其他费用，如交通费、误工费等，都是当事人需要承担的诉讼成本。这些费用的支出可以算作是显性的成本，而当事人需要为此花费大量的时间、所承受精神上的煎熬，则属于看不见的隐性成本。我国民事诉讼法对审限的规定是一审普通程序为 6 个月，二审为 3 个月。并且法院还可申请延长审限，如果当事人再申诉，那么在案件上花费的时间将更是惊人。在司法实践中，一个简单的民事案件，经过一审、二审、再审，延长审限，拖了十几年也并不为奇。随着社会快速发展，人们的时间观念也日渐增强。审限过长，对当事人而言便是一种煎熬和耗费，无疑增加了当事人负担的诉讼成本。

然而，人民调解与诉讼相比，国家所需承担的成本很小。现今很多地区建立了人民调解的网络，不过就整体而言，人民调解并不需要十分固定的调解场合和固定的人员。村民委员会、居民委员会的人民

---

① ［美］史蒂芬·B. 戈尔德堡、弗兰克 E. A. 桑德、南茜·H. 罗杰斯、塞拉·伦道夫：《纠纷解决——谈判、调解和其他机制》，蔡彦敏、曾宇、刘晶晶等译，中国政法大学出版社 2004 年版，第 163 页。

调解委员会委员由村民会议或者村民代表会议、居民会议推选产生。企业事业单位设立的人民调解委员会委员由职工大会、职工代表大会或者工会组织推选产生。① 县级以上地方人民政府对人民调解工作所需经费给予必要的支持和保障。对从事调解工作的人民调解员，给予的是适当的误工补贴，但并非固定工资。因而相对于诉讼，国家对于人民调解投入的成本就少了很多。对当事人来说，人民调解委员会调解民间纠纷，不收取任何费用。所以当事人所需承担的成本，基本上仅仅是时间成本。若是诉讼，当事人要投入得就更多，交纳诉讼费用，以及聘请律师所产生的费用，等等。为此，我们不难看出，无论是国家，还是当事人，所需承担、投入的成本，都是人民调解的成本更低。

4. 人民调解与秩序

寻求和维护社会秩序是人类的天性。人们也早已认识到社会秩序是法治的基础。社会秩序陷入混乱崩溃，法治也就无从谈起。马克思认为，秩序是一定的物质的、精神的生产方式和生活方式的社会固定形式。秩序的存在是人类一切活动的必要前提，建立社会秩序的目的归根结底是要创造一种安居乐业的条件。在中国古代，解决纠纷的重点在于定纷止争，辨明是非善恶，是为了实现理想和谐家天下的社会秩序，而不是为了维护人的权利。国家法对社会生活的规范，有其有限性。中国传统调解制度在调解过程中，往往通过儒家伦理来礼德教化双方当事人，儒家的伦理道德也就成了调解双方当事人时的规范。

人民调解为预防和减少民间纠纷、化解社会矛盾、维护社会和谐稳定发挥了重要作用。人民调解是双方当事人在互谅互让的基础上，达成协议。这种协议是在人民调解委员会，以及征得当事人的同意后，当事人的亲属、邻里、同事等或具有专门知识、特定经验的人员或者有关社会组织的人员在场的情况下达成，因此当事人一般都积极履行不会反悔。以 2009 年为例，人民调解组织调解民间纠纷 767 万多件，调解成功率在 96% 以上。这说明人民调解具有彻底化解纠纷，维护社

---

① 《中华人民共和国人民调解法》，中国法制出版社 2008 年版。

会秩序和谐稳定的积极功效。另外从人民调解的适用范围，结合现实生活中的调解实践来看，人民调解的民间纠纷通常是婚姻纠纷、家庭纠纷、债权债务纠纷以及邻里纠纷等。采取人民调解的方式来解决这些民间纠纷，能够尽量减小对家庭、邻里之间感情的伤害，对恢复并维护和谐的家庭秩序、人际秩序大有裨益。

可以说，社会和谐是人民调解所要维护的目标，对于社会秩序的维护，具有很强的功效。不仅仅在中国古代社会，即使在现代社会，其一直作为维护社会秩序的重要手段。截至目前，中国共有人民调解组织 82 万多个，人民调解员 467 万多人，形成了覆盖广大城乡的人民调解工作网络，为预防和减少民间纠纷、化解社会矛盾、维护社会和谐稳定发挥了重要作用。

（三）关于人民调解的规定

中国宪法、民事诉讼法对人民调解的性质和基本原则作了规定，国务院颁布了人民调解委员会组织条例。为进一步推动人民调解工作，完善人民调解制度，2010 年 8 月 28 日通过了《中华人民共和国人民调解法》，将人民调解工作长期积累的好经验、好做法制定为法律。

1. 人民调解的适用范围

《中华人民共和国人民调解法》第二条对人民调解进行了定义。"本法所称人民调解，是指人民调解委员会通过说服、疏导等方法，促使当事人在平等协商基础上自愿达成调解协议，解决民间纠纷的活动。"①《人民调解工作若干规定》第二十条规定则对"民间纠纷"作出了具体的界定。"人民调解委员会调解的民间纠纷，包括发生在公民与公民之间、公民与法人和其他社会组织之间涉及民事权利义务争议的各种纠纷。"② 根据现实生活中的调解实践来看，人民调解的民间纠纷通常是婚姻纠纷、家庭纠纷、债权债务纠纷以及邻里纠纷等。其

---

① 《中华人民共和国人民调解法》，中国法制出版社 2008 年版。
② 《人民调解工作若干规定及其配套规定》，中国法制出版社 2002 年版。

中婚姻纠纷又包括婚姻关系缔结中的财产纠纷、婚姻关系终止的财产分割、子女抚养等纠纷。另外，《中华人民共和国人民调解法》第十七条规定了当事人一方明确拒绝调解的，不得调解。《人民调解工作若干规定》第二十二条也明确规定了人民调解委员会不得受理调解的纠纷。"法律、法规规定只能由专门机关管辖处理的，或者法律、法规禁止采用民间调解方式解决的；人民法院、公安机关或者其他行政机关已经受理或者解决的。"①

2. 人民调解的原则

根据新近颁布的人民调解法的规定，我们可以将人民调解的原则归纳为自愿原则、合法原则，以及尊重诉权原则。

自愿原则。人民调解法规定：在当事人自愿、平等的基础上进行调解。具体要求是：首先，接受调解的当事人是自愿。双方当事人自愿主动申请调解的，应予以受理；一方当事人申请调解的，人民调解委员会需征得另一方当事人的同意才能调解；人民调解委员会发现纠纷主动进行调解的，应征得双方当事人同意。若当事人不愿意接受调解，或者不愿意接受某个组织和个人的调解，或有一方当事人不愿意接受调解，均不能进行调解。其次，人民调解的调解过程不具强制性。不能强迫当事人进行调解。人民调解委员会对当事人充分听取当事人的陈述，讲解有关法律、法规和国家政策，通过说服、疏导等方法帮助当事人自愿达成调解协议，不得采取强迫与偏袒的办法。最后是调解达成的协议要当事人自觉履行，人民调解委员会对调解协议的履行情况只能进行监督，督促当事人履行约定的义务，但是并不具有强制当事人执行调解协议的权利。

合法原则。人民调解法规定：人民调解不能违背法律、法规和国家政策。要求人民调解委员会依据法律、法规、规章和政策进行调解，法律、法规、规章和政策没有明确规定的，依据社会主义道德进行调解。人民调解委员会调解纠纷要以事实为依据，以法律为准绳，充分

① 《人民调解工作若干规定及其配套规定》，中国法制出版社 2002 年版。

听取双方当事人的陈述，调查了解矛盾纠纷的事实，在以法律、法规、规章和政策为依据，划分责任，说服劝导当事人承担相应的责任。人民调解委员会受理和调解矛盾纠纷要符合法律、法规和规章的规定。法律、法规规定只能由专门机关管辖的，或者法律法规禁止采用民间调解方式解决的，人民法院公安机关或者其他行政机关已经受理或解决的，如治安案件、刑事犯罪案件、法院审结的民事案件，人民调解委员会不得调解。但基层人民法院、公安机关认为适宜通过人民调解方式解决的纠纷，可以在受理前告知当事人向人民调解委员会申请调解。通过人民调解达成的调解协议内容也要符合法律、法规、规章和政策的规定。任何与现行法律、法规、规章和政策相悖的调解协议都是无效的。

尊重诉权原则。人民调解法规定："尊重当事人的权利，不得因调解而阻止当事人依法通过仲裁、行政、司法等途径维护自己的权利。"人民调解委员会必须尊重当事人的诉讼权利，不得因未经调解或者调解不成而阻止当事人向人民法院起诉。人民调解并非诉讼的必经程序，法院不得以案件未经调解为由而拒绝受理。若将人民调解前置为诉讼必经程序，便是等同于限制或剥夺了公民依法享有的起诉权。只有将人民调解建立在尊重诉权的基础之上，才能保障调解协议达成的自愿性，才有助于定纷止争，促进人民调解工作的有利开展。

3. 人民调解组织

人民调解组织是人民调解委员会。人民调解委员会是依法设立的调解民间纠纷的群众性组织。根据《中华人民共和国人民调解法》规定，村民委员会、居民委员会设立人民调解委员会。企业事业单位根据需要来设立。乡镇、街道以及社会团体或者其他组织根据需要也可以设立，以调解民间纠纷。

关于人民调解委员会的组成，人民调解法也作出了明确的规定。"人民调解委员会由委员三人至九人组成。村民委员会、居民委员会的人民调解委员会委员由村民会议或者村民代表会议、居民会议推选产生；企业事业单位设立的人民调解委员会委员由职工大会、职工代表大会或者工会组织推选产生。人民调解委员会设主任一人，必要时可以设副主任，人数没有作具体限制。主任、副主任一般应当在委员中选举产生。"① 人民调解法还规定，人民调解委员会应当有妇女成员，多民族居住的地区应当有人数较少民族的成员。关于妇女成员，适用于所有调解委员会，主要考虑民间纠纷中有相当数量的婚姻家庭纠纷，特别是如婆媳、姑嫂、妯娌之间的纠纷，妇女委员更便于做女性当事人的思想工作，以利于调解纠纷，防止矛盾激化。关于民族成员的规定，适用于多民族居住的地区，在不违背法律与民族区域自治政策的前提下，能够更好地尊重民族习惯，化解同一民族当事人以及不同民族之间当事人之间的纠纷。县级人民政府司法行政部门应当对本行政区域内人民调解委员会的设立情况进行统计，并且将人民调解委员会以及人员组成和调整情况及时通报所在地基层人民法院。

　　人民调解法对人民调解员应具备的条件也作出了具体的规定。人民调解员应是公道正派、热心人民调解工作，并具有一定文化水平、政策水平和法律知识的成年公民，并由人民调解委员会委员和人民调解委员会聘任的人员担任。原则上，要求人民调解员需具备初中以上学历，品行端正，没有受过刑事处罚或劳动教养，未被开除过公职，具有完全民事行为能力。

　　人民调解员的职责。敢于坚持原则、明法析理地调解民间纠纷，为当事人主持公道。并且对于民间纠纷应及时、就地进行调解，防止矛盾激化。根据纠纷的不同情况，采取多种调解方式，充分听取当事人的陈述，讲解有关法律、法规和国家政策，耐心疏导，在当事人平等协商、互谅互让的基础上提出纠纷解决方案，帮助当事人自愿达成调解协议。同时，教育公民遵纪守法、尊重社会公德，预防矛盾纠纷发生。而在调解纠纷过程中，发现纠纷有可能激化的，应采取有针对性的预防措施；对有可能引起治安案件、刑事案件的纠纷，应当及时向当地公安机关或者其他有关部门报告。调解不成的，应当终止调解，

---

　　① 《中华人民共和国人民调解法》，中国法制出版社 2008 年版。

并依据有关法律、法规的规定，告知当事人可以依法通过仲裁、行政、司法等途径维护自己的权利。①

因人民调解员由人民调解委员会委员和人民调解委员会聘任的人员担任，故其产生方式是由选举和聘任相结合。《人民调解工作若干规定》对此作出了相应的规定：人民调解员由村民委员会、居民委员会或者企业事业单位聘任，乡镇、街道人民调解委员会委员由乡镇、街道司法所（科）聘任。② 人民调解委员会委员有固定任期，每届三年，可连选连任。同时，在业务素养方面，定期接受县级人民政府司法行政部门的业务培训。

人民调解法对人民调解员进行了一些权利保障的规定：人民调解员从事调解工作，应当给予适当的误工补贴；因从事调解工作致伤致残，生活发生困难的，当地人民政府应当提供必要的医疗、生活救助；在人民调解工作岗位上牺牲的人民调解员，其配偶、子女按照国家规定享受抚恤和优待。③ 司法机关对考核优秀、有突出成绩或显著贡献的人民调解员，给予奖励。奖励必须实事求是，实行以精神鼓励为主，并结合物质奖励。当人民调解员依法履行职务，受到非法干涉、打击报复的，可以请求司法行政机关和有关部门依法予以保护。同时对于人民调解员在调解过程中不当行为的处理，也进行了法律规定：对偏袒一方当事人，侮辱当事人，索取、收受财物或者牟取其他不正当利益，泄露当事人的个人隐私、商业秘密的人民调解员，由其所在的人民调解委员会给予批评教育、责令改正，情节严重的，由推选或者聘任单位予以罢免或者解聘。构成犯罪的，由司法机关依法追究刑事责任。④

4. 人民调解的程序

人民调解委员会统一受理民间纠纷。一般民间纠纷由当事人居住

---

① 《中华人民共和国人民调解法》，中国法制出版社 2008 年版。
② 《人民调解工作若干规定及其配套规定》，中国法制出版社 2002 年版。
③ 《中华人民共和国人民调解法》，中国法制出版社 2008 年版。
④ 同上书。

地或者所在单位的人民调解委员会受理。当事人居住地与户籍所在地不一致时，以居住地为准。如果当事人是未成年人，或者限制行为能力人、无行为能力人，则应以监护人所在地为准。当事人可以向人民调解委员会申请调解，人民调解委员会也可以主动调解。当事人申请调解纠纷，可以书面申请，也可以口头申请。人民调解委员会对当事人的申请：符合条件的，应及时受理调解，并进行登记；不符合受理条件，应告知当事人按照法律、法规规定提请有关机关处理或者向人民法院起诉；随时有可能激化的，应当在采取必要的缓解疏导措施后，及时提交有关机关处理。当事人一方明确拒绝调解，则不得调解。基层人民法院、公安机关对适宜通过人民调解方式解决的纠纷，可以在受理前告知当事人向人民调解委员会申请调解。

人民调解员可由人民调解委员会根据调解纠纷的需要，指定一名或者数名，也可由当事人选择一名或者数名。根据调解纠纷的需要，在征得当事人的同意后，可以邀请当事人的亲属、邻里、同事等参与调解，也可以邀请具有专门知识、特定经验的人员或者有关社会组织的人员参与调解。并支持当地公道正派、热心调解、群众认可的社会人士参与调解。人民调解员在调解纠纷过程中，发现纠纷有可能激化的，应当采取有针对性的预防措施；对有可能引起治安案件、刑事案件的纠纷，应当及时向当地公安机关或者其他有关部门报告。人民调解员调解纠纷，调解不成的，应当终止调解，并依有关法律、法规的规定，告知当事人可以依法维护自身权利的途径。同时应记录调解情况，由人民调解委员会应当建立调解工作档案，将调解登记、调解工作记录、调解协议书等材料立卷归档。[①]

5. 人民调解的效力

新颁布的《中华人民共和国人民调解法》确定了人民调解协议的法律效力，规定：经人民调解委员会调解达成的调解协议，具有法律约束力，当事人应当按照约定履行。该法还健全了调解作为非诉讼程

---

① 《中华人民共和国人民调解法》，中国法制出版社2008年版。

序，与诉讼的衔接，规定经人民调解委员会调解达成调解协议后，当事人之间就调解协议的履行或者调解协议的内容发生争议的，一方当事人可以向人民法院提起诉讼。同时对人民调解协议效力确认的条件以及程序做出了完善规定：经人民调解委员会调解达成调解协议后，双方当事人认为有必要的，可以自调解协议生效之日起三十日内共同向人民法院申请司法确认，人民法院应当及时对调解协议进行审查，依法确认调解协议的效力。人民法院依法确认调解协议有效，一方当事人拒绝履行或者未全部履行的，对方当事人可以向人民法院申请强制执行。人民法院依法确认调解协议无效的，当事人可以通过人民调解方式变更原调解协议或者达成新的调解协议，也可以向人民法院提起诉讼。[①]

（四）人民调解制度的运行

1. 新中国成立至改革开放前

1950 年，中央人民政府政务院发布《关于加强人民司法工作的指示》规定了人民司法工作还须处理人民群众之间的纠纷，对这类民事案件，亦须予以足够的重视，一方面应尽量采取群众调解的办法以减少人民讼争。[②] 1953 年第二届全国司法会议决定，在全国范围内有领导、有步骤地建立健全农村人民调解委员会。次年，中央人民政府政务院颁布了《人民调解委员会组织通则》，以法律形式对人民调解委员会进行了确立，主要是在性质、任务、组织、活动原则、工作方法和工作制度方面。此后，人民调解经历了一些反复，在"文化大革命"时期一度瘫痪，但是其基本制度还是得到了延续。这段时期中国处于计划经济时期，社会关系相对简单，纠纷类型也较为单一，纠纷的数量和对抗性也并不高。农村、企业和单位内部的各类民事纠纷一般都可通过人民调解来解决。但是由于社会法制化程度相对较低，纠

[①] 《中华人民共和国人民调解法》，中国法制出版社 2008 年版。
[②] 《建国以来重要文献选编（第一册）》，中央文献出版社 1992 年版，第 453 页。

纷调解机制也带有时代的烙印，处于一种规范性不高的简单形态。

2. 改革开放和法制建设时期

20 世纪 80 年代以后，中国进入改革开放和法制建设的时代，随着社会转型和体制改革，这一时期人民调解制度处于全面调整重构阶段。该阶段初期，国家对传统的调解制度予以法律确认。此后，由于在法制建设中对正式司法诉讼程序寄予过高期待，再加之国家和地方对司法投入不足，基层司法与纠纷调解资源配置不合理，客观上形成了争夺案源的恶性竞争。一方面，调解机制受到漠视，社会对诉讼过分倚重与司法能力不足之间形成尖锐矛盾；另一方面，各机构在纠纷处理中基于自身利益，对难以解决的纠纷相互推诿，人民调解效果不佳。最终在 20 世纪末，国家调整社会治理政策，为人民调解带来了新的发展契机。1980 年，全国人大常委会批准重新公布《人民调解委员会暂行组织通则》。1982 年公布实施的宪法也对人民调解制度作出了规定。根据宪法规定，人民调解组织是建立于基层群众性自治组织村委会、居委会中的纠纷解决机制。我国是世界上第一个在宪法中明确规定基层社会组织调解功能及制度的国家。在《村民委员会组织法》与《居民委员会组织法》中也有相同内容的规定。从这两部法中，我们可以看出，在最初的制度设计中，村居委会及其调解委员会的组织和功能并不是分离的，尤其是在农村基层自治的实践中，调解组织和调解委员多由基层村委会及党支部成员兼任，通常并没有职业化的人员和独立机构。1982 年的《中华人民共和国民事诉讼法（试行）》和1989 年的《人民调解委员会组织条例》均对人民调解委员会作出了规定。后者还将人民调解组织的范围从宪法规定的自治组织内扩展到了其他基层单位，并发展出跨地域、跨行业性的调解委员会。这实际上是将人民调解扩展为一种不同于原有的地域性、自治性组织的独立的解决纠纷制度。1990 年的《中华人民共和国民事诉讼法》延续了这一思路。这些法律文件力图通过对人民调解组织的管理和指导，规范化的制度、组织和程序以及"依法自愿调解"原则，保证人民调解的合法性和正当性，同时分别规定了基层政府和基层法院对人民调解进行指导、并纠正错误的职责。这一思路是将人民调解组织建构为独立的解纷机构和一种准司法机制。① 这种制度设计超越了宪法对其的设定，开创了将人民调解组织及制度转化为一种独立的社会性解纷机制的契机和可能。② 然而现实是，在整个20世纪90年代，农村基层调解组织几乎完全不可能达到《人民调解委员会组织条例》和《民事诉讼法》的要求，其实际状态与《村民委员会组织法》的设计更为接近。而且，当时的法院并未承担起指导人民调解的职责，甚至一度不承认调解协议的效力，以至于人民调解在许多地区陷入停滞状态。

3. 人民调解制度发展新时期

2000年之后，尽管人民调解所面临的制度和观念的障碍仍未完全消除，但是面对社会对人民调解的实际需求及严峻局面，国家开始重新推行综合治理战略，人民调解制度进入了一个新的发展时期。在这一时期，国家开始制定、修改很多相关法律，但就总体而言，人民调解的发展也是在实践中推动的。2002年中共中央办公厅、国务院办公厅批准了《关于加强新时期人民调解工作的意见》，司法部制定了《人民调解工作若干规定》，对人民调解的性质进行了重申，具体规定了人民调解委员会的工作范围等内容。最高人民法院也通过了《关于审理涉及人民调解协议的民事案件的若干规定》，以司法解释的形式明确了人民调解协议的性质和效力。2006年通过的《中共中央关于构建社会主义和谐社会若干重大问题的决定》进一步为人民调解制度给予了政治和理念上的支持。③ 这一时期根据全国人大立法规划，司法部从2005年开始组织调研论证，着手起草"人民调解法"、最高人民法院在推动人民调解方面发挥了重要作用。2007年发布《进一步发挥诉讼调解在构建和谐社会中积极作用的若干意见》提出实行诉讼与非诉讼程序的衔接思路，2008年发布《关于建立健全诉讼与非诉讼相衔

① 熊先觉：《中国司法制度新论》，中国法制出版社1999年版，第214页。
② 范愉：《非诉讼纠纷解决机制研究》，中国人民大学出版社2000年版。
③ 范愉：《人民调解与我国台湾地区乡镇市调解的比较研究》，《清华法学》2011年第1期。

接的矛盾纠纷解决机制的若干意见》。① 人民调解工作不断发展,仅 2009 年,人民调解组织调解民间纠纷 767 万多件,并且成功率达到了 96% 以上。

2010 年颁布了《中华人民共和国人民调解法》,将人民调解工作长期积累的好经验、好做法制定为法律。可以说,这部法是人民调解制度发展的重要里程碑。截至目前,中国共有人民调解组织 82 万多个,人民调解员 467 万多人,使人民调解覆盖到了广大城乡,为预防和减少民间纠纷、化解社会矛盾、维护社会和谐稳定发挥了重要作用。

---

① 朱景文、韩大元:《中国特色社会主义法律体系研究报告》,中国人民大学出版社 2010 年版,第 526—530 页。

第 五 章

中国特色社会主义法律体系的人民性

马克思主义认为人民群众是物质财富和精神财富的创造者，是进行社会变革的主体和决定性力量。人民性贯穿于发展中国特色社会主义的主题，在不同时期体现出不同的内容，是中国特色社会主义理论体系最鲜明的特征。"邓小平理论着眼于社会主义的本质，强调人民利益高于一切；'三个代表'重要思想着眼于保持党的先进性，强调党要代表最广大人民的根本利益；科学发展观则着眼于发展中国特色社会主义，强调发展为了人民、发展依靠人民，发展成果由人民共享。"① 因而，我们应从整体上来把握人民性的内涵，其理论渊源到其诞生发展整个过程中都体现出社会主义的价值目标。

中国特色社会主义法律体系，是中国特色社会主义理论体系的重要组成部分，是新中国成立以来特别是改革开放以来经济社会发展实践经验制度化、法律化的集中体现，具有十分鲜明的人民性特征。

一 "以人为本"的法治精神

"以人为本"是我国法治建设的精神支柱，是中国特色社会主义

---

① 王兴仓：《以人为本：中国特色社会主义的出发点与归宿》，《胜利油田党校学报》2010年第 1 期。

法律体系的立法原则与价值体现。"以人为本,就是要把满足人的全面需求和促进人的全面发展作为社会经济发展的根本出发点与落脚点,围绕人们生存、发展的需求,提供充足的物质文化产品、服务和制度保障,围绕人的全面发展,推动经济和社会的全面发展。"① 在"依法治国的进程中坚持以人为本,是中国特色社会主义法律体系的理论创新和制度创新。坚持以人为本,就是要强调以人为本是社会主义法律必须坚持的最高价值和基本精神。中国特色社会主义法律体系追求和实现的所有价值目标都是围绕这一最高的价值要求和取向展开的。离开以人为本,法的价值就失去了存在的意义;离开以人为本,依法治国就可能偏离法治的方向。"②

(一) 以人为本肯定人的主体性

以人为本,是中国特色社会主义法律体系本质的要求,是建设社会主义政治文明的逻辑起点。法律制度的价值是法律制度存在所不可或缺的,但对价值的评判,归根结底还是要看作为主体的人所需要的是什么,以符合人的需要作为评判标准。以人为本在法律中的肯定价值包括为人的需要满足提供制度化的可能条件,尊重人的其他正当需要,特别是尊重人的尊严。人是法的价值主体,法的价值是因人的需要而存在,一旦法脱离了人的需求,就失去了它的价值。从本体论来看,法律价值的承担者和享用者是主体;从认识论来看,人既是法律属性的认识者,也是人的需要的感受者,法律价值表现人的主体性;从实践论来看,法律价值是法律属性满足人的需要的制度化可能性,这种可能性要变成生活的现实,实现人生的意义,只有通过人的实践活动才能实现,法律价值则表现为人的能动性。这种主体性是人在特定的历史条件下通过主体的实践活动完成的。这并不是表示在不同历史时期的人的需要在每一方面的意义都是相同的。实际上,人的需要

---

① 李龙、程关松、占红沣:《以人为本与法理学的创新》,中国社会科学出版社 2010 年版,第 131—140 页。

② 石泰峰、卓英子:《新发展观与法律的新发展》,《法学家》2004 年第 2 期。

与人所处的历史境遇密切相关，不同历史时期人的需要所表现出来的特征是不同的，人的需要的各个构成要素在不同时代的意义也是不同的。以人为本首要问题是承认人的需要的正当性以及人的基本需要作为法律基础价值的重要性。人的需要不是欲望的自然主义，也不是欲望的个人主义。人的需要的正当化包括基本需要的满足以及需要的升华。从个人需要满足的角度来看，法律的基本功能是为人的需要的满足提供制度化的可能条件。从人与人之间的需要关系来看，个人的需要应当正当化并规范化。一方面，法律是人的需要满足的制度化条件；另一方面，人的需要也要受到法律制度的规范。[①] "以人为本"在中国特色社会主义法律体系中的体现，是对人作为主体的确认，通过尊重和保障人权、注重人的全面发展，实现人的全面需求，体现了法的价值，是我国建设社会主义法治国家的根本所在。

（二）以人为本是现代法治文明的灵魂

"人文价值的荷载与其相应的人文信仰是法治的根基和灵魂，现代法治文明的精神指向便在于坚持以人为本。"[②] 法治文明的实现，不只是体现在法律颁布的数量和法律作用的拓展，也并不只是树立起法律的权威为全社会所崇尚，最根本的体现是法律将以人作为主体，确认和保障人的各项基本权利作为法的价值。相较于文化概念，人格尊严作为一个法律概念较为现代。人格尊严是人之为人的最低限度的要求，也是人之为人的最高理想追求，它是由人的存在决定的。人格尊严是人之为人应得平等尊重的基本理念，属于人的最基本的意义之抽象。一般认为，它是人类本质直觉的产物，其本身不能由其他概念来证明，但能作为证成其他概念的基础，是个整体不可分的概念。在西方，它是人类"祛魅化"以后对自身意义追寻的产物，是人类需要精神生活的回应，它是关于人的一个最基本的范畴。一方面，它是人类

---

① 李龙、程关松、占红沣：《以人为本与法理学的创新》，中国社会科学出版社 2010 年版，第 131—140 页。

② 石泰峰、卓英子：《新发展观与法律的新发展》，《法学家》2004 年第 2 期。

生命运动的内在形式，因而我们只能通过生命的直觉去形式化的领悟，这决定了它的理念属性，必须向理念的本质深化；另一方面，它是人类历史发展过程中被直觉到的一种内在精神，这就决定了它必须向生活的事实开放。即是说，人格尊严是人类生命运动的精神内涵，但是它要在人类的生活过程中被实质化为一种促进人的发展持续的动力和内在的信念。泰勒论证了日常生活在实现人格尊严中的价值。他认为人格尊严包括三个组成部分并彼此相关联：我们对他人的尊重和责任感；我们过完善生活的理想以及我们怎样才能过完善生活的精神动力和理解；我们认为自己应要求得到（或要求不到）我们周围那些人的尊重。①

　　第二次世界大战之后，鉴于法西斯"非人"的暴行对人的尊严的践踏，人格尊严被普遍认同，也得到国际法和国内法的确认和保障。将其作为个人永远不得放弃的权利和国家永远不得放弃的义务。人格尊严正式进入国际法文件，始于1945年通过的《联合国宪章》，该宪章的序言对此做出了明确宣告："我联合国人民，同兹决心，欲免后世再遭今代人类两度身历不堪言之战祸，重申基本人权，人格尊严和价值、男女平等及大小各国平等权利之信念。"后来通过的《世界人权宣言》《公民权利与政治权利国际公约》《经济、社会和文化权利国际公约》等国际法文件都重申了保障人格尊严的信念。人格尊严入宪最为完整的首推德国基本法。1949年德国基本法第1条第1项规定：人性尊严不可侵犯，该条的第2、3项也做出了进一步规定。此后，30多个国家的宪法规定了人格尊严。我国2004年宪法修正案，人权保护入宪，规定"国家尊重和保护人权"。虽然1982年宪法对这方面也有具体规则，但是将人格尊严提高到宪法原则的高度，还是第一次。人格尊严作为一个最高的人权范畴载入宪法，为人权领域的发展提供了一个制度化的通道，立法对人权的规定，有可能不适应人权的发展，

---

①　［加］查尔斯·泰勒：《自我根源：现代认同的形成》，韩震等译，译林出版社2001年版，第20—21页。

社会生活中可能存在未达到完全类型化和概念化水平的潜在人权形态，如果这种类型的权利形态得不到保障，那么法律的正义性就可能会受到质疑。在司法实践中，若个案具有与人权某种类型的相当性，法官就可以在判决中以人格尊严这一绝对保护条款确认此个案涵摄其中而予以保护。这样避免了法律显失公正，也避免了在成文法国家里法律解释滥用和以平衡的方式处理个案正义问题所带来的法律传统方法的冲突。人格尊严入宪既丰富了法律精神，又使法律思维得到了进步。[①]人的需要表现了以人为本在法律价值体系中的广度，构成以人为本在法律价值体系中的基础。人格尊严体现了以人为本在法律价值体系中的深度，是以人为本在法律价值体系中的核心和精神实质。人的需要在历史的生产和生活中的运动通过法律价值的凝聚作用还原为具有生命运动本质的人格尊严，而人格尊严实质化的过程中提升了人的品质和人类生活的质量，同时也保证了人权在现代社会结构中的开放性。人格尊严是法律价值的精神内涵，是法律以人为本的价值核心。

以人为本是法治的灵魂。极度信仰法律或法制现代化并不能等同于法治现代化。"依法治国，建设社会主义法治国家的应有之义，应是对人文精神价值观的深切关注和现实体认。"[②] 我国走向法治的新开端，就是党的十一届三中全会的召开，会上明确指出要健全法制。由此，我国的法律得到了大规模发展，并对社会经济的发展起到了促进作用。以人为本作为科学发展观的核心，为我国法律所体现法的价值的丰富和发展提供了理论支撑。"坚持以人为本，是我国法律发展模式真正变革的价值导向，是法律制度创新的标志。"[③] 以人为本，是建设社会主义法治国家的核心。近代以来，各国的法治化进程，无一不是法律价值、法律体系、法律功能的全面发展和创新。依法治国，依法维护和保障人的自由和权利，亦为满足人的全面需求和促进人的全

① 龙晟：《宪法下的人性尊严》，博士学位论文，武汉大学，2007 年，第 76—78 页。
② 石泰峰、卓英子：《新发展观与法律的新发展》，《法学家》2004 年第 2 期。
③ 同上。

面发展提供制度基础和法律保障。① 因此我们可以这样理解，"以人为本"是现代法治精神中的精髓之所在。离开以人为本，仅仅是从形式上对法律进行严格的遵循，也并非是法治的追求。

（三）以人为本对"法律面前人人平等"内涵的深化

改革开放以来，中国特色社会主义法律体系的法律原则创新主要是确立了法律面前人人平等原则并使其内涵不断深化，从对法律平等的不主张，到后来公民在法律适用上平等。"法律面前人人平等"，是以法律为尺度标准的形式平等，"以人为本"的发展观则更加强调人的主体性，关注人的自主选择，以实现实质平等。

我国 1954 年宪法曾经规定法律面前人人平等原则，但在后来相当长的一段时间内，该原则被一些人看作是错误的。认为这个原则是没有阶级的观点，是将革命与反革命视作"一律平等"，并没有与资产阶级的"法律面前人人平等"划清界限。在 1975 宪法中就将这一原则的规定取消了。在 1978 年 12 月《人民日报》发表《坚持公民在法律上一律平等》一文，指出了资产阶级所谓"法律面前人人平等"的历史进步性和虚伪性，认为"我国公民在法律上一律平等是必须做到的，也是能够做到的。坚持这一原则，不是什么人喜不喜欢的问题，而是历史进步的必然，是社会进步的客观要求。我们讲公民在法律上一律平等，着重是从司法方面来说的，主要是指公民在适用法律上一律平等。"② 这篇文章引起了强烈的社会反响和广泛的学界共鸣。经深入讨论，学界认为，法律面前人人平等原则并非是资本主义法制的专利，社会主义法律原则也应该有，并且只有在社会主义社会，才能使这一原则真正实现。一方面，立法权是属于人民，在立法方面要区分人民与阶级敌人，充分体现法律的阶级性；另一方面，为维护宪法尊严，保证法律严格执行，所有公民法律适用上必须一律平等。鉴于此，

---

① 李龙、程关松、占红沣：《以人为本与法理学的创新》，中国社会科学出版社 2010 年版。
② 李步云：《走向法治》，湖南人民出版社 1998 年版，第 194—197 页。

这一讨论促成了 1982 宪法对法律平等和其后一系列的组织法、审判程序法对适用法律平等的确认，在制度层面基本实现了司法平等。不同人皆适用同一标准、权利义务在同等条件下相互平等、权利义务相互统一，以人为本对此均有体现，更主要的是对"法律面前人人平等"进行了升华。以人为本为人的全面发展，实现人的全面需求提供了充分的空间，同时将人作为主体，维护人的自由、权利，注重人的自主选择，以形式正义的实现为实质正义指明方向。以人为本贯穿于整个中国特色社会主义法律体系之中。无论是在法律体系本身的具体法律部门，还是各法律部门中的具体法律法规，以及法律体系的运行过程的各个环节，都体现了以人为本的要求。只有当法将以人为本作为价值体现，才能满足和保障人的需求和发展，进而才会得到社会大众的认同。就法的制定而言，法律制度是否完备，并非仅仅在于法律颁布数量的庞大，构建逻辑的正确，而应着眼于是否坚持了"以人为本"。构建合理的法律体系如果背离了以人为本，置人的全面发展要求于不顾，其结果必然走向法治的对立面。中国特色社会主义法律体系坚持以人为本，注重人的全面发展，充分调动人的积极性，发挥多层次主体性的需求。

（四）以人为本是依法治国的评判标准

坚持以人为本，是建设社会主义政治文明，推进依法治国进程，中国特色社会主义法律体系建构的最高评判准则。新中国成立后，人民群众当家作主成为社会主义国家属性的基本要求。具体在法律的体系中的体现是 1950 年《婚姻法》中婚姻自由原则，男女平等原则和一夫一妻原则，1954 年《宪法》规定了在法律上一律平等原则，以及关于选举权与被选举权和公民享有自由的规定。改革开放以来，特别是确立了"依法治国"的治国方略之后，除了在宪法、民法通则等基本法律中更加全面和深入体现权利保障和民主政治的内容外，还制定了一系列诸如消费者权益保护法、残疾人保障法、妇女权益保障法、归侨侨眷权益保护法、国家赔偿法、老年人权益保障法、未成年人保护法等人权法律，而且在具体法制的人文精神建设方面也取得了相当程度的进步，如刑法中实行罪刑法定原则，刑事诉讼法中吸收无罪推定原则，行政法改革行政许可制度，等等。到目前为止，我国已加入了25个国际人权公约。"国家尊重和保障人权"先后出现于中国共产党十五大、十六大报告中，并于2004年载入宪法修正案。宪法还正式赋予了非公有制经济的同等权利保障。所有这些都意味着国家立法正在实现由政府本位立法向公民本位立法、义务本位立法向权利本位立法的转变。这标志着国家权力运作、国家的价值观也在朝着"以人为本"的方向迈进，直至上升为一种国家理念。

（五）体现最广大人民的根本利益

依法治国，建设社会主义法治国家，是中国共产党领导人民治理国家的基本方略。形成中国特色社会主义法律体系，保证国家和社会生活各方面有法可依，是全面落实依法治国基本方略的前提和基础，为中国发展进步、实现最广大人民的根本利益提供了制度保障。

法律与利益的关系密不可分。如果说法律是由一定生产方式产生的需要和表现，又是对各种利益进行调整的重要手段，那么在人类社会的历史进程中，利益与法之间就有重要的联系。马克思主义认为，利益对法具有决定性作用，而法对利益也有积极的反作用。

利益的分裂导致国家和法律的产生。在原始社会中后期，随着子女继承财产的父权制的建立，家庭财产不断扩大，日益演变为与氏族共同体对立的力量。随着社会分工在更广、更深的范围展开，氏族社会的阶级、阶层划分也日益复杂起来。"除了自由民和奴隶的差别以外，又出现了富人和穷人的差别——随着新的分工，社会又有了新的阶级划分。各个家庭首长之间的财产差别，炸毁了各地迄今一直保存着的旧的共产制家庭公社；同时也炸毁了为这种公社而实行的土地的共同耕作。"随着分工的出现，必然产生私有制和阶级，而私有制和阶级的出现导致了社会各方面利益的分裂和冲突。为了避免整个社会在种种残酷的、赤裸裸的利益斗争中走向衰败的厄运，在社会中居于强势地位的利益集团迫切需要国家和法律来维护他们的统治地位和整个社会秩序。这样，国家和法律的产生就完全具备了现实的需要和条件。所以，导致国家和法产生的直接原因，不是分工和私有制本身，而是他们所引起的社会各方面利益的分裂。

以法律为表现形式的统治阶级的法权要求，是由其在政治、经济中的优势地位，归根结底是由一定社会的生产力和生产关系决定的。这里讲的法律是从属的、第二性的东西，而经济关系和利益分配才是决定性因素。我国法学界有一部分学者沉浸于纯粹的西方法学理论研究，欲以此推导出先进又精致的法律体系。但现实是，只有对中国的现实经济关系、阶层划分、体制改革的走向和规律等现实国情准确把握的中国特色社会主义法律体系，才是真正代表人民利益、具有强大生命力的法律体系。法律有自己的语言和逻辑，但法律的语言更是对现实经济关系的表述。因而，只有当法律与经济和利益的逻辑相一致时，才具有生命力。

阶级的个人利益和个人的阶级共同利益的对立统一彰显了法之本质。马克思认为，在阶级社会里，"各个人的社会地位，从而他们个人的发展是由阶级决定的，他们隶属于阶级"。因而，单个人的利益或单个家庭的利益与所有相互交往的个人的共同利益之间就产生了矛盾，个人意愿和法律规定之间产生了矛盾，从而决定了私有者守法的不自觉性。但同时与单个个体相对的共同体又是个人才能获得发展的现实条件和必要手段，亦即，只有在共同体中才能有个人自由。因此个人利益转化为阶级利益便是必然的过程。"个人利益总是违反个人的意志而发展为阶级利益，发展为共同利益，后者脱离单独的个人而获得独立性，并在独立化过程中去的普遍利益的形式"，也就是说，个人利益取得了国家形式、法律形式。不过，获取国家政权的共同体，他们所代表的共同利益，仅仅是代表统治阶级的，同整个社会的共同利益相比，又算作特殊利益了。所以单个个体、统治阶级隶属的共同体和整个社会之间，就交织着一种利益矛盾，而分工和私有制又加剧了这种利益矛盾的对立和冲突。"使得通过国家这种虚幻的'普遍'利益来进行实际的干涉和约束成为必要"。马克思曾指出，他和恩格斯不同于其他思想家的"突出的地方"在于发现了"共同利益"和"个体利益"的关系。正是如此，他们发现了法是统治阶级共同意志和利益的表现，揭示出了法的本质。

法律与利益是调整与被调整的关系。在社会中占统治地位的利益表现为法律，是为了让法律为之服务；法律为利益服务的基本方式就是对各种利益关系的调控。法律是利益的表现，但其本身并不是利益，也不产生利益，它只是反映和调整一定的利益。并且，法律上的利益，主要是以权利要求的形式表现出来，而且只有被法律反映了、规定了的利益，才是由法律所调整的对象，才是合法的权益。

可以说，按马克思主义法学的观点，某种程度上对利益的认识和协调是人类进行法律活动的核心问题。在一定的历史条件下，利益的分化导致了法的产生和变化，利益从根本上决定了法的存在和发展，而法或促进、保护、实现一定的利益，或阻碍和抑制一定的利益。一切法律创制和实施活动，实际上都是围绕着对一定利益的认识、取舍和协调展开的。归根结底，在法律现象中，都有更深层次的利益原因问题。

我国法律体系的宏观设计和法制建设就反映了中国最广大人民的根本利益。"人民奋斗所争取的一切，都同他们的利益有关。"中国特色社会主义法律体系在实体内容上保障了人民切实享有基本人权，就是其代表人民根本利益最有力的证明。如前所述，在新中国成立后的60多年来，实现了人权发展的伟大历史性飞跃，生存权、发展权和经济、社会、文化权利都得到巨大改善。通过宪法、诉讼法、国家赔偿法等法律，人权得到了广泛确认，并在现实中得到有效保障。

公法对权力行使以限制与约束，私法对个体权利以充分保障，同时，各部门法及整个中国特色社会主义法律体系有利于人民对利益竞争和选择结果的内心认同，有助于确认符合人民根本利益的共同及多元利益，有助于在稳定中摒弃与人民根本利益相对抗的利益，以及兼顾满足广大人民群众正当的个体利益与共同利益。实践中，我国许多得到广大人民群众认同并自觉遵守、已经取得良好社会效果的法律都是在尊重科学、充分发扬民主的基础上制定的，进而形成维护人民意志与利益的有效法律制度。

在中国特色社会主义法律体系的完善和实施过程中，充分发扬了人民民主，注重调查研究，尊重专家意见，使法律资源配置民主化和科学化，这是中国特色社会主义法律体系合乎最广大人民根本利益的关键。同时，法律程序机制的以人为本，也是中国特色社会主义法律对最广大人民根本利益的体现。民主的选举和完善的立法在一定程度上保证了各种利益做出正确的取舍与协调，程序法律的制定和完善，使得经济成分多样化、社会生活方式差异化、利益分歧多元化的主体取向协调一致，保证权利救济和公权力参与解决纠纷的过程和结果公平公正，最终保证社会资源和利益的均衡分配。

二 中国特色社会主义法律体系
保障人权的历史性发展[①]

中华文明有五千多年历史，为人类文明做出了巨大贡献。但在近代中国，人民连基本的生存权都得不到保障，更遑论人权。新中国成立后，经过半个世纪努力，特别是改革开放以来，我国经济取得了令人瞩目的成就，并且中国特色社会主义法律体系的保障下，我国的人权事业也取得了突出成就。

（一）改善人民的生存权、发展权

我国是发展中国家，对于这样一个国家和民族，人权首先是人民的生存权和发展权。没有生存权，其他一切人权无从谈起。中国总体经济发展水平和人民生活水平和西方国家相比还有很大差距，人口的压力和人均资源的相对贫乏制约着中国社会经济的发展和人民生活的

---

① 朱力宇：《依法治国论》，中国人民大学出版社 2004 年版，第 334—356 页。

改善。经济基础的相对薄弱，使享有生存权和发展权历史地成为我国人民最迫切的需要。

人民的生产权、发展权一直是党和国家着力解决的首要问题。大力发展经济建设，随着改革开放的到来，国民经济持续发展，发展速度年平均增长近10%，人民生活水平得到了很大的提高。人民的身体健康和生命安全也受到了党和政府的高度重视。非典时期，我国政府依法采取了一系列措施，颁布实施了《突发公共卫生事件应急条例》和《传染性非典型肺炎防治管理办法》，依法向社会如实公布疫情，在与社会发展现实不相适应的方面，对疫情信息报告制度进行了完善，尤其在预防措施方面予以了加强。为了确保对非典患者的全力救治，对患有非典型性肺炎的农民及城镇生活困难的居民实行了免费医治。为此各级政府共拨付一百多亿元资金，使得中国临床确诊病例的病死率（仅内地而言）得到了有效控制，低于世界平均值2.5个百分点。

与此同时，为了提高城乡居民的基本卫生保健的水平，国家加大医药卫生体制改革力度制定实施了《国家公共卫生监测信息体系建设规划》和《突发公共卫生事件医疗救治体系建设规划》，构建了疾病防控体系，突发公共卫生事件的预警和应急机制，以及卫生执法监督体系。基本卫生保健的条件得到改善，人民的身体健康及生命安全水平有了很大的提升。"目前中国平均期望寿命已从新中国成立前的35岁上升到71.4岁；孕产妇死亡率从20世纪50年代初期的15‰下降到2002年的0.432‰；婴儿死亡率由新中国成立前的200‰下降到28.4‰。传染病、寄生虫病和地方病的发病率、死亡率也大幅减少。为加强艾滋病防治工作，国务院建立了防治艾滋病性病协调会议制度。[1]

（二）改善人民的经济、社会、文化权利

我国主张的人权，不仅是生存权、发展权，还包括经济、社会、

---

[1]《十六大以来党和国家重要文献选编》（上二），人民出版社2005年版，第921页。

文化等方面的权利。其中，劳动权是公民的一项基本权利。1994年7月，第八届全国人大常委会通过了《中华人民共和国劳动法》，对宪法赋予劳动者的基本权利做出了具体的规定。就业是公民享有劳动权的直接体现。为解决失业人员和下岗职工的再就业问题，我国从1994年开始实施再就业工程。1998年中共中央和国务院《关于切实做好国有企业下岗职工基本生活保障和再就业工作通知》提出当时主要解决下岗职工的基本生活保障和再就业问题。仅"1997、1998两年，共帮助1042.5万国有企业下岗职工实现了再就业。2003年，中央财政新增47亿元专项补助资金，支持就业再就业。年末有195万国有企业下岗职工进入再就业服务中心，比上年减少144万人，全部按时足额拿到基本生活费和代缴了社会保险费。"①

我国充分保障劳动者取得劳动报酬的权利，职工的工资水平在经济发展的基础上逐步提高。同时，根据我国的国情，实行了最低工资保障制度，最低工资标准随着经济水平的提高而不断提高。国家制定大量专项法规，为保障劳动者的安全和健康，建立健全各项劳动安全制度，如《矿山安全法》，加强劳动安全卫生的监督检查工作。社会保险事业也迅速发展，1995年国务院颁布《关于深化企业职工养老保险制度改革的通知》，1997年发布《关于建立统一的企业职工基本养老保险制度的决定》，全国基本实行统一企业职工养老保险制度。1997年国务院发出《关于在全国建立城市居民最低生活保障制度的通知》，要求在两年内在全国建立城市居民最低生活保障制度。1998年中共中央和国务院《关于切实做好国有企业下岗职工基本生活保障和再就业工作通知》。为此，2003年，中央财政支出也做出相应调整。"为落实确保国有企业下岗职工基本生活费按时足额发放、确保企业退休人员养老金足额发放以及国有企业下岗职工基本生活保障、失业保险和城市居民最低生活保障制度，中央财政支出700亿元，其中用

---

① 《十六大以来党和国家重要文献选编》（上二），人民出版社2005年版，第928页。

于城市居民最低生活保障的补助资金由上年的 46 亿元增加到 92 亿元。"① 2005 年，国务院发布了《国务院关于完善企业职工基本养老保险制度的决定》实现可持续发展的基本养老保险制度，提出的主要任务是：确保基本养老金按时足额发放，保障离退休人员基本生活；逐步做实个人账户，完善社会统筹与个人账户相结合的基本制度；统一城镇个体工商户和灵活就业人员参保缴费政策，扩大覆盖范围；改革基本养老金计发办法，建立参保缴费的激励约束机制；根据经济发展水平和各方面承受能力，合理确定基本养老金水平；建立多层次养老保险体系，划清中央与地方、政府与企业及个人的责任；加强基本养老保险基金征缴和监管，完善多渠道筹资机制；进一步做好退休人员社会化管理工作，提高服务水平。②

维护农民工的合法权益。"2003 年国务院发布《关于做好农民进城务工就业管理和服务工作的通知》，取消对农民进城务工就业的不合理限制、切实解决拖欠和克扣农民工工资问题、改善农民工的生产生活条件、做好农民工培训工作以及多渠道安排农民工子女就学等进行了规定。同时，政府在全国范围内统一开展了农民工权益维护专项行动。""免费发放《劳动者维权手册》，公布劳动保障监察举报电话，对拖欠农民工工资、工作环境恶劣、社会保障不完善等问题进行综合治理，切实保障按时足额支付农民工工资，维护农民工的劳动权益。"③ 据统计，2003 年 11 月到 2004 年 2 月，共偿付 2003 年拖欠农民工工资 240 多亿元。2003 年颁布实施新修改的《中华人民共和国农业法》，强化了对农民权益的保障。《农业法》专设"农民权益保护"一章，明确规定不得侵犯农民的土地承包经营权，禁止达标、升级、验收活动，禁止平摊税款，禁止通过学校向农民乱收费，禁止截留挪用征地补偿费等，同时规范了向农民筹资筹劳的决定程序，规定了农民

① 《十六大以来党和国家重要文献选编》（上二），人民出版社 2005 年版，第 928 页。
② 《国务院关于完善企业职工基本养老保险制度的决定》，中国法制出版社 2005 年版。
③ 《十六大以来党和国家重要文献选编》（上二），人民出版社 2005 年版，第 929 页。

权益受到侵犯时相应的行政或司法援助措施等。① 2003 年实施的《中华人民共和国农村土地承包法》依法赋予了农民长期并有保障的农村土地使用权。该法明确规定农民依法享有承包地使用、收益和土地承包经营权流转的权利，享有自主组织生产和处置产品的权利，享有承包收益的继承权，在承包地被依法征占用时享有获得相应补偿的权利。此外也对妇女土地承包权的保护做出了特别规定。②

国家开展农村税费改革，除烟叶外，取消农业特产税，并从 2004 年起，以平均每年降低一个百分点以上的速度，逐步降低农业税税率，五年内取消农业税。为减轻农民负担起到了重要作用。

为了保障工伤人员的合法权益，我国加大了劳动保障领域的立法、执法工作力度和财政投入，制定公布《工伤保险条例》及《工伤认定办法》《非法用工单位伤亡人员一次性赔偿办法》《因工死亡职工供养亲属范围规定》等配套的规章。明确规定全国各类企业，以及有雇工的个体工商户，即所有用人单位都必须参加工伤保险。工伤保险覆盖范围的扩大，保障了职工的切身利益，确保了职工在工作中遭受事故伤害和患职业病时能够得到及时救治和相应补偿。

受教育权是人的全面自由发展的前提。为了促进教育的发展，我国制定了《教育法》《高等教育法》《教师法》《职业教育法》《学位条例》《义务教育法》等法律。近年来，国家在教育方面的投入大大增加，主要是为公民接受教育创造条件。我国公民的受教育权利得到了进一步的保障。"1997 至 2002 年，全国教育经费平均年增加 590 亿元，年均增长 16.7%；2002 年的全国教育投入量为 5480 亿元，国家财政性教育投入占国内生产总值的比例为 3.41%，是 1989 年来最高水平"③；到 2001 年 7 月，九年义务教育基本普及和青壮年文盲基本扫除的目标得以实现；2003 年联合国教科文组织统计局（UIS）公布的过去十年全球扫盲统计数据表明：在所统计的 40 个国家中，中国取得

---

① 《中华人民共和国农业法》，中国法制出版社 2013 年版。
② 《中华人民共和国农村土地承包法》，中国法制出版社 2012 年版。
③ 《十六大以来党和国家重要文献选编》（上二），人民出版社 2005 年版，第 930 页。

了扫盲教育方面的最好成绩，学前教育和特殊教育取得长足发展，在25 岁及以上的人口中，受中等教育的比重已接近美国等发达国家水平，高等教育规模显著扩大。教育事业的发展，使我国人均受教育程度和从业人员科学文化素质得到了较大提高。

为促进文化事业发展，进行文化体制改革。2003 年，《公共文化体育设施条例》正式施行。兴建了一大批重点基础文化工程，新建、改建和扩建了部分图书馆、博物馆、文化中心、影剧院和音乐厅等公共文化设施。据统计，1998—2002 年，全国文化事业费总和达到324.2 亿元，是"八五"时期（1991—1995 年）的 2.7 倍。[①] 文化事业的发展使广大人民群众对文化生活的需求得到了满足。

总之，我国在人权保障方面，并不是单纯地强调生存权和发展权，而是将生存权和发展权放在首位。同时，积极发展经济、社会、文化权利。

（三）保障公民政治权利

新中国成立前，广大人民群众生存权得不到保障，民主政治也毫无权利可言。伴随着新中国的诞生，人民当家作主，从而获得了真正的政治权利。我国《宪法》明确规定，中华人民共和国一切权力属于人民。人民可以依法通过各种途径和形式，管理国家事务，管理经济和文化事业，管理社会事务。公民依法享有广泛的政治权利，既是国家权力属于人民的基础，也是国家权力属于人民的表征和具体体现。

人民代表大会制度得到了不断发展和完善。作为人民行使国家权力的机关，全国人民代表大会和地方各级人民代表大会的代表及常委会的组成人员都由民主选举产生，具有广泛的代表性。1998 年初选出的九届全国人大代表共 2979 名，其中工人、农民 18.9%，知识分子21.08%，干部 33.17%，民主党派和无党派爱国人士占 15.44%，解放军占 9%，香港特别行政区代表 1.17%，归国华侨占 1.24%。

---

① 《十六大以来党和国家重要文献选编》（上二），人民出版社 2005 年版，第 931 页。

全国人大及其常委会加强了对行政机关、监察机关、司法机关及检察机关的监督。听取和审议了国务院工作报告和最高人民法院、最高人民检察院的工作报告，听取和审议了国务院关于防治非典、老年人权益保障、就业和再就业、对政府投资工程拖欠工程款和农民工工资的情况进行全面清理检查。① 并检查了法律的实施情况，有效地促进了依法执法、依法行政。信访制度得到良好实施，人民群众来信来访，受到了全国人大常委会的高度重视，督促解决了一批人民群众反映和群众关心的实际问题，为人民做实事，维护了人民群众的合法权益。中国共产党领导的多党合作和政治协商制度在国家政治生活中也进一步发挥作用。

农村基层民主政治建设取得了令人瞩目的进展。尤其是最近几年，全国各地农村在村民自治中实行民主选举、民主决策、民主管理和民主监督，在县乡一级实行直接选举，调动了人民参政议政的积极性。在村民委员会的选举中，各地试行的"海选"取得了巨大的成功。村民政治意识提高，所有涉及村民利益的大事，绝大多数村委会都会交由村民会议讨论决定。"1998 年 11 月，全国人大常委会新修订了《村民委员会组织法》，完善了村民自治制度，为进一步推进农村基层民主建设、村民直接行使民主权利，提供了有力的法律保障。"目前，"全国已有 28 个省、自治区、直辖市制定或修订了村委会组织法实施办法，有 31 个省、自治区、直辖市制定了村委会选举办法。全国绝大多数省、自治区、直辖市都普遍完成了五至六届村委会换届选举，各地平均参选率在 80% 以上。"② 村务公开在各地推广实行。

20 世纪 90 年代，为保护职工组织和参加工会的权利，我国制定了《工会法》。"到 2003 年 9 月底，全国工会基层组织总数较五年前增长 79.1%，全国工会会员总数较五年前增长 38.8%。全国建立工会组织的非公有制企业达 80.8 万家，职工入会率 32.7%。"③

---

① 《十六大以来党和国家重要文献选编》（上二），人民出版社 2005 年版，第 922 页。

② 同上书，第 923 页。

③ 同上书，第 924 页。

我国宪法规定了公民有言论、出版、集会、结社、游行、示威的自由。全国各级人民政府逐步建立了新闻发言人制度，使政府政务信息更加公开透明。为了维护公民知情权的有效行使，健全了信息公开制度。公民对政府政务的监督提供了保障，同时也增强了公民参与公共事务的权利。新修订实施的《出版管理条例》第二十三条，"公民可以依照本条例规定，在出版物上自由表达自己对国家事务、经济和文化事业、社会事务的见解和意愿，自由发表自己从事科学研究、文学艺术创作和其他文化活动的成果"①。《音像制品管理条例》也对此进行了规定。国家大力发展新闻出版事业，为公民享有言论、出版等自由创造条件。

我国宪法还规定了我国公民有宗教信仰自由，公民依法进行正常的宗教活动受到保障，不受非法干扰，禁止任何组织和个人对他们进行任何歧视，同时对于严重损害人权的邪教组织则依法予以取缔。"据不完全统计，中国目前有十多万处宗教活动场所，全国性、地方性的宗教团体共有3000多个，各种宗教教职人员约30万人，宗教院校74所。各教都自己出版经典、书刊，其中仅《圣经》的印数就达到3000万册。中国各宗教团体已同世界70多个国家和地区的宗教组织、人士建立了联系。"②

（四）保护特殊群体的权益

就一般意义来说，人权适用于每一个人。由于一些主体生理、社会地位等方面不同，决定了应对这些特殊主体的权利采取特殊的法律来予以保护。封建统治经历数千年，对社会造成的影响之一便是妇女和儿童的社会地位并不高。中国特色社会主义法律体系有力保障了妇女、儿童得到同其他人同样的权利。自2000年起，"国家制定和修订了《婚姻法》《人口与计划生育法》《农村土地承包法》《计划生育技

---

① 《出版管理条例音像制品管理条例》，中国法制出版社2011年版。
② 《十六大以来党和国家重要文献选编》（上二），人民出版社2005年版，第924页。

术服务管理条例》《母婴保健法实施办法》《婚前保健工作规范》《妇女权益保护法》等法律法规,这些法律法规和政策的制定、修订和实施,从儿童的生存、成长和妇女的保健、教育、劳动就业、婚姻家庭等方面,加强了对妇女儿童权利的保护。"① 就现实情况来看,我国对妇女权益的保护水平在世界上是最高的国家之一。自 1995 年 9 月北京召开了联合国第四次世界妇女大会以后,我国密切关注《中国妇女发展纲要》11 项主要目标的实施状况并根据我国妇女发展的实际需要,适时提出参政、就业、教育、卫生保健、法律保护五方面为妇女发展的优先领域,2001 年便颁布实施《2001—2010 中国妇女发展纲要》。以健康保障为例,目前我国已构建起遍布城乡的三级妇幼卫生服务网络,妇幼保健体系不断完善。我国妇女参与管理国家事务的权利受到保障,就业规模继续扩大,经济独立。同时,女性在第一产业和第二产业比重呈下降趋势,而在新兴行业和技术、知识高密度的行业中比重明显增加。男女受教育水平差距缩小,女性在各级教育中的比例均呈上升趋势。妇女的卫生保健工作得到加强,至 2002 年底,全国产妇产前医学检查率为 90.14%,比 2000 年提高 0.78 个百分点。从实际情况看,随着《未成年人保护法》的制定和多次修改,我国的儿童保护也是卓有成效的,农村新生儿的接生率已达 97.2%。国家长期坚持计划免疫预防接种制度,实施贫困地区新生儿疾病筛查,开展对儿童常见易发病的防治,如肺炎、腹泻、佝偻病和缺铁性贫血。同时,开展爱婴行动,创建爱婴医院,促进母乳喂养,开展营养指导、儿童生长发育监测、新生儿疾病筛查、儿童早期教育等多项卫生保健服务,使儿童体格发育水平和营养状况不断改善。② 2001 年我国实施了《2001—2010 年中国儿童发展纲要》;2002 年全国妇幼保健机构发展到 3067 个;国务院于 2002 年重新修订实施了《禁止使用童工的规定》,违法使用童工的现象得到了有效遏止。

---

① 《十六大以来党和国家重要文献选编》(上二),人民出版社 2005 年版,第 931 页。

② 同上书,第 932 页。

1993 年我国制定了单行刑法《关于严惩拐卖绑架妇女儿童的犯罪分子的决定》，后纳入了 1997 年刑法中，为保障妇女儿童权利不受侵犯，提供了法律保障。国家严厉依法打击拐卖妇女儿童的违法犯罪行为，为此多次展开了专项行动。公安机关仅在 2003 年就解救了两千多名被拐卖的妇女儿童。

我国对老年人合法权益的保障也十分重视，通过了《中华人民共和国老年人权益保障法》，并随社会发展进行了修订，对老年人的家庭赡养与扶养、社会保障、参与社会发展以及侵害老年人合法权益行为的法律责任做出了明确的规定，使国家对老人这一特殊群体的权益保护规范化、法律化。根据该法规定，国家建立养老保险制度，保障老年人的基本生活。老年人依法享有的养老金和其他待遇得到保障。

中国现有 8000 多万残疾人。我国早在 20 世纪 90 年代就制定了《残疾人保障法》，高度重视残疾人各项权利的保障。颁布实施《中国残疾人事业"十五"计划纲要》，通过健全法制、实施国家计划、动员社会力量、提供平等机会等重大措施，对残疾人给予特殊扶助，建立并逐步完善残疾人人权保障体系，促进残疾人平等地参与社会生活，共享社会物质文化成果。①

残疾少年儿童教育也被纳入国家义务教育体系，统筹实施。为盲、聋、智残少年儿童兴办的特殊教育学校已发展到 1655 所，普通学校附设的特殊教育班已发展到 3154 个，在校的盲、聋、智残学生达到 57.7 万人。一批贫困残疾学生得到资助，仅"扶残助学"和"中西部盲童入学"两个项目就资助了 10000 多名残疾儿童就学。2003 年共有 3000 多名残疾学生进入高等院校。此外，国家依法保障残疾人的劳动和社会保障权利。据统计，至 2003 年城镇集中就业的残疾人就已达 109 万人，社会各单位按规定比例安排 123.6 万残疾人就业，残疾人就业率逐年提高。多年来，我国通过中国特色社会主义法律体系为保障残疾人人权，做出了巨大的努力，取得的成就受到联合国和国际社会的充

---

① 《十六大以来党和国家重要文献选编》（上二），人民出版社 2005 年版，第 935 页。

分肯定。①

（五）保护少数民族人权

我国对少数民族的保护，一方面是保障其平等权，因为"各民族是否平等，是少数民族人权的一个核心问题"。② 为了保护少数民族的利益，使少数民族的人民也能够真正当家作主，我国宪法规定，中国各民族一律平等。即"各民族不论人口多少，经济社会发展程度高低，风俗习惯和宗教信仰异同，都是中华民族的一部分，具有同等地位，在国家和社会生活的一切方面，依法享有相同的权利，履行相同的义务，反对一切形式的民族压迫和民族歧视"③；另一方面是特殊保护，根据历史和现实情况，我国对少数民族进行了许多特殊保护。宪法规定，各少数民族聚居的地方实行区域自治，使得少数民族能够发挥自身民族的特点，积极行使当家作主的权利，管理好本民族、本自治区域的事务。在人大代表的选举方面，也作出特殊规定，有少数民族聚居的地方，每一聚居的少数民族都应有代表参加当地的人民代表大会。另外，在发展民族经济、民族教育、民族干部培养等方面，我国也有一些法律法规及政策对少数民族予以特殊保护。如第十届全国人大代表中有少数民族代表 415 人，占代表总数的 13.91%，全国 55 个少数民族都有自己的代表。

我国宪法规定，加速少数民族地区的经济文化发展，应根据其自身的特点和需要。从 2004 年起，中央财政扶贫资金增加 6000 万元，用于推进兴边富民行动，促进边境民族地区加快发展。国家首次将人口较少民族扶贫开发列入国家扶贫开发的重点，对 22 个人口少于 10 万的少数民族约 63 万人口实行特殊扶持政策，以求他们在生产生活、基础设施、文化教育、医疗卫生、通信交通等方面得到较大改善。同

---

① 《十六大以来党和国家重要文献选编》（上二），人民出版社 2005 年版，第 936 页。

② 杨侯第等：《平等　自治　发展——中国少数民族人权保障模式》，新华出版社 1998 年版，第 21 页。

③ 国务院新闻办公室：《中国的少数民族政策及其实践》，《人民日报》1999 年 9 月 28 日。

时，加大对少数民族教育的投入，努力解决制约民族教育发展的重点和难点问题，使少数民族公民的受教育水平得到提高。重要财政设立的各项教育专款、国家组织实施的各项教育工程重点均向民族地区倾斜。地方政府在各类教育专款的使用和分配上也对民族教育给予倾斜，重视少数民族传统文化的发掘、保护和发展。有计划地组织对各少数民族的文化遗产进行搜集、整理、翻译和出版，保护少数民族的名胜古迹、珍贵文物和其他重要历史文化遗产，并对少数民族地区文化设施建设、文艺人才培养、对外文化交流、文物保护实行特殊的优惠政策。国家投入巨资用于少数民族地区的文物保护，对西藏、青海、新疆的一些少数民族文物进行了维修。同时加强民族语言文字的收集整理和抢救工作，对满语、畲语、赫哲语、京语、仡佬语、土家语等民族语言文字展开调查和收集整理工作。①

（六）保障执法、司法层面的人权

随着我国司法改革力度的不断加大，人权的执法和司法保障取得了重大进展。以更符合法治精神的《城市生活无着的流浪乞讨人员救助管理办法》取代了废止的《城市流浪乞讨人员收容遣送办法》，体现出了党和国家的人文关怀。为了切实保护人民群众的合法权益，增强司法的权威，最高人民检察院在各级检察机关开展了服刑人员申诉专项清理工作，加大办理刑事赔偿案件力度。为了加强社会监督，最高人民检察院设立举报电话和电子信箱，以专门受理检察机关超期羁押的相关举报。仅2003年一年，"人民法院共审理国家赔偿案件3214件，决定赔偿金额8974万元，保障了受国家机关工作人员违法行使职权侵害的公民、法人和其他组织的合法权益"。② 为了强化公安机关严格执法，国家发布《公安机关办理行政案件程序规定》，使执法程序更加规范严格，切实保障了人民权益，突出了执法为民。公安部大力

---

① 《十六大以来党和国家重要文献选编》（上二），人民出版社2005年版，第935 。
② 同上书，第925页。

加强和改进行政管理工作，在与人民群众切身利益密切相关的方面，如，户籍管理、交通管理、出入境管理、消防管理等，推出了三十项便民利民措施。2003 年，最高人民法院、最高人民检察院和公安部联合下发《关于严格执行刑事诉讼法，切实纠防超期羁押的通知》，规定了严格的超期羁押追究制度，纠防超期羁押，维护犯罪嫌疑人和被告人的合法权益。①

罪犯的合法权益依法受到保护。2003 年，司法部以《监狱法》为依据，制定了《监狱教育改造工作规定》《外国籍罪犯会见通讯规定》等规章，进一步明确规定对在押罪犯的合法权利。同时积极推进监狱工作法制化建设，依法保障罪犯合法权益。

实践证明，中国特色社会主义法律体系适合我国国情，并能够保证人民充分地享有公民权利和政治权利，为中国特色社会主义建设作出了巨大贡献。同时还应看到，为实现充分的人权，中国特色社会主义法律体系还需不断完善，加强立法，尤其保障人权的新立法，并建立相应的机制加强对人权法律执行的监督。不断推进政府工作的法制化，严格依法行政。同时加快司法体制改革，强化司法监督。随着"国家尊重和保障人权"正式载入宪法，上升为宪法原则，进一步确立了保障人权在中国特色社会主义法律体系和国家发展战略中的突出地位。这一宪法在社会主义国家宪法史和法制史上史无前例，在中国人权事业发展史上也有重要的里程碑意义。在国际范围内，我国政府多年来积极参加联合国的各项人权活动，加入了一系列国际人权公约，并采取措施履行公约义务。2003 年，我国向联合国提交了《经济、社会及文化权利国际公约》首次履约报告。此外，还提交了《儿童权利公约》第二次履约报告和执行《消除对妇女一切形式歧视公约》情况的第五、六次合并报告，以及 1998—2002 年中国为消除妇女歧视所采取的行动的情况及执行《北京行动纲领》和落实 2000 年妇女问题特

---

① 《十六大以来党和国家重要文献选编》（上二），人民出版社 2005 年版，第 925 页。

别联大成果的情况。① 这些活动表明我国人权事业发展的国际法基础已逐渐奠定，对国际人权事业做出了自己应有的贡献。党的十八大召开后的五年内，我国还制定和修改了《民法总则》《慈善法》《反家庭暴力法》等多部法律，新时期我国人权事业发展得到了不断丰富和完善。随着经济的发展和中国特色社会主义法律体系的不断完善，人民的基本人权必将得到更加坚实的保障。

三 中国特色社会主义法律体系的人民性具体体现：以人民代表大会制度的法治化为例

我国《宪法》第二条规定中华人民共和国的一切权力属于人民。人民行使国家权力的机关是全国人民代表大会和地方各级人民代表大会。人民按照法律规定，通过各种途径形式，管理国家事务，管理经济和文化事业，管理社会事务。第五十七条规定："中华人民共和国全国人民代表大会是最高国家权力机关。它的常设机关是全国人民代表大会常务委员会。"②

人民代表大会制度是我国的根本政治制度，是我国人民民主专政的政权组织形式。我国实行人民代表大会制度是人民的选择，也是历史的必然。这一制度深深植根于中国这块土壤，体现我国最广大人民群众根本利益的根本政治制度。

（一）人民代表大会制度的实质

人民代表大会制度其内涵十分丰富，根据宪法规定，主要内容还包括：人民是国家和社会的主人，这是我国国家制度的核心内容和基本准则；各级人民代表大会都由人民依法通过直接或间接的民主选举

① 《十六大以来党和国家重要文献选编》（上二），人民出版社2005年版，第938页。
② 《中华人民共和国宪法》，中国法制出版社2018年版。

产生，对人民负责，受人民监督，选民和选举单位有权随时撤换或罢免自己选出的代表；人民代表大会统一行使国家权力，各级国家机关、监察机关、审判机关、检察机关及其领导人都由同级人大选举产生，对它负责，受它监督，在这个前提下，明确划分国家的行政权、监察权、审判权、检察权和武装力量领导权，实行分工；各级人民代表大会及其常务委员会按民主集中制行使权利，凡重大问题都必经集体讨论决定，不能由个别或少数人决定；中央和地方的国家机关职权的划分，遵循在中央的统一领导下，充分发挥地方的主动性、积极性的原则。

从我国宪法规定可以看出，人民代表大会制度反映出了我国的阶级本质，确立了我国工人阶级领导的工农联盟为基础的人民民主专政的社会主义国家本质，反映了我国社会各阶级、阶层在国家政治、经济生活中的地位和作用，以及社会各种政治力量的对比关系，是我国的根本政治制度，也是体现最广大人民群众根本利益的根本政治制度。①

（二）坚持和完善人民代表大会制度

对于民主，邓小平认为"关于民主，我们大陆讲社会主义民主，和资产阶级民主的概念不同。西方的民主就是三权分立，多党竞选，等等。我们并不反对西方国家这样搞，但是我们中国大陆不搞多党竞选，不搞三权分立、两院制，我们实行的就是全国人民代表大会一院制，这最符合中国实际。"② 关于民主制度，邓小平指出，"我们的制度是人民代表大会制度，共产党领导下的人民民主制度，不能搞西方那一套"③。

西方国家普遍采用的"三权分立"是资本主义民主制度的重要组成部分，是实行资产阶级专政、维护资本统治的工具。从形式上看，

---

① 朱力宇：《依法治国论》，中国人民大学出版社 2004 年版，第 199 页。
② 《邓小平文选》（第 3 卷），人民出版社 1993 年版，第 220 页。
③ 同上书，第 240 页。

人民代表大会制度设置的机关体现了行政职能、立法职能、司法职能，"三权分立"制度也是立法、行政、司法三种国家权力分别由三种不同职能的国家权力机关行使，但作为国家政体，两种制度是有根本区别的。

"三权分立"就其思想渊源而言，源于亚里士多德的"国家三种职能"的思想，而作为国家政体和一种系统理论，则是由新兴资产阶级提出。在中世纪后期，其目的在于"阶级分权"，这对于限制王权、反对专制具有进步意义。当资产阶级夺取政权后，分权演变为资产阶级内部的不同利益集团之间的分权，企图用"三权分立"来协调他们内部的不同利益集团的冲突，并作为治国理政的制度。人民代表大会制度以马克思主义国家学说为理论基础，以民主集中制为基本原则。它是在中国革命斗争的实践中，在中国共产党的领导下，由人民自己创立和发展起来的：1931年，便在红色革命根据地创立了工农兵代表大会制度；抗日战争时期，在各边区创建了参议会；解放战争时期，又在地方发展各级人民代表会议；新中国成立后，人民代表大会制度被正式确立。历史实践证明，长期以来，人民代表大会制度在我国社会主义革命、建设、改革中均发挥着巨大的作用。

"三权分立"存在着明显的弊端，主要的可以概括为以下一些方面："三权分立"难以形成统一意见，政治成本较高。如1995年美国总统克林顿制定的财政预算在国会中得不到通过，克林顿政府甚至被迫宣布联邦政府关门。皆因克林顿属民主党，而国会由共和党把持，这便是演变为利益集团之间的争斗。"三权分立"看似相互制约、相互平衡，而在现实中则转化成相互斗争，如：韩国的几位总统在卸任之后遭到起诉。政党轮政也会出现令人难堪的局面，如美国的马伯里诉麦迪逊案，引发违宪审查。"三权分立"使资产阶级利益集团的对立更加明显，容易造成制度性腐败。如美国军火公司，为了得到利润巨大的军火合同，"公关费"就达五千多万美元。囿于"三权分立"的原则、程序和各种具体制度，其政权的运行易遇阻碍，对突发事件不能及时反应和处理。特别是在战争期间或者遭遇到不可抗力造成的危害，往往会遭受重大损失。①

　　由此可见，"三权分立"的缺陷十分明显。相比之下，人民代表大会制度的优越性便显而易见。邓小平同志曾经对此有精辟论断。"社会主义国家有个最大的优越性，就是干一件事情，一下决心，一做出决议，就立即执行，不受牵扯。我们说搞经济体制改革全国就能立即执行，我们决定建立经济特区就可以立即执行，没有那么多互相牵扯，议而不决，决而不行。"②江泽民同志也提出见解，"建国以来，特别是近十年来的实践证明，人民代表大会制度体现了我们国家的性质，符合我国国情，既能保障全体人民统一行使国家权力，充分调动人民群众当家作主的积极性和主动性，又有利于国家政权机关分工合作、协调一致地组织社会主义建设"。③

　　但我们清楚地认识到，任何一项制度均会有这样或那样的不足，都需要不断地加以完善。我国现行的人民代表大会制度初创于民主革命时期，虽然它在我国民主政治生活中发挥了巨大的作用，但是在社会主义市场经济的条件下，还有一些需要继续完善的地方。党的十九大报告指出，人民代表大会制度是坚持党的领导、人民当家作主、依法治国有机统一的政治制度安排，必须长期坚持，不断完善。我们应当在坚持和完善党的领导的前提下，进一步完善人民代表大会制度，加强其立法、监督的功能，从管理功能上，将其与其他的国家机关区分开来。不能曲解"议行合一"，更不能曲解党的领导的含义。切实健全人民代表大会及其常委会行使职权的制度、程序和相应的组织保障。

（三）依法合理处理党与人民代表大会的关系

　　如何依法合理处理党与人民代表大会之间的关系，是一个复杂的

---

　　① 李龙、程关松、占红沣：《以人为本与法理学的创新》，中国社会科学出版社2010年版，第35页。

　　② 《邓小平文选》（第3卷），人民出版社1993年版，第240页。

　　③ 《江泽民文选》（第1卷），人民出版社2006年版，第111页。

实践问题，也是个重大的理论问题。对资产阶级国家来说，政党及其制度是在议会斗争中衍生出来的，是议会政治发展过程中议会内派别运动的产物。所以执政党依法在议会内活动，而苏联开创的是共产党在议会外通过武装斗争夺取政权并新创建的苏维埃制度。人民代表大会制度其本身的建立，就是在党的领导下完成。在法律上党不是国家机关的组成部分，党的最高领导却是事实。党的领导是人民当家作主的保证。处理好党与人民代表大会的关系，实质是处理好党和人民群众的关系。党属于领导地位，加强党的领导，支持人大依法履行职能，关键是要将贯彻党的主张同发挥人民代表大会的作用与职权结合起来。

中国共产党人在领导社会主义国家的实践中也遇到了这个问题。十一届三中全会之后，邓小平就提出，要改革党和国家的领导制度，要分清党组织和政权机关的职能，理顺党与人大、政府、司法机关的关系并逐步走向制度化。一方面，必须肯定中国共产党在中国社会主义事业中的领导核心地位。党领导人民建立人民政权，处理各种社会矛盾，把全国人民的意志和力量凝聚到建设中国特色社会主义事业上来。各级政权机关，包括人大、政府、司法机关和军队，都必须旗帜鲜明地接受党的领导。另一方面，必须明确党同政权机关的性质、职能以及组织形式和工作方式均有不同，因而党不能代替人民代表大会去行使国家权力，更不能够直接对国家机关的工作进行指挥。党的领导，主要是政治、思想和组织领导。党主要从政治原则、政治方向以及在重大决策上对国家事务进行指导。同时，向国家机关推荐重要干部，党组织的重大决策，若涉及国家事务，凡是法律明确规定应由人大或人大常委会决定的事项，都要经人大或人大常委会通过法定程序变成国家意志。党领导人民制定和贯彻执行宪法和法律。同时，党要在宪法和法律允许的范围内活动。国家机关通过的宪法、法律，各级党组织和所有共产党员都必须严格遵守和执行。党是我国民主的根本保证，所以应当坚持和加强党的领导。我们党根据历史的经验和建设中国特色社会主义事业的需要，确定依法治国是党领导人民治理国家的基本方略，这也是党的执政方式的重大转变。我国的依法治国是中国共产党领导的依法治国，因此党的领导是依法治国的根本保证。

习近平总书记在党的十九大报告中指出："人民代表大会制度是坚持党的领导、人民当家作主、依法治国有机统一的根本政治制度安排，必须长期坚持、不断完善。"人民代表大会制度是我国人民革命政权建设的经验总结，是马克思主义学说和我国国情相结合的产物。我国之所以选择人民代表大会作为我国的政权组织形式，就是因为它直接并且全面地反映了我国人民民主专政的本质，体现国家的一切权力属于人民。它便于人民参加国家管理，保证了我国人民行使当家作主、管理国家的权利。各级人民代表大会作为国家权力机关，在国家权力的行使和实现过程中处于主导支配地位，以便于集中统一地行使国家权力。①

①　中共中央文献研究室：《江泽民论有中国特色社会主义》（专题摘编），中央文献出版社2002年版，第304—305页。

第 六 章

中国特色社会主义法律体系的时代性

与时俱进是马克思主义的理论品质。时代在变化，社会现实也在不断变化。能否适应时代变化符合实际，并对新时代下社会各领域法律关系进行调整，是时代对中国特色社会主义法律体系的严峻考验。根据时代主题的变换，面对国际国内各种复杂因素的影响，中国特色社会主义法律体系作为一个科学的体系，就必须使自己能够不断把握时代的内容，集中反映时代的特征，从而体现出时代精神的精华。

一 中国特色社会主义法律体系的与时俱进

新中国已走过 60 余年，按照中共十七大报告，中国特色社会主义是改革开放以来在邓小平理论、"三个代表"重要思想和科学发展观的指引下形成的。其中改革开放对中国特色社会主义法律体系的形成具有关键意义。中国特色社会主义法律体系并非凭空产生，改革开放前的 30 年经过探索，为改革开放后的 30 年的法律体系发展积累了重要的经验和教训。中国特色社会主义法律体系也有一个随社会发展，其自身也逐步成熟的过程。马克思说："人体解剖对于猴体解剖是一把钥匙。反过来说，低等动物身上表露的高等动物的征兆，只有在高等动物本身已被认识之后才能理解。"① 根据这样的理论，以改革开放

---

① 《马克思恩格斯选集》（第 2 卷），人民出版社 1995 年版，第 23 页。

前后为比较的分界点，来衡量不同历史阶段法律体系结构，从立法数量、立法种类和标志性的立法成果，以及法律体系所体现出的时代特征来分析。

（一）改革开放前的中国社会主义法律体系

改革开放前中国特色社会主义还未形成，因此这一阶段的法律体系还不能称作中国特色社会主义法律体系。这一时期的法律体系是存在于我国的社会主义法律体系，故应称作中国社会主义法律体系。

1. 改革开放前中国社会主义法律体系的立法情况

自 1949 年新中国成立，至 1978 年底，我国共制定法律和有关法律问题的决定 135 件，经过废止、修改、制定，当时有效法律共 53 件，其中宪法及其相关法 13 件，行政法 19 件，刑法 1 件，民商法 2 件，经济法 11 件，社会法 6 件，程序法 1 件。从数量可以看出，当时的法律体系主要集中在宪法及宪法相关法、行政法和经济法领域，在内容上反映了当时社会政治制度，国家结构，社会治安管理和计划经济的特点。当时的法律体系在全国人大及其常委会（1954 年以前中央人民政府）所制定的法律的层面上，虽然很有限，但是国务院及其所属各部委、最高人民法院和最高人民检察院也制定了不少规范，在一定程度上弥补了法律的不足。

宪法经历了共同纲领、1954 年《宪法》、1975 年《宪法》和 1978 年《宪法》四个发展阶段，反映了新中国成立初期、过渡时期、"文化大革命"时期以及"文化大革命"结束初期结合了不同历史阶段的特点；作为宪法相关法的国家机构，即，人民代表大会、人民政府、人民法院、人民检察院，组织法、选举法也几经修订；我国民族区域自治制度和基层自治制度在这时已初步建立；全国人民代表大会授权其常务委员会制定单行法规的决定是我国第一次有关授权立法的决定。

行政法主要集中在社会治安管理、军事行政管理等领域，与此同时建立了城市街道办事处、公安派出所、户口登记等行政管理机构和制度，至今仍是我国社会治安管理渗透到基层的基本机构和制度。

刑法适应新中国成立初期阶级斗争的特点，制定了《惩治反革命条例》。为了适应社会形势的转变，制定出符合现实国情的刑法典，刑法草案经过几十稿迟迟未出台。不过，相关国家机关通过批复、解释等其他方式，对涉及刑法总则方面的内容，如刑事责任、犯罪构成、刑事责任年龄、刑罚种类、量刑原则等作出了规定。这从一定程度上对立法的不足起到了弥补作用，但还是较为分散，不具系统性。司法机关也以自20世纪五十年代开始陆续制定的一些单行刑事法律以及刑事法律以外的法律法规中涉及处刑的规定和政策等作为办案的依据。这些也为1979年制定统一的刑法典奠定了基础。

民商法除了《婚姻法》和《商标管理条例》之外，主要是最高人民法院所颁布的一些处理民事关系的司法解释和政策。当时社会的财产关系不发达，便不可能有与私权方面有关的法律规定。

在计划经济时代，经济法主要是国务院有关工业、商业、财政、税收管理体制方面的规定。

社会法制定了《工会法》，除此以外，主要是针对国有企业职工福利待遇等方面进行了一些规定。其他企业、事业单位、农民的福利待遇和社会保障问题，国家还不具备一并解决的能力，因而主要是由相应单位通过公益金自行解决。

程序法正式颁布的只有《逮捕拘留条例》，规定了刑事诉讼的原则及其制度；公检法依法独立行使侦查权、检察权及审判权；公检法三机关分工负责、相互配合、相互制约；一切公民在法律适用上一律平等；人民法院在审判案件时实行公开审判、辩护制度、人民陪审制度、回避制度以及死刑复核制度、两审终审制度、审判监督制度等。从1950年起，程序法就开始起草，但一直没有正式出台，在相当长的一段时间内，是靠《人民法院组织法》和《人民检察院组织法》来弥补空白。最高人民法院和最高人民检察院所颁布的有关刑事诉讼和民事诉讼的司法解释以及规范性文件，在司法实践中起着程序法的作用。

2. 改革开放前中国社会主义法律体系的时代特征

概括起来，在改革开放之前中国的法律体系有以下的时代特征①：

第一，改革开放前的法律体系反映了当时中国社会占主流的理论、思想、方针、政策。在指导思想上，坚持马列主义、毛泽东思想，坚持共产党领导，坚持无产阶级专政，坚持社会主义道路，这充分体现在 1978 年的《宪法》中，也是自中华人民共和国成立起历次宪法的基本精神，它确定中国共产党的领导是全中国人民的领导核心；中华人民共和国的指导思想是马克思主义、列宁主义和毛泽东思想；中华人民共和国一切权力属于人民，人民行使国家权力的机关是全国人民代表大会和地方各级人民代表大会；中华人民共和国的生产资料所有制现阶段主要有：社会主义全民所有制和社会主义劳动群众集体所有制。尽管中国经历了曲折，但中国始终是共产党领导的、人民当家作主的社会主义国家，中国的基本社会制度是社会主义。对于什么是社会主义，什么是无产阶级专政，如何既坚持党的领导又改善党的领导，如何全面准确地把握马列主义、毛泽东思想，由于时代的原因和长期以来"左"的思想影响，还存在着很大的局限性。尤其是对于社会主义的理解往往和计划经济高度集中的管理体制相联系，对无产阶级专政的理解和"以阶级斗争为纲"相联系，对党的领导的理解和以党代政、缺乏监督、高度集权的领导体制相联系，而对马列主义、毛泽东思想的理解有时又机械地局限在某些不符合当下历史现实的个别言论上，没有与时俱进。这些思想在刑法、行政法、经济法中明显地表现出来，把法律片面地工具化。将刑法仅仅理解为阶级斗争的工具，经济法是实现计划经济的工具，行政法视作行政管理的工具，缺乏对国家权力、管理者滥用权力的限制和监督。对社会主义理解的局限以及"消灭私有制"，则直接导致了民商法的不发达。

搞清社会主义是什么，是个摸索学习的过程。对社会主义的崭新

---

① 朱景文、韩大元：《中国特色社会主义法律体系研究报告》，中国人民大学出版社 2010 年版。

认识，应该说是在改革开放以后逐渐形成的。但是这并不代表改革开放前的 30 年就无所作为。正是改革开放前 30 年的探索，才为改革开放及之后的岁月对崭新认识社会主义、形成中国特色社会主义、形成中国特色社会主义法律体系积累了宝贵的历史经验和教训。

第二，就法律体系自身而言，极其单薄。在当时的情况下，除了宪法和有关国家机关、选举的法律之外，如刑法、民法、刑事诉讼法、民事诉讼法等构成一个国家法律体系的基本法都尚未制定。行政法也主要集中在具体行政管理领域，如社会治安和军事管理。而像行政许可法、行政处罚法、行政监督法、行政程序法等作为行政法基础的一般行政法，也一部未制定。社会法也主要集中在国有企业职工的劳保待遇方面，对集体企业、农村人民公社的劳动和社会保障问题则未划为社会法调整的范围之内，需要靠其自身力量、通过公益金的形式来解决。

第三，法律虚无主义一度盛行，即便是制定出的法律，在社会生活中的地位也是非常有限的。邓小平同志反对"因领导人的改变而改变，因领导人的看法和注意力的改变而改变"，正是那样一个历史时期法律所处地位的写照。不过，不可否认的是，法律地位是和一个国家解决纠纷的传统方式有关。改革开放前居民委员会、人民公社或人们所工作的单位的调解、"做思想工作"是解决纠纷的主要方式。这些解纷方式的依据是传统或现实的道德，抑或是相关政策，以及解纷人所秉承的为人民服务的理念。人们对法律并不熟悉。但是当如今法律制定颁布得越发全面，人们拿起法律武器，使得大量纠纷涌向法院，通过律师的代理和辩护去为自己解决争端的时候，过去依靠自己，"无讼""息讼"的情景，又成为人们怀念的黄金时代。

（二）改革开放以来的中国特色社会主义法律体系

1. 改革开放后中国特色社会主义法律体系的立法情况

自改革开放以来，截至 2009 年，中国共制定法律、有关法律问题的决定和法律解释 573 件，其中法律 370 件，有关法律问题的决定 191

件，法律解释 12 件。改革开放之前的立法总量仅有改革开放后的四分之一。经过废止、修改、制定，中国社会主义法律体系现行有效的法律达 232 件，其中宪法及其相关法 39 件，占 17%；行政法 79 件，占 34%；刑法 1 件，占 0.4%；民商法 33 件，占 14%；经济法 55 件，占 24%；社会法 16 件，占 7%；程序法 9 件，占 4%。2011 年，中国特色社会主义法律体系形成。

2. 改革开放后中国特色社会主义法律体系的时代特征

相较改革开放之前的法律体系，改革开放以来逐步形成的中国特色社会主义法律体系具有以下时代特征[①]：

第一，我国法律体系在中国特色社会主义理论体系的指引下形成，是中国特色社会主义经济、政治、文化和社会制度的法律化。中国特色社会主义制度，包括中国特色社会主义经济制度、中国特色社会主义政治制度、中国特色社会主义文化制度以及中国特色社会主义社会制度，在中国特色社会主义法律体系中皆有体现。与这些制度相应的是中国特色社会主义法治。法治并非游离于中国特色社会主义所包括的经济、政治、文化和社会四个方面之外，而是渗透在其中的制度与法制建设的部分。每一部分都有制度建设、法制建设的内容，实际上改革开放、社会发展的过程也是不断地将经济、政治、文化和社会建设的成就制度化、法律化的过程。这也是邓小平同志所讲的"制度建设的重要性"，也就是"一手抓建设、一手抓法制"的道理。

现阶段中国特色社会主义法治的内容，在我国宪法的第五条中就有具体的规定。"中华人民共和国实行依法治国，建设社会主义法治国家。国家维护社会主义法制的统一。一切法律、行政法规和地方性法规都不得同宪法相抵触。一切国家机关和武装力量、各政党和各社会团体、各企业事业组织都必须遵守宪法和法律。一切违反宪法和法律的行为，必须予以追究。任何组织或个人都不得有超越宪法和法律

---

① 朱景文、韩大元：《中国特色社会主义法律体系研究报告》，中国人民大学出版社 2010 年版。

的特权。""法律面前人人平等，任何公民享有宪法和法律规定的权利，同时必须履行宪法和法律规定的义务。""法制统一，一切法律、行政法规和地方性法规都不得同宪法相抵触。国家尊重和保障人权，任何公民享有宪法和法律规定的权利，包括广泛的政治、经济、社会、文化权利和自由。""公民在行使自由和权利的时候，不得损害国家、社会、集体的利益和其他公民合法的自由和权利。""人民法院依照法律规定独立行使审判权，不受行政机关、社会团体和个人的干涉。人民检察院依照法律规定独立行使检察权，不受行政机关、社会团体和个人的干涉。人民法院、人民检察院和公安机关办理刑事案件，应当分工负责、相互配合、相互制约，以保执法的准确有效。"①

中国特色社会主义在我国法律体系的具体各部门的体现方式是不同的。中国特色社会主义集中体现于宪法这一国家根本法之中，宪法相关法则主要体现中国特色社会主义政治制度；中国特色社会主义经济制度主要体现于民商法和经济法之中，其中民商法主要体现的是社会主义市场经济制度，而经济法主要是体现了宏观调控方面；中国特色社会主义政治制度还体现在行政法之中；科教文卫、体育、新闻出版立法则主要体现了中国特色社会主义文化制度；中国特色社会主义社会制度则主要体现在社会法及环境法等，强调了经济、社会、文化、环境的协调发展；中国特色社会主义法治贯穿于所有法律部门。

中国特色社会主义法律体系之所以是中国的，是中国特色而不是别的特色，其根本原因，就在于它扎根于中国大地上，来源并服务于中国特色社会主义。正如马克思所言："社会不是以法律为基础的。那是法学家们的幻想。相反地，法律应该以社会为基础。法律应该是社会共同的、由一定物质生产方式所产生的利益和需要的表现，而不是单个的个人的恣意横行。"②

第二，就中国特色社会主义法律体系本身而言，较改革开放前，

---

① 《中华人民共和国宪法》，中国法制出版社1999年版，第7页。
② 《马克思恩格斯全集》（第6卷），人民出版社1961年版，第291—292页。

发生了重大变化。30 多年前除了宪法，其他各法律部门都没有形成体系化、系统化，各个部门所制定的法律极其有限，而改革开放以来已有七分之三的法律部门实现了体系化，包括宪法、刑法、刑事诉讼法、民事诉讼法、行政诉讼法。在宪法相关法领域，制定了有关国家机构、选举、基层自治、民族自治、特别行政区、国家主权、外交、全国人大议事规程、立法程序、监督程序、国家赔偿、戒严、国家标志等方面的法律。公民政治权利方面的法律除了宪法规定外，还专门制定了保障公民集会游行示威自由的法律。我国民法虽然还没有完全实现法典化，但是在民法中起主干支架作用的法律，如《中华人民共和国民法总则》《民法通则》《婚姻法》《物权法》《合同法》《侵权责任法》等都已相继制定，知识产权法中《商标法》《专利法》《著作权法》业已齐全，商法中的《票据法》《担保法》等也已制定，行政法和经济法不易法典化，但是这两个法律部门内部起主导作用的法律，如行政法中对各类具体和抽象的行政行为具有统筹和规范作用的法律，经济法中对整个经济运行具有宏观调控职能的法律都已制定。社会法中劳动保障领域已经制定了《工会法》《劳动法》《劳动合同法》等法律，以及关于工人退休、退职、探亲待遇等方面的规定，特殊群体保障法包括《残疾人权益保障法》《未成年人保护法》《老年人权益保障法》《预防未成年人犯罪法》《妇女权益保障法》以及属于社会公益的《红十字会法》《公益事业捐赠法》。2010 年 10 月 28 日，第十一届全国人民代表大会常务委员会第十七次会议通过《社会保险法》。该法确立了覆盖城乡全体居民的社会保险体系，建立了基本养老保险、基本医疗保险、工伤保险、失业保险和生育保险五项保险制度，保障公民在年老、患病、工伤、失业、生育等情况下，能够获得必要的物质帮助和生活保障。国务院行政法规、部门规章和地方法规的层次也制定了大量的规章。在程序法领域，除了制定三大诉讼法之外，非诉讼程序法《仲裁法》和《人民调解法》已经制定，在劳动争议、农村土地承包经营纠纷中也制定了调解程序。

　　当然这一时期立法的发展，并不代表中国特色社会主义法律体系形成后就已经很完善了。现有的各项法律仍然需要根据不断发展的新形势来修改，如法律一经制定便无须修改、法律体系一旦形成就一劳永逸的想法是不现实也不科学的。我国现行的法律体系仍需完善，尽管如此，40 年前我国的社会生活各个主要领域"无法可依"的局面已成为过去，中国特色社会主义法律体系已经形成。

第三，法律在社会中的地位较改革开放之前大大提高。"依法治国"的治国方略业已确立。1999 年宪法修正案正式将"中华人民共和国实行依法治国，建设社会主义法治国家"作为基本原则载入宪法。党的十六大又把依法执政作为加强执政党建设的重要原则。与此同时，国务院 1999 年公布《关于全面推进依法行政的决定》把依法行政作为行政体制改革的重要内容。法律在社会生活中的地位提高并不取决于制定法律的数量，而在于人们对法律的依赖程度。中国自改革开放以来，"人民法院所受理的一审各类案件的数量 30 年已经增长了十几倍，由 1978 年的 44 万件上升到 2000 年的 625 万件；法官的人数由 1981 年的 60000 多人增长到 20 多万人；改革开放前律师的人数最多的是 1957 年时的 3000 多人，截至 2009 年，律师已经达到 16 万人。法学专业毕业生的数量也由改革开放前的 1000 人发展到 2007 年时每年 10 多万人。"[1] 这些资料表明法律在社会生活中的地位有所提高，法律正逐渐成为中国社会的重要组成，成为中国人生活的一部分。但是这也并不意味着，法律数量越多越好，诉讼数量越多越好。我们应清醒地认识到，法律调整有优势，但并非完美全能，也有其自身的局限性。什么问题都单纯依靠法律来解决，也不一定就能构建一个和谐稳定的社会。中国特色社会主义法律体系已经形成，但还应结合我国的具体国情和历史传统，吸取西方国家的法制建设经验教训，不断完善中国特色社会主义法律体系。

除以上论述之外，科技的发展也对法律产生了重大影响，随着科

---

[1] 朱景文主编：《中国法律发展报告——数据库和指针体系》，中国人民大学出版社 2007 年版。

技的进步，开辟了知识经济时代，国际竞争也日趋激烈。知识经济对法律、法学领域也产生了影响，它导致法律内容调整范围的扩大与更新。知识经济是不同于以往工业经济或农业经济，是一种新的经济形态，因而必然导致出现新的社会关系。法律是调整社会关系的工具，因社会关系的不同而划分不同法律部门。产生了新的社会关系，法律的调整范围和内容必然都会改变。如高科技、知识经济产业形成后，必然要求调整这类新型社会关系的法律。科技进步、知识经济也会使人们的思想观念和行为方式，当然包括法律观念，发生改变。在新的条件下，人们对法学的理念也会提出新的见解，同时对法学研究的方法也会有所改变。在科技进步的新时期，人们的思维方式也会产生变革，反映这一时期的新方法也会产生，便有逐步运用于法学领域研究的可能。法治是人类发展进步的重要文明，科技进步、知识经济亦是如此，它们之间相互联系。可以说，科技进步对法律的影响是全面的、根本性的，因此，法治作为一种文明形态，必须面对这种挑战与机遇。

二 经济全球化背景下中国法律 制度文化的调整适应

马克思、恩格斯曾说："资产阶级，由于开拓了世界市场，使一切国家的生产和消费都成为世界性的了。"① 这尤指近代以来资本主义世界性扩张，包括资本主义经济、政治、军事、文化的对外侵略扩张。经济全球化使运输及通讯成本因高新科技的迅猛发展（尤其是信息技术及其产业）而大幅度降低，进而推动国际金融贸易的快速发展，使整个世界经济紧密相连。其特点在于信息网络化，科技全球化，分工体系国际化，跨国公司的全球化，市场全球化，国际贸易全球化，交往全球化。江泽民同志就曾指出经济全球化是生产力发展的客观结果。"经济全球化，是社会生产力发展的客观要求和必然结果，有利于生

---

① 《马克思恩格斯选集》（第1卷），人民出版社1995年版，第276页。

产要素在全球范围内的优化配置，带来了新的发展机遇。"① 有利于促进资本、技术、知识等生产要素在全球范围内的优化配置，同时也提出了新的挑战。经济全球化的客观性和不可逆转性，对于包括中国在内的发展中国家来说，具有重要意义。更重要的是，经济全球化的影响已经远远超出了经济领域，而涉及了政治、道德、文化和法律等领域。经济全球化不仅仅涉及发展中国家与发达国家之间的经济利益和经济关系，而且涉及它们之间更为复杂的政治法律制度、意识形态和文化观念等冲突。面对全球化的浪潮，我们不应将自己的目光紧紧停留于经济范围内，还应注意经济全球化对法律领域的影响。

（一）经济全球化对法律的影响

经济全球化对法律的影响不仅仅是客观存在，并且还很深远。我国有学者指出："如果承认经济全球化的想象，如果承认马克思主义的一句名言'政治是经济的集中体现'，那么，也就必须承认全球化同样有它的政治方面。"② 笔者赞同。人们从认识到经济全球化现象开始，逐步将提法从"经济全球化"引申到"全球化"，这并非文字上的精简，而是对经济全球化的影响的一个反映，即为全方位的。

经济全球化的出现，国际联系与合作增强，以及人类理性增长，都对法律的跨国度发展有着重要影响。法律的这种跨国度的发展以国际化的方式出现和进行。法律的传播通过国际公共通道进行，导致了国际法对国内亦具有法律约束力的规则，以及一国或一地区的法律制度在更为广泛的国际领域流行③，成为国际共同规则。在国际化发展趋势下，绝大多数国家加入了国际组织和有关公约，各国合作和交流的增强，世界法律的发展才真正出现了全球化的趋势。

法律全球化是在世界各国联系日益紧密，特别是在经济和技术的

---

① 《江泽民文选》（第3卷），人民出版社2006年版，第159页。

② 朱景文：《比较法社会学的框架和方法：法制化、本土化和全球化》，中国人民大学出版社2001年版，第566页。

③ 同上书，第567—568页。

发展呈现一体化趋势的情况下出现的，它所带来的法律制度的流动具有前所未有的规模。对于一个国家而言，这种流动通常有三种情况：国际化趋势中，本国法律制度向外辐射，被他国或国际社会接受；在国际交流中，外国法律制度输入本国，取代原有法律制度，或填补法律制度的空白；接受国际共同规则，并按其要求修改本国原有法律制度。① 国际规则按来源来看，可分为两种，一个是由别国法律转化而来，这类规则必然会带有产生该法的国家的特色；另一种便是国际组织制定，这类规则的形成，往往是某些强势国家起到主导作用，自然也会带有这些国家的印记。这在理论和实践上都对国家主权问题提出了新的课题。特别是对于发展中国家来说，"经济全球化趋势是在不公正、不合理的国际经济旧秩序没有根本改变的情况下发生和发展的"，②"现在，经济全球化是西方发达国家主导的"。③ 而且国内法的国际化的全球化形式，"往往与某一国家或某些国家在世界经济或政治中的霸权地位（或主导地位）相关。而就接受国而言，或者出于依附地位，或者出于文化影响，接受这些制度和规则"④ 国内法是主权国家自己创制，国际法是主权国家共同创制，国家主权对外独立，高于一切。即使在全球化时代，坚持互相尊重国家主权依然是维护国际关系不变的基本准则。以全球化为借口来侵犯他国主权、干涉他国内政的霸权主义应被坚决反对。从另一方面来看，主权的概念有其自身的经济基础，随历史的发展而发展。国家主权概念在闭关锁国时代与开放时代应该说是有很大不同的。因而在当今世界经济紧密相连的全球化时代，我们也应当科学看待国家主权概念。⑤

因此我们应当在承认经济全球化这一大趋势的前提下，充分认识

① 徐立志：《法律全球化时代的制度与文化冲突》，载信春鹰主编《全球化与多元法律文化》，社会科学文献出版社 2007 年版，第 54—55 页。

② 《江泽民文选》（第 2 卷），人民出版社 2006 年版，第 200 页。

③ 《江泽民文选》（第 3 卷），人民出版社 2006 年版，第 159 页。

④ 朱景文：《比较法社会学的框架和方法：法制化、本土化和全球化》，中国人民大学出版社 2001 年版，第 568—569 页。

⑤ 朱景文：《欧盟法对法律全球化的意义》，《法学》2001 年第 12 期。

经济全球化对我国法律领域的影响。

（二）经济全球化下中西方法律制度文化的冲突

　　文化与制度是相互联系又相互区别的，文化决定一个民族的特性并影响其历史走向，具有根本性，制度是文化的产物和体现，是社会的表层结构。从这个意义上来说，文化和制度具有同一性，但是在特定的时空范围内，制度文化也会产生背离与冲突。制度与文化的形成、发展及传播方式都是不同的。相较文化，制度可以在较短时间内通过人有意识的活动来建立、改变和传播。而文化本身的演变是一个自然的过程，需要漫长的时间。可以短期内实现制度在国与国之间的移植，却无法将与该制度相联系的文化也以同样的方式和速度移植过来。不同文化系统的国家之间存在的文化差异仍然长期存在，由法律制度流动所引起的制度与文化的冲突便不可避免。

　　在全球化时代，制度与文化的冲突相较历史上其他时期更为普遍，主要是由于法律全球化时代法律制度的流动规模较以往更大。全球化时代的发展都是突飞猛进的，世界性的法律制度变动较为频繁。每次产生大的变动，都将引起法律制度的流动，导致新的制度与文化冲突的产生。历史上的法律制度流动通常是由文明吸引产生，制度流动会伴随一定的文化流动，或者由需要引起制度单独流动。在全球化背景下，世界整体性发展使得各国只有进入到世界体系才能正常生存发展，基于这种背景产生的法律制度流动，虽然仍存有文明吸引而产生的因素，但多因需要而引起，起作用的还是现实的压力，与文化脱离单独流动的概率和程度较高。

　　由法律制度流动引起的制度与文化冲突，在社会不同领域会有不同的表现。

　　从社会观念领域来看，大众对源于异质文化的法律制度可能未必认同，乃至排斥。法律制度的输入通常通过国家理性行为实现，但要真正内化成为本国的制度，还需要得到的本国社会的认同。社会大众的文化心理带有明显的民族属性，如果外来法律制度不符合人们的基本观念，就无法得到社会的认同。中国近代从西方引进的法律制度，就有因不符合国人的文化传统而不被认同。在全球化背景下，这种现象也较为普遍。如，虽然法治理念已经深入人心，但因中国固有的法文化传统的影响，大众心理普遍还没有真正树立起以法律为信仰。在现实生活中，法律运用与执行也有不尽人意之处，法律的权威没有内化为普通民众的行为模式和基本理念。同时，这种现象在不同的社会群体中也有不同的表现。如在专业群体中，可能是一种明确表达自觉的看法，而在大众群体中则只是一种在遇到具体问题时体现出来的自然反应。可见，法律制度与文化冲突的表现并不是必然呈显性，只有通过深入调查分析，才能有所揭示。

从社会生活领域来看，人们行为方式可能与外来法律制度产生冲突。法律是社会规范，任何法律制度都有规制人们行为的能力。如果说法律规范是法制的静态应然的样式，那么法律行为则是法制的动态的现实样式。从国外输入的法律制度，一旦被本国法律制度吸收采纳，取得了合法性，那么不管社会对它是否认同，规制人们行为的功能就会起作用。但人的行为并非完全受理性控制，行为方式也是支配人之行为的一个重要因素。由于行为方式根源于人的心理构造，所处层次较法律制度更深，因而法律制度可以顺应人的行为方式，而人的行为方式却很少以法律制度为转移。在人们的行为中，直接的支配者是观念，而不是成文的法律规范，又有前述观念与外来法律制度未必相符，使得法律观念可能在背反法律规范的意义上支配法律行为。若外来法律制度不符合本国的大众行为方式，便会产生冲突，使社会生活出现受法律制度规制和受行为方式支配之间的矛盾。

从国家生活领域来看，行政机关和司法机关实施和执行外来法律制度时，可能遇到障碍。行政机关和司法机关实施、执行法律制度，是理性支配下有组织并多以标准化方式来进行的行为。但是执行或实施有异质文化色彩的外来法律制度，可能会有非理性因素的影响。执法、司法人员受本国文化影响，观念意识中会存有妨碍其理解和运用外来制度的因素，从而影响这部分外来法律制度的贯彻实施。如中国传统法律文化重实体轻程序，只要实体正义最终实现，而对法律的程序有所忽略。在当今社会，这种习惯性的心理和现象仍然大量存在。这与西方重形式以法定程序作保障，避免造成违法司法和违法执法，确保实体正义最终实现的诉讼文化有很大的差异。大众作为执法、司法的对象，因其文化的习惯性对这类外来法律制度多少有一定的抵触，使得执行、实施出现困难。因为在现实之中，大众易将自己置于与法律远距离的状态，很少将自己视为法律主体，认为涉法是对主体的否定，即主体只有违反和危害社会的行为才涉及法。这与法重在权利和自觉运用的现代法治是相背离的。

综上所述，在全球化背景之下，进入到世界体系之中大多会出现外来法律制度与本土文化的冲突。这种冲突对一个国家的发展的影响有积极的，但肯定也会有消极的一面，也许只有视为全球化发展多付出的代价吧。

（三）经济全球化下中国法律制度文化的适应

随着改革开放的深入发展，以及经济全球化趋势的进程，我国近年来陆续根据国际规则惯例和国外有关市场经济方面的立法，制定和修改了一系列国内法律、法规和规章。学界也一直有关于"法律移植"的研讨，以期从理论上为立法找到依据。"移植"就其本义来说是农林业和医学上的定义，后引申到社会科学方面。要使移植获得成功，一般需要若干条件，如植体与受体的兼容性，受体与原生环境之间质的相似性，受体系统内部的开放性，受体系统内部排除现象的可克服性等。从自然界和人类历史发展历程来看，无论是生物学、医学还是人文社会科学，都存在着大量移植成功的实例。而法律移植，既包括了学术理论方面的移植，也涉及制度方面的移植，同样有大量成功的事例。[1] 值得注意的是，这里提到的法律移植、借鉴与之前对中

---

[1]　何勤华、李秀清：《外国法与中国法——20 世纪中国移植外国法反思》中国政法大学出版社 2003 年版，第 618 页。

国特色社会主义法律体系的民族性进行论述时提到的对西方先进法律经验的借鉴，都有对先进制度学习利用的意思，但其实是有区别的。在前文中的借鉴主要是将别国的制度、原则等作为镜子，来反观审视自身，以确定别国的制度、原则哪些是可以吸收的，哪些是可以避免的，等等。更多的是出于自发自主性。但这里所说的借鉴往往是由于现实需要，有一定的外在压力将别国的制度吸纳过来。学界对"法律移植"的研讨在理论层面对全球化下我国和西方法律制度文化冲突的调适有所启示。

同一时期不同国家的经济发展是不平衡的，各国处于不同的社会形态，或同一社会形态的不同发展阶段。以此情形，相对落后的国家要追赶先进国家，就有必要借鉴先进国家的某些法律，以促进自身的发展。历史已经证明，这是落后国家加速发展法制的一条必由之路。同时，市场经济必然促使国内市场与国际市场接轨，把国内市场变成国际市场的一部分。以此情形，一个国家能否成为当代国际统一市场的合格成员，在很大程度上取决于该国的法律环境。因而，引进世界各国通行的法律原则、制度和规范，也是决定一个国家经济发展和国际地位的重要因素。另外，法制现代化既是社会现代化的重要内容，也是社会现代化的助力，法律制度的借鉴则是实现法制现代化的快捷方式，在全球化的背景下更是如此。相对落后的国家通过对法律制度发达的国家的借鉴，可在法制现代化的过程中避免走先进国家走过的弯路，以迎头赶上。

具体而言，中国应做到以下方面与国际接轨。一是在完善市场经济体制方面，我们必须借鉴发达国家的立法经验和司法程序，健全、完善中国特色社会主义法律体系，为建设中国特色社会主义市场经济体制服务；二是在参与国际贸易竞争方面，要通过加入WTO，接轨WTO的规则和法律规范，以使我国的外贸法律体系更健全，同时，不应局限于单方面的修改制定国内法与国际规则对接，还应积极参与制定新的国际规则，最大限度地争取我们的利益，在规则中体现我们的关注；三是在科教兴国，培养高层次人才方面，我们也可借鉴发达国家在这一领域中的法制经验；四是在加强建设社会主义法治国家方面，我们要借鉴世界先进国家关于权力制衡、依法行政、切实保障公民的各项政治权利的法律、法规，尤其是运用法律手段制约权力、防治腐败的经验和方法；五是在司法体制改革方面我们要借鉴发达国家的司法建设、审判制度改革方面的经验，以完善保护公民的权利。①

在全球化的背景下，我们应当解放思想，充分学习国外先进立法，大胆进行法律借鉴，但并非是简单的法律"拿来主义"。我们还应注意以下几方面。

第一，我国法律借鉴必须坚持贯彻马克思主义关于文化继承的思想，即将法律借鉴视作批判地继承。既要对西方国家市场经济法律体系的资产阶级本质从根本上否定，又要给这些法律中进步、有益的成分以肯定，保留吸收对我国法制发展有利的各种法律、法规以及法律调整的技术和手段，为我所用。第二，我国法律借鉴主要是在不同历史类型的国家之间进行，主要是对西方先进资本主义国家有关市场经济的法律、法规的接轨。我国要建立的是社会主义市场经济体制，所以对资本主义法律涉及基本经济制度的内容，可以研究但绝不能原封不动地照搬，否则将会使我国法制建设偏离社会主义方向。而对相同历史类型的国家之间的法律借鉴，也只可以是局部，而非整体。历史现实证明，一些第三世界国家在摆脱殖民统治后，原封不动保留原宗主国的经济政治制度和法律体系，结果却未达到立法目的和效果，有的国家甚至陷入危机动荡。第三，我国法律借鉴应当以我为主，为我所用。这种借鉴是以借鉴与被借鉴的法律之间存在某种共性、必要性、无排斥性为前提的，即二者受共同的客观要求和规律支配，互不排斥，互相接纳。因此，法律借鉴必须考虑我国的国情和需要。同时讲求方法，不能一哄而上。法律接轨也需要有计划、有步骤，循序渐进。第

---

① 何勤华、李秀清：《外国法与中国法——20 世纪中国移植外国法反思》，中国政法大学出版社 2003 年版，第 636—637 页。

四，我国法律借鉴主要是形式的借鉴，而并非实质的借鉴。这就意味着，对西方国家利于调整市场经济关系的法律规范、技术和手段，不是简单地照搬，而是要赋予其社会主义的精神实质，使其与我国广大人民群众的共同意志相吻合，让其在中国特色社会主义法律体系中发挥作用。对西方发达国家法律体现的与资本主义基本经济制度的实质相一致的精神和根本观念，也是绝不能照搬的。第五，我国对法律的借鉴应注重综合创新。法律借鉴实际也是一个对国外有关市场经济立法的分析和综合过程，既要进行辩证分析，又要进行系统化综合，不能满足于单个、个别或部分法律、法规、技术和手段的单纯移入。我们应在坚持中国特色社会主义市场经济的前提下，大胆在原有的法律调整机制中引入国外的有关经验和做法，结合我国国情和实际加以综合创新。

三 中国特色社会主义法律体系的时代性具体体现：以物权法的颁行为例

（一） 物权法的制定

我国的物权法，从无到有，这一过程本身就体现了历史发展的趋势，反映了时代的特征。

1949 年至 1956 年是我国社会主义革命和建设史上重要的历史时期，这一时期我国没有颁行实施于全国形式上的物权法，但是在我国中央及地方立法中的民事法律文件、最高人民法院及司法部一些物权问题所作"解释"与"批复"以及一些地方性法律文件中，都有对所有权及定限物权做出的规定。当时我国通过没收官僚资本和赎买民族资本的方式，建立了生产资料，尤其是土地等重要生产资料的社会主义公有制。这一时期，规定了国家所有权的法律有：1950 年颁行的《中华人民共和国土地改革法》《中华人民共和国矿业管理暂行条例》《城市郊区土地改革条例》，1951 年发布的《关于没收战犯、汉奸、官僚资本及反革命分子财产的指示》，以及 1953 年通过的《中央人民政府政务院关于国家建设征用土地办法》。①1950 年颁行的《东北地区土地暂行条例》就对地上权设定契约、典权设定契约和地役权设定契约的有效性进行了明文的肯定。1951 年的《政务院关于适当处理林权明确管理保护责任的指示》就对森林和分散山林的所有权进行了规定。同年最高人民法院东北分院《关于抵押权问题的复函》对不动产及工厂机器设备等抵押权的设定进行了规定。②

　　1956 年生产资料所有制的社会主义改造基本完成，我国建立了社会主义公有制。土地等重要生产资料的私人所有制已经不复存在，地上权、地役权等不动产物权也随之消失。尤其是 1959 年以后，追求生产资料的"大"而"公"，加上这一时期全盘接受了苏联的民法理论，认为所有权以外的其他物权是资本主义私有制经济关系的特殊产物，因而在法律上只承认所有权，而将担保物权放置于合同法中。1957 年后，法律虚无主义盛行，物权制度也不可幸免，物权立法处于废弛状态。

　　随着改革开放的不断深入，特别是社会主义市场经济体制建设的过程中，民商事立法，逐步提上议事日程并日益完善，但是物权法的春天仍然姗姗来迟。1986 年通过的《中华人民共和国民法通则》尚未有物权的概念，在其第五章第一节使用的是"财产所有权和与财产所有权有关的财产权"，规定了国家所有权、集体所有权、个人的财产所有权等物权类型，并规定了抵押和留置，但也仅从债的担保的角度予以规定，且未分抵押、质押。1988 年的宪法修正案规定了国有土地的有偿使用，为我国物权立法提供了宪法基础。1990 年的《城镇国有土地使用权出让和转让暂行条例》基本为不动产物权制度奠定了基础。1996 年颁布的《中华人民共和国担保法》将抵押权、质权和留置权规定为物权，基本形成了我国的担保物权制度。2002 年颁布了《中华人民共和国农村土地承包经营法》，将农村土地承包经营权规定为

　　①　王利明：《国家所有权研究》，中国人民大学出版社 1988 年版，第 72 页。
　　②　东北人民大学法律系民法教研室编：《中华人民共和国民法政策法令汇编》（第三辑），1955 年 1 月 30 日，第 237—266 页。

用益物权。至此物权体系已基本形成，为一部科学的、具有中国特色的物权法的制定，奠定了坚实基础。

1993 年就开始了对《中华人民共和国物权法》的起草工作。2002年第九届全国人大常委会对民法草案的物权法编进行了初审。第十届全国人大常委会将物权法的立法列入了重要议程，并进行了大量的工作。2005 年对外公布了"物权法草案"，接受群众意见，召开了多次论证会及百余次座谈会，并对一些地方进行了专题调研。全国人大常委会高度重视全国人大代表、基层群众、专家学者及中央有关部门等各方意见，对草案进行了六次审议。草案经反复研究修改，于 2007 年第十届全国人民代表大会第五次会议通过。[①]

《物权法》是重要的民事基本法，是我国所有权制度改革成果的规范化、法律化。它的制定是社会主义市场经济秩序的需要，是维护广大人民群众切身利益的需要，也是形成中国特色社会主义法律体系的需要。因为物权法作为民法的重要组成部分，是在中国特色社会主义法律体系中起支架作用、不可或缺的重要法律。[②]

（二）物权法的内容

物权法作为民法的一个重要组成部分，是与经济体制唇齿相依的法律制度，其内容是随着社会经济的发展变化而不断变化着的。"就发展、进化的内容而言，既包括立法原则的修正、物权法体系的调整，也包括法律解释方法的反省等。"[③]《物权法》坚持了社会主义基本经济制度，平等保护国家、集体和私人的物权，详尽规定了国家所有权，明确了集体所有权，肯定了私人所有权，规定了征收的条件和补偿及征用，[④] 较为详细地规定了建筑物区分所有权、相邻关系、共有及各

---

① 崔建远、申卫星等：《物权法》，清华大学出版社 2008 年版，第 12—13 页。

② 王兆国：《关于〈中华人民共和国物权（草案）〉的说明》，载胡康生主编《中华人民共和国〈物权法〉释义》，法律出版社 2007 年版，第 566—567 页。

③ 梁慧星、陈华彬：《物权法》，法律出版社 2007 年版，第 27 页。

④ 王兆国：《关于〈中华人民共和国物权（草案）〉的说明》，载胡康生主编《中华人民共和国〈物权法〉释义》，法律出版社 2007 年版，第 568—574 页。

种他物权等。

物权法的内容是：

共五编及附则，247 个条文。第一编为总则，包括第一章基本原则，第二章物权的设立、变更、转让和消灭，第三章物权的保护；第二编所有权，包括第四章一般规定，第五章国家所有权和集体所有权、私人所有权，第六章业主的建筑物区分所有权，第七章相邻关系，第八章共有，第九章所有权取得的特别规定；第三编用益物权，包括第十章一般规定，第十一章土地承包经营权，第十二章建设用地使用权，第十三章宅基地使用权，第十四章地役权；第四编担保物权，包括第十五章一般规定，第十六章抵押权，第十七章质权，第十八章留置权；第五编占有，附则，共计两个条文。①

（三）物权法的特色

1. 区分所有权的结构

在世界其他国家的物权法中，一般并不区分所有权的结构。通常是对所有权进行规定，只作动产与不动产的区别。除此之外，只有极个别国家在物权法中区分了烦琐的所有权的结构。

我国一直有三种所有权并存于社会主义建设实践中。即存在于财产关系之中的国家所有权、集体所有权和私人所有权。② 在未完成社会主义改造时期，也仍然无法全部根除私人所有权。即使现在我国处于社会主义初级阶段，这种现实也并未改变。"在国家的财产关系中，仍然是实行公有制为主体，多种所有制经济共同发展。"③ 物权法规定的所有权制度，反映了社会经济状况及国家所有制的现实。

立法就是对国家现实社会状况的真实反映。"我国是社会主义公有制国家，国家所有权、集体所有权是现实存在，也是国家经济体制

---

① 《中华人民共和国物权法》，中国法制出版社 2007 年版。

② 杨立新：《论"物权法草案"的鲜明中国特色》，《河南省政法管理干部学院学报》2006年第 3 期。

③ 《中国物权法草案》。

的主导部分，是国民经济的最重要的基础。"① 物权法对所有权的规定准确地体现了国家所有制的基本状况，对我国所有权体系进行了确认。

物权法体现了我国宪法的原则，与《民法通则》的基本原则一脉相承，突出对国家所有权和集体所有权的法律保护，是对社会主义公有制的保护、对社会主义国家财产和集体财产的保护、也是对社会主义基本经济制度的保护，保障了社会主义市场经济建设顺利进行、推动了社会主义和谐社会建设。

物权法确认了对私人所有权的保护。物权法详细规定了私人所有权（包括企业所有权），完善对私人所有权保护的各项法律制度。历史的现实已给我们以警示，当私人所有权没有完善的法律制度的保护时，就会酿成人民的财产及其合法权益被肆意践踏的严重后果。因此物权法对私人所有权的确认，其实是对我国社会主义经济制度以及我国公民的个人财产权的保护。随着改革开放的深入，人民群众在提高了生活水平的同时，通过改革开放艰苦奋斗、诚实努力所取得的财产也得到很大的增长。可以说，这是来之不易的改革开放的胜利果实。

物权法的颁布，是将这些成果在法律上以民事权利的形式确认下来。通过对私人所有权的保护规则的明确规定，为人民群众行使其自身财产权提供了行为准则；强调对私有财产的平等保护，使人民群众安居乐业，从而保障了社会的安定团结。

2. 最大限度地妥善处理农村土地权利制度、最大限度地保护农民合法权益

自新中国成立以来，为了社会主义建设取得更好发展，我国一直对农村的土地权利问题进行探索。随着改革开放的不断深入，我国农村的经济建设得到了长足发展，并形成了具有中国特色的农村土地权利制度体系。

物权法完整地反映了我国的农村土地权利制度。农村土地权利体

---

① 杨立新：《论"物权法草案"的鲜明中国特色》，《河南省政法管理干部学院学报》2006年第3期。

系主要包括集体所有权。我国《物权法》第五十九条规定的农民集体所有的不动产和动产，属于本集体成员集体所有。其中就包括农民集体所有的土地。[①] 即农村土地归农民集体所有，以及基于农村土地集体所有的基础而产生的土地承包经营权、宅基地使用权和集体所有土地的建设用地使用权。[②]

我国农村土地归集体经济组织的农民集体所有，与其他国家农用地的完全私有制和德国物权法里耕地合并制度，即，根据农业经营的规模效益原则，把分散在不同所有权人手中的零散土地由国家出面强制集中的农村土地制度，[③] 有着本质的不同。我国农村土地的所有权形态，是一种新形态，是结合历史现实与我国国情建立起来的。我国农村经历了土改运动，完成了对封建地主所有的私有土地的夺取与重新分配，使无地耕种的贫下中农及佃农耕者有其田。然后又通过"互助组、初级社、高级社直到人民公社的一系列改造，建立了集体所有权，使农村土地成为农民集体经济组织的集体所有制。"[④] 经几十年的实践检验，证明其符合我国农村的社会生活实际。物权法反映了实际情况，顺应目前我国的现实国情，对这种制度予以了肯定，对详细农民集体所有权进行了规定。在《物权法》的第二编"所有权"的第四章"一般规定"中通过第五十九条、第六十条、第六十一条、第六十二条和第六十三条共五个条文中有所体现。

我国在几十年内，对集体所有权的经济形式下，实现农民积极耕作、保持地力良好以及推动农业扩大再生产这三者的相互协调统一，进行了探索和实践。为了能够达成了三者的协调统一，改革开放以来，我国实行了新的农村土地承包经营的权利形式，即家庭联产承包责任制。但是随之出现的问题是，若将土地承包经营权视为债权性质的民

---

① 《中华人民共和国物权法》，中国法制出版社 2007 年版。
② 杨立新：《论"物权法草案"的鲜明中国特色》，《河南省政法管理干部学院学报》2006年第 3 期。
③ 孙宪忠：《德国当代物权法》，法律出版社 1997 年版，第 219 页。
④ 杨立新：《论"物权法草案"的鲜明中国特色》，《河南省政法管理干部学院学报》2006年第 3 期。

事权利，并不足以保护农民的合法权益。对于农民来说，土地寄托了他们的理想，是他们的生活来源与现实依靠。而债权经不起无论是来自于组织还是个人的侵害，有其自身的脆弱性。结合农村建设和生产的实践，物权法将这种权利以物权的形式规定了下来，给予其更稳健的法律保护，以对抗可能产生的外界侵害。物权法在第三编"用益物权"的第十一章共享十一个条文对土地承包经营权进行了规定，肯定了具有独创性的这一物权。与其他国家法律中的用益权有着本质不同，它是建立在公有制的基础之上。同时最大限度地发挥了农民的生产积极性，并保护了其合法权益。这在外国的物权法中难觅其踪，更无从借鉴。

宅基地使用权，是物权法对农村土地权利具有特色的规定。在集体所有的农村土地所有权之下，土地承包经营权与宅基地使用权解决的是不同方面的问题，是解决农耕用地、建筑住宅土地使用权的问题。可以说，前者解决的是农民的生存问题；后者解决的是农民的生活问题。两者不可或缺。因此，物权法第十三章也做了专章规定。

集体所有的土地作为建设用地的问题。物权法将集体所有土地的建设用地使用权作为农村土地权利的组成部分在第三编用益物权中做出了规定。《物权法》第一百五十一条规定："集体所有的土地作为建设用地的，应当依照土地管理法等法律规定办理。"①

《物权法》的规定体现了产生于我国农村经济实践和社会生活之中，特有的农村土地权利体系：即在农村集体所有的土地所有权基础之上，派生出农村土地的使用权（土地承包经营权）、用益物权（宅基地使用权和集体所有土地建设用地使用权）以及地役权。《物权法》对农村不动产权利制度的明确规定，是对农民权利的根本性的法律保障。这种制度，除我国以外，不存在于任何一个国家的物权法，具有鲜明的中国社会主义特色。

---

① 《中华人民共和国物权法》，中国法制出版社2007年版。

3. 加强国有资产和国有资源的保护

《物权法》第五十六条"国家所有的财产受法律保护，禁止任何单位和个人侵占、哄抢、私分、截留、破坏。"① 第五十七条"履行国有财产管理、监督职责的机构及其工作人员，应当依法加强对国有财产的管理、监督，促进国有财产保值增值，防止国有财产损失；滥用职权，玩忽职守，造成国有财产损失的，应当依法承担法律责任。违反国有财产管理规定，在企业改制、合并分立、关联交易等过程中，低价转让、合谋私分、擅自担保或者以其他方式造成国有财产损失的，应当依法承担法律责任。"② 专门规定了对国有资产的保护。做出这样的规定，就是为了在改革开放不断深入的进程中，对国有资产进行有效的保护，在经济体制改革的过程中保障国有资产增值，避免贬值，防止国有资产流失、甚至灭失。这些规定所要保护的是国家所有权的地位，是国家所有财产的经济基础。这也保障了国民经济的健康发展。

物权法设立了国有资源所有和利用的权利体系。《物权法》在第三编"用益物权"中第一百一十九条规定了："国家实行自然资源有偿使用制度，但法律另有规定的除外。"③ 第一百一十九条规定的就是国家资源利用的特许物权制度。"特许物权，是指经过行政特别许可而开发、利用自然资源，获得收益的准物权"④。我国大多数学者将这一物权称为"自然资源使用权"因为它主要是针对自然资源的使用进行规定。关于对自然资源使用的权利，《民法通则》第八十一条有明确具体的规定："国家所有的森林、山岭、草原、荒地、滩涂、水面等自然资源，可以依法由全民所有制单位使用，也可以依法确定由集体所有制单位使用，国家保护它的使用、收益的权利；使用单位有管理、保护、合理利用的义务。""国家所有的矿藏，可以依法由全民所

① 《中华人民共和国物权法》，中国法制出版社 2007 年版。

② 同上。

③ 同上。

④ 王利明：《物权法研究》，中国人民大学出版社 2002 年版，第 610 页。

有制单位和集体所有制单位开采，也可以依法由公民采挖。国家保护合法的采矿权。"① 在《矿产资源法》《森林法》等其他的特别法中，也有相关规定。

"在传统民法中，调整土地的归属及利用关系是通过所有权和用益物权的理论和立法模式来实现的。"② 自然资源是作为土地的附属物的。而随着当代社会对土地和自然资源利用的日益多元化且不断发展，如水资源、渔业、林业等附属于土地的资源的开发和利用与土地所有人的支配范围逐渐相脱离，而具备了独特的价值。因此，自然资源的使用和开发权亦日渐形成独特的权利体系，不再视作传统一般的不动产用益物权，并催生了特许物权制度，且日趋完善。自然环境和自然资源是属于全人类的财富，对环境和自然资源的开发和利用的意义至关重要，我国《物权法》的规定就是通过对特许物权制度的确认与规范，来对环境资源予以法律的保护。从法律上对国有资产、国有资源的保护和利用，在西方国家并不存在。而我国《物权法》的这些规定，鲜明地体现了其自身的社会主义性质。同时，也体现了其为适应土地、自然资源利用的多元化发展的时代特色。

4. 对建筑物权的特别保护

建筑物的物权在我国意义重大。根据我国法律规定，不动产物权中的土地所有权归国家和集体所有。个人并不享有土地所有权。只有建筑物的所有权可以归个人所有。因而，在我国不动产物权中，建筑物的所有权是私人所有权最为重要的权利标的。因此，对建筑物的私人所有权必须加以特别的保护，以充分保护我国公民的财产所有权。

《物权法》在构建我国的建筑物不动产权利中，对外国建筑物区分所有权制度的优秀部分进行了借鉴，并结合我国实际，作了相应的修改与调整，形成了适合中国国情的城市居民建筑物所有权制度。

---

① 《中华人民共和国民法通则》，法律出版社 2010 年版。

② 杨立新：《论"物权法草案"的鲜明中国特色》，《河南省政法管理干部学院学报》2006年第 3 期。

在对城市居民住房制度进行了相应的改革之后，通过公有住房改造、购买商品房等途径，我国城市居民均享有了建筑物的所有权。

由于自新中国成立以来，我国很长一段时间根本不存在住宅私有的问题，因此，即使建筑物区分所有权是现代城市居民的住宅权利中通行的物权制度，在我国却并没有这一制度的实行。在物权法颁布之前的几十年里，并没有对相应的物权制度进行规定。所以，《物权法》对建筑物区分所有权进行的规定，可以说是解决了现实发展的当务之急。

《物权法》对居住权制度也进行了规定。我国的传统民法中并没有对居住权这一用益物权进行规定。随着我国城市居民住房制度改革，建筑物所有权归私人所有的快速增多，建筑物的用益需求也就日益扩大。居住权对建筑物的使用效能的充分发挥是有利的。为了对个人私有财产的有力保护，对建筑物使用价值的充分利用，《物权法》对欧洲一些国家的物权法有关的居住权制度进行了借鉴。结合我国的国情，设立了符合我国实际的居住权制度，使享有建筑物所有权的个人通过行使居住权来发挥其个人所有的建筑物的使用效能①。

同时，《物权法》对国外的预告登记制度也进行了借鉴。"在不动产登记制度中就对商品房期房买卖合同的预告登记制度进行了相关规定，对商品房期房交易中的弱势群体的合法权益进行法律保护以不受侵害。"为此，《物权法》第二十条专门进行了规定："当事人签订买卖房屋或者其他不动产物权的协议，为保障将来实现物权，按照约定可以向登记机构申请预告登记。预告登记后，未经预告登记的权利人同意，处分该不动产的，不发生物权效力。预告登记后，债权消灭或者自能够进行不动产登记之日起三个月内未申请登记的，预告登记失效。"② 通过物权的预告登记制度，来保护商品房买卖中购买商品房一

---

① 王利明：《物权法论》（修订版），中国政法大学出版社 2003 年版，第 531 页。
② 《中华人民共和国物权法》，中国法制出版社 2007 年版。

方的合法权益不受侵犯。

在物权法颁布之前，我国并非固有上述的建筑物的物权制度。但是，《物权法》借鉴了外国成熟的立法经验，结合我国社会的具体实践情况，对这些制度进行了规定，使之成为中国特色的制度。①

---

① 杨立新：《论"物权法草案"的鲜明中国特色》，《河南省政法管理干部学院学报》2006年第 3 期。

第 七 章

中国特色社会主义法律体系的完善

中国特色社会主义法律体系的形成，反映了我国现代化建设进程的阶段性成就，是立法长期持续努力的结果。同时又对立法产生了深远影响，使中国特色社会主义法律体系有了新的起点。在新的起点上完善中国特色社会主义法律体系，是推进中国特色社会主义制度发展完善的内在要求。中国特色社会主义法律体系的形成，使我国政治、经济、文化和社会生活的各个方面都做到了有法可依，使法的实施有了依据，依法治国的治国方略也更加落实。

尽管如此，中国特色社会主义法律体系还是面临一些需要完善的问题。虽然法律部门业已齐全，但部分的法律部门对本部门起支架作用的法律或位阶偏低，或根本没有，形成了缺失；部分具体制度尚显粗放和滞后；部分法律缺乏必要配套措施，需要在今后的实施当中不断加以改进和完善。同时，比照党的十九大提出的宏伟目标，中国特色社会主义法律体系仍有许多方面需要改进和不断完善。完善中国特色社会主义法律体系任重道远。

一 中国特色社会主义法律体系需要完善的问题

（一）诸多领域立法随社会发展还需要进一步健全

中国特色社会主义法律体系的发展与社会主义建设实践的契合度还有所不足。我国法律体系建设存在的主要问题便是滞后于实践。具体到中国特色社会主义法律体系的各部门法来说，有以下不足。

1. 宪法及宪法相关法

在未来我国社会主义法治国家建设中，宪法的法律体系基础地位还需继续强化。中国特色社会主义法律体系已经形成，一方面要继续有规划地进行科学立法，另一方面也要重视法律解释与适用。

其一是宪法解释制度方面。目前，我国正处于社会转型时期。在这个特殊而关键的时期，宪法解释对于宪法功能的发挥具有不可替代的作用。只有保证宪法的稳定性，通过解释来发挥宪法的实际功效，才能更有力地维护宪法的权威。"依宪执政""依宪治国"开始成为执政党的基本理念，针对宪法的实施，党的领导人在不同时期都提出了重视宪法解释的问题。但是有些重视宪法解释的主张始终未能上升为国家意志，转化为法律制度。不仅缺少进行宪法解释的具体实践，也没进行宪法解释方面的立法，宪法解释权长期处于"虚置状态"。

其二是违宪审查制度方面。我国已初步建立了具有中国特色的宪法监督制度，对于法律体系的建构与发展起到了积极作用。但是也应当看到，宪法监督制度在实践中面对很多新的问题。自现行宪法颁布实施以来，从总体看，宪法权威还未完全树立，违宪现象仍有存在。可以说，宪法实施的效果不佳一直是困扰我国宪政实践较大的难题之一。根据中国人民大学宪政与行政法治研究中心 2007 年进行的"中国公民宪法意识调查"显示，45% 以上的公民认为我国宪法实施状况不太理想，这就表明我国宪法文本规定和现实之间还是存在着较大的差距。

2. 行政法

党的十九大指出，我国仍处于并将长期处于社会主义初级阶段的基本国情没有变，在任何情况下都要牢牢把握社会主义初级阶段这个最大国情，推进任何方面的改革发展都要牢牢立足社会主义初级阶段这个最大实际。这一科学论断是我们完善行政法体系的主要背景。

由于我国处于社会转型期，因而创制和完善法律是完善行政法体系的重要内容。总体来说，由法律、行政法规、地方性法规以及规章构成的行政法体系有效地顺应了社会的发展变迁，使我国行政管理初步实现了"有法可依"。改革开放四十年来，各个领域的发展变化，要求行政法能够全面覆盖这些领域，而现有的法律规范由于行政实践的发展而出现一定程度的滞后现象。

3. 刑法

就我国的刑法规范的文件形式，有刑法典、单行刑法、刑法修正案、刑法立法解释以及附属刑法。我国正处于社会转型时期，需要刑法调整的新的社会关系不断产生，这就使得我国刑法立法依然活跃。从我国刑法修正案的出台频率就可见一斑。但我国现有的刑法还是有必要进行整理和反思。

目前我国的刑法暴露出的问题主要集中在如何处理刑法典与附属刑法和单行刑法之间的关系方面，还有就是对刑法修正案作为修订刑法的方式的思考。具体而言：

一是，以单行刑法或附属刑法修改刑法的不足。自1997年刑法颁布以来，我国已通过了25部单行刑法及附设其他部门法的附属刑法规范，以这种立法的形式来修改刑法，可以简便、灵活处理社会转型期刑法典不能及时应付的大量新型严重危害社会秩序的犯罪行为，针对性强，立法成本低廉，体现了其为刑法最后的保障手段。不过，这种以单行刑法或附属刑法来对刑法进行修改补充的不足也很明显：首先，单行刑法会对刑法典产生冲击，影响刑法典的持续性及稳定性。在1997年刑法典颁布之前，有很长的时间司法机关将单行刑法作为判案依据的频率极高。从某种意义上说，刑法典为单行刑法所架空。其次，单行刑法与附属刑法与刑法典并行，其法律效力易混淆，导致法律条文遵循的困惑。再次，司法机关在对刑法典还是单行刑法的选择适用，容易产生偏差。因为就单行刑法或附属刑法是否修改了刑法典，或者对其产生了哪些修改，司法机关易产生疑问；同时，对两者之间是否存在冲突或不协调之处，存在理解上的争议，从而造成司法适用的偏差。然后，单行刑法或附属刑法的特别规定可能会突破刑法典中相应条款的立法界限，造成刑法内部难以协调的矛盾。虽然在法的适用原则中有特别法优于普通法，但是还是会对司法认定产生一定的影响。还有就是附属刑法可能会违反刑法的罪刑法定原则：蔡墩铭教授认为，附属刑法的法规在刑法上预留构成要件的空白规定，而由刑法之外的补充法规如行政法规，以填补其构成要件，固可以收到灵活处罚犯罪之效果，唯站在罪刑法定主义之观点而言，不在刑法上规定构成要件，而在刑法之外法律规范规定构成要件，究不是妥当。最后，对有些单行刑法的科学性，需要进行立法规范的反思。例如，有些决定的内容，更偏向于政策的宣示，与刑法总则、分则的条文基本规范属性并不相容；若从规定个罪的性质看，未规定具体罪刑内容，就不符合分则个罪的规定形式。

二是，刑法修正案存在的不足。首先，以刑法修正案的立法方式来对刑法典进行修订，就其适用功能来说，并非万能。当要增加的新犯罪行为不能纳入刑法典分则已有的罪名体系时，就不宜采用刑法修正案。因为新的犯罪行为所侵犯的客体若超出现有刑法典犯罪分类的客体体系的范围，就不宜再勉强以增删的方式列入既有的刑法典分则体系。而是需要对刑法典的犯罪客体体系进行重构，或者通过制定单行刑法来对其单独规定。其次，就已颁布的而言，目前颁布的刑法修正案的形式基本上有两种：将刑法修正案纳入刑法典，重新颁布刑法典，实现刑法修正案与刑法典一体化；另一种则是，刑法修正案以单独的形式存在，即是修正案的内容在表现形式上未与刑法典一体化。第一种形式会使刑法典的颁布变得较为频繁，有损刑法的稳定性，不利于刑法典权威性的维护。后一种则是形式上的独立，未与刑法典一体化，不利于司法机关的适用。最后，刑法修正案所使用的立法设计条款的表述在现有的框架之下也存在值得反思之处。如，现行刑法典的文本体系是按照章、节、条、款和项的逻辑顺序排列的，但是在修正案中出现过在某条中增加一条，并作为该条之一。按照通常理解，如是第21条，再增加一条，即为第22条。不过，这样就意味着整个刑法条文的顺序全部更改。无法做到，才退而求其次，作为该条之一。但是刑法典应是具有严密逻辑性的体系，用"某条之一"始终不当，并且扰乱了刑法典本身严密的逻辑。

4. 民法

中华人民共和国民法的立法经历了曲折的过程，从 1948 年开始最早的立法准备，正式起草民法典是在 1954 年。其中又经历复杂曲折，直至 1986 年通过了《中华人民共和国民法通则》，并在此之后陆续制定了一系列民法的单行法，形成了分散的中国民法体系。我国采用民商合一模式，通常制定公司法等商事特别法，用以规范和调整商事关系，即具有营利性的民事关系。我国已制定了多个商事特别法，《合同法》也涉及商行为的特别规定。因而，在此主要就民法存在的问题和如何完善进行探讨。

首先是，《中华人民共和国民法通则》中存在一些不足。1986 年通过的《中华人民共和国民法通则》是一部既具有民法总则性质，又包括部分民法分则内容的概要性的民事法律。2017 年我国《民法总则》已开始实施。在现实生活中，《民法通则》仍然发挥着作用，因而其在我国民法历史上具有极为重要的地位。但是，由于时代的局限，《民法通则》还存在较多问题，主要是：

关于民法基本方法的规定还不够明确。民事法律关系是民法的基本方法，是贯彻始终的基本规则。但《民法通则》对民事法律关系的规定较为简单，未能突出其重要地位，也未对其是民法的基本方法作出规定。同时，对请求权基础的方法也未明确规定，未形成相应的请求权基础体系。

民事法律关系客体也存在一定问题。《民法通则》对民事法律关系的主体、内容均有规定，但对民事法律关系客体根本未予规定。民事法律关系的客体，是民事权利义务针对的对象。《民法通则》未按大陆法系的立法惯例，将民事法律关系的客体规定为物，而是将物规定在《担保法》和《物权法》中。同时，也未依照学说的主张，将民事利益规定为民事法律关系的客体。这样，便导致了客体制度的欠缺。由于没有规定物的制度，《民法通则》也就未对物规定类型以及相应的规则。从而在物的规定方面落后于世界立法潮流。

民事法律关系内容存在的主要问题是对民事权利类型规定不足,民事义务和责任规定也存在一些问题。《民法通则》对于民事权利类型的规定,采取单一标准,以权利内容为标准,即以民事权利有无财产内容为标准,将其划分为财产权、人权以及具备二者交叉性的知识产权。其中,财产权也包含了物权和债权。《民法通则》对于以权利的作用为标准而划分的支配权、请求权、抗辩权、形成权,没有做出一般性的规定,只是零散分布在单行法中。而随着民法理论研究的深入,这些权利已经抽象出一些一般性的适用规则。这些规则对于特别法中相应具体权利的行使有着积极的指导意义,在民法总则中规定这样的一般规则,具有重要意义。另外,《民法通则》没有专门统一规定民事义务。实际上,民事义务是有其自身的法则,与民事权利并非完全是一个问题的两个方面。因而,不能将民事义务简单概括为与民事权利相对的一面,如作为义务与不作为义务。因此,对民事义务不作系统规定,民事法律关系内容体系就不完整。还有,《民法通则》将民事责任集中规定,经实践检验,有其不当之处。例如,《民法通则》中对合同责任进行了规定,《合同法》中也不能不规定,并且规定还要比前者详细。可见,民法规模宏大,各种民事责任不能集中规定在一起。集中规定的弊端,就是《合同法》证明的与《民法通则》的大量重复,甚至相互矛盾。

民事法律关系内容变动存在的主要问题是《民法通则》对民事法律行为进行了专门的规定,但对作为民事法律行为核心的意思表示的规定,存在较大的漏洞,特别表现在意思瑕疵部分,研究民事法律行为,首先就要研究意思表示理论。《民法通则》对意思表示瑕疵的规定,却不甚具体。意思表示瑕疵包括了意思表示不自由和意思与表示不一致。对于意思表示不自由,《民法通则》做了较为详细的规定,而对意思与表示不一致,则存在严重的制度欠缺和失当。欠缺的主要是真意保留、隐藏行为以及误传。失当的制度主要是通谋虚伪表示以及错误。并且,《民法通则》也没对意思表示的解释作出规定。民事法律行为的成立与效力的规定比较模糊。对民事法律行为的成立与效力的界限，缺少关于生效要件的规定。《民法通则》采取成立与生效合一化规定，忽视了法律行为成立与生效实质的不同。而在民事法律行为效力的规则方面，《民法通则》与《合同法》规定某些法律行为效力的规则不尽一致，存在一定的矛盾。另外，在民事权利变动的时效方面，《民法通则》只规定了诉讼时效，没有规定取得时效。《物权法》也未对取得时效进行规定。作为民事权利主要是物权的取得方式之一，可以在时效制度中有所规定，形成统一的时效制度。而诉讼时效存在的主要问题是诉讼时效的概念不够准确。适用客体范围也未有明确的规定，必须明确规定哪些请求权适用民事诉讼时效。诉讼时效期间的种类和起算时间问题，也需要进一步改进。

另外，民法立法较为分散，没有完整的民法典。新中国成立后，民法发展经历了全盘否定国民党伪法统，废除民国民法典、全盘借鉴苏联民法思想和民法规则的过程。1986 年通过了既具有民法总则性质，又包括部分民法分则内容的概要性的民事法律——《中华人民共和国民法通则》。并在此之后陆续制定了一系列民法的单行法。2016 年民法典编纂工作已经启动，从做法上分两步走，第一步是制定民法总则，第二步是全面整合民事法律。2017 年 10 月 1 日，《中华人民共和国民法典·总则》开始实施。

因此，我国现阶段所面临的问题，不是民法去法典化和再法典化的问题，而是要在短时间内尽快实现民法的法典化，在民法典总则已经实施后，将分散的民法单行法进行梳理、编纂和全面整合，使其体系化、系统化。在实现民法的法典化过程中，尤其要注意当代民法的发展趋势，并反映出社会的特点、具有鲜明特色。

5. 经济法

中国的经济法，是在 20 世纪 80 年代初，与经济法学相伴而生的。随着经济法制呼声的增强，在经济法学酝酿和形成过程中，一系列法律、法规先后出台。随着改革开放不断深化，经过 30 多年，我国已初步形成了经济法体系。但仍有需要发展完善的地方。由于环境法在我国没有成为单列的法律部门，环境保护方面的法律，根据侧重于管理经济运行过程还是授权行政机关予以行政规制的不同，来分属经济法与行政法。因而在此，对环境法一并进行探讨。

经济法是对我国社会主义市场经济发展实践经验的总结。社会主义市场经济在不断往前发展，新形势、新实践、新任务，就给现有的经济法体系带来挑战。因而创制和完善法律是完善经济法体系的重要内容。总体来说，我国的经济法体系基本上符合市场经济需要，有效地顺应了社会的发展变迁，使我国市场经济活动实现了"有法可依"。近年来，世界经济一体化的趋势日益明显，中国经济在国际社会的地位和影响也逐步提升，各种发展变化，要求经济法要能够全面覆盖这些领域，并要以国际视野来对经济立法进行完善，这对经济立法工作提出了新的更高的要求。

环境法方面的不足主要在于：

国家立法数量颇丰，而地方、区域立法相对不足，也缺乏地方、区域特色。地方性法规往往是对国家颁布的法律法规制定实施办法，而实施办法的内容，往往大多数有与法律法规重合雷同之处，并未结合当地实际进行针对性的规定，缺乏地方特色。反思环境法律法规的执行情况，实施得不尽如人意的部分原因，也在于地方性法规没有因地制宜地制订实施方案，导致地方性法规的操作性也并不强。

环境立法在不同部门和不同层次的协调性不足。以《水法》《水污染防治法》和《水土保持法》为例，三者既有冲突，又有重叠。法律得到有效执行的前提之一就是不同部门、不同层次的立法对同一管理对象的规定相互协调一致，如果相互矛盾，势必影响法律的权威，也影响法律的执行和遵守。从总体上来看，我国环境管理方面的规定，还是存在不同部门的规章之间相矛盾，不同层级的立法之间不一致的现象。[①]

有些立法空白已经开始立法论证，有些已经列入立法规划，但是

---

① 曹明德：《关于修改我国〈环境保护法〉的若干思考》，《中国人民大学学报》2005 年第 1 期；王灿发：《论我国环境管理体制立法存在的问题及其完善途径》，《政法论坛》2003 年第 8 期。

在一些重要的环保领域，我国尚缺乏专门的立法。如在温室气体控制、生物安全、遗传资源保护、农村环境保护、化学物质环境管理等领域尚没有专门立法。最多只有国务院行政法规或国家政策，规则效果也并不明显，甚至还有恶化的趋势。① 以往，我们的环境立法会将视线专注于城市和工业污染，而较少考虑农村的情况。随着工业污染从城市转向农村，农村环境问题日益突出。2008 年国务院召开了新中国成立以来首次全国农村环境保护会议，对今后全国的农村环境保护工作作了全局性、整体性部署，确立了保护农村环境的一些重要政策。但是还需加强对农村生产生活方面等资源的保护立法。

有些立法已经无法适应环境保护的需要。以《环境影响评价法》为例，在 2016 年修订之前，虽然该法在评价范围上由过去仅对建设项目进行评价扩大到对规划进行评价，但是对于战略、政策、法规和计划，并未纳入《环境影响评价法》规定的环境影响评价范围。尤其在关系重大的国民经济和社会发展机会方面，都不包括在其评价范围内。为很多学者所批评。另外还有规范力度不够，有制度规范难以实际操作等不合理之处也是我国环境法体系需要进一步加以完善的方面。

6. 社会法

存在体系性缺失。法律的体系性不仅仅是指法律规范形式上的完善，还包括法律规范内在逻辑建构的完善。在社会法法律部门内，作为该部门重要组成部分的劳动法分支随着《劳动合同法》《就业促进法》以及《劳动争议调解仲裁法》的颁布实施已日趋完善。不过，我国社会保障法分支还不够坚强。虽然 2010 年 10 月 28 日第十一届全国人民代表大会常务委员会第十七次会议通过了《中华人民共和国社会保险法》，但是除了特殊群体的权益保障立法外，如《未成年人保护法》，便未有其他法律层级的规范来调整社会保险、社会救助等其他社会保障关系。而在《社会保险法》实施之前，实际调整社会保险、

---

① 汪劲：《环保法治 30 年：中国成就与问题》，《环境保护》2008 年第 11 期。

社会救助等社会保障关系的规范，多是国务院颁布的行政法规、各部委的行政规章，甚至是国务院或者相关部委发布的政策性文件。2012年10月，受国务院委托，民政部部长李立国向全国人大常委会报告社会救助情况，《社会救助法》才列入全国人大的立法工作计划。事实上，自2005年国务院正式启动草案起草工作后，历经国务院常务会议两次审议均未通过。社会救助法亟须破冰，它的制定，将使得社会法的体系在形式上更加完善。但实质上并非如此，由于内在逻辑缺失，使得目前所呈现的社会法内在体系缺失。此外，我国虽制定了《职业病防治法》与《安全生产法》，但二者在立法目的以及立法技术等方面的制约，与劳动保护法或职业安全卫生法相去甚远。

社会法体系性的缺失，使得社会法的适用面临较多问题：一方面，社会立法缺乏体系性，导致立法重复，新旧法以及不同位阶的法律规范之间存在适用上的冲突；另一方面，体系性的缺失又导致立法存在一定的遗缺和漏洞。

相关制度适用困难。我国社会法立法具有强烈的政策导向性，立法机关在制定相关法律时较多地考虑制度的社会效果，而往往轻视甚至忽视制度的规范性、逻辑性，使得相关制度适用困难。如《劳动合同法》制定过程中，为解决《劳动法》实施过程中所暴露的种种问题，在《劳动合同法》中相应地设定了诸多的制度，如针对用人单位不签订书面劳动合同，事实劳动关系普遍化的问题，《劳动合同法》规定用人单位有订立书面劳动合同的义务，且规定了相应的责任。然而，该制度的问题在于，书面劳动合同的订立是双方当事人协商一致的结果，并非由用人单位单方决定，因此在实践中，会存在以下两方面的困难：一方面是用人单位并不能单方决定书面劳动合同的订立，然而法律又明确了其订立书面劳动合同的义务，因此可能会出现因劳动者原因导致书面合同无法订立却要用人单位承担责任的情况；另一方面则是当因用人单位主观原因无法订立书面劳动合同时，劳动者无法据此要求订立书面劳动合同，仅能以用人单位不订立书面劳动合同为由，要求用人单位承担相应责任。

7. 程序法

现行的刑事诉讼机制本身存在问题，一些规定不够完善。客观地说，中国的刑事诉讼法在国际上处于相对落后的状态。要改变这种现状，就要对我国刑事诉讼法进行重新修正。我国在 1997 年和 1998 年签署了联合国《经济、社会、文化权利国际公约》和《公民权利和政治权利国际公约》。到目前为止，《公民权利和政治权利国际公约》已签署了十多年，但是我国仍然未批准该公约，国际社会的承诺须兑现，刑事诉讼法的修改就势在必行。就刑事诉讼法的修改，近年来的调研、论证活动已经作了很多，"修改建议稿"也出了几部，但是仍未落到实处。究其原因，还是因为遭遇了以下的瓶颈①：

司法改革不配套。党的十八大明确提出进一步深化司法体制改革，坚持和完善中国特色社会主义司法制度，确保审判机关、检察机关依法独立公正行使审判权、检察权。2012 年通过的第二次修正的刑事诉讼法，正是在这样大的司法体制改革的背景下展开，刑事诉讼法完善的核心命题，是合理配置公权力和切实保障公民权利，这些均涉及公检法司等机关的权力分配，这有赖于司法改革从国家全局出发对司法权力进行科学调配，有赖于司法体制改革对体制障碍进行修理或清除。不过，就目前实际来看，司法改革除了使死刑复核恢复到现行刑事诉讼法的规定外，其他涉及刑事诉讼法的改革依然少见，这对刑事诉讼法修改和完善是十分不利的。党的十九大报告指出："深化司法体制综合配套改革，全面落实司法责任制，努力让人民群众在每一个司法案件中感受到公平正义。"因而，若司法体制不加以调整，旧有刑事诉讼的根基仍在，刑事诉讼法的修改也难有作为。

立法体制中的部门本位主义。刑事诉讼法的修改，由全国人大法工委具体实施，但是我国立法中有些部门还是长期存有一定的本位主义倾向，刑事诉讼法的修改、完善又与公检法司的权力及职责紧密相

---

① 朱景文、韩大元：《中国特色社会主义法律体系研究报告》，中国人民大学出版社 2010 年版。

连，因此在对刑事诉讼法的修改过程中，全国人大法工委对公检法司等实际部门的意见都十分重视。这些机关从自身的工作和部门职权出发，往往会对改革提出不同的意见。各部门之间的意见便有可能不易协调，难以达成一致，使得刑事诉讼法的修改需要费很大的力气。同时，若刑事诉讼法的完善走所谓精英主义进路，使讨论局限于专门机关和专家学者，缺乏对基层民众声音的倾听和吸纳。但就与公民利益的关联度而言，刑事诉讼法并不比物权法、婚姻法这些民事基本法弱。因为被追诉人有可能是任何一人，任何一人也有可能成为犯罪被害人，无论哪种情形都需要通过刑事诉讼来主张权利。而社会大众对刑事诉讼法修改的参与积极性和参与度不高，也是刑事诉讼法再修改的动力不够强劲的一个重要原因。

我国现行民事诉讼法制定于 1991 年，在 2007 年和 2017 年进行了局部的修改。就这部民事诉讼法本质来说，是对 1982 年的民事诉讼法立法思想和模式的沿袭。随着改革开放的深入和社会主义市场经济的确立，民事纠纷日益增多，也呈现出了新的特征，民事诉讼法从根本上很难适应现代社会的发展需要。但是，2007 年的修改，只是针对审判监督程序和再审程序进行了小范围的修改，2017 年修改，也只是针对第五十五条增加了一款。远不能满足实际的需要，因而民事诉讼法仍然存在着大量的问题亟待解决。

一部科学合理的法典，其外在表现就是要具有严密的体系结构。因此，对法典的完善，不仅仅是对其内容进行完善，还应包括体系结构的调整。我国民事诉讼法典的体系结构从整体上来说是合理的，但是随着经济发展也逐渐凸显出其不甚科学的部分。如：证据制度，我国的证据制度规定较为粗泛，在民事诉讼法中仅有 12 条，无法适应审判实践的需要；由于基本原则、制度理念都有根本差别，且体例受限，因而将执行程序规定在民事诉讼法中，结构上不尽科学，执行部分也无法深入立法，影响执行问题的解决；因适用原则、程序皆不相同，但却将非诉讼程序与通常诉讼程序一起规定在民事诉讼法的审判程序中，客观上造成了立法混乱和布局的失衡。

我国现行民事诉讼法所确定的基本原则的范围过于宽泛，没有把握好基本原则的认定标准，导致很多非原则性规范乃至具体规则都规定在了基本原则之中。

同时，我国民事诉讼法在具体制度上存在的问题也较多：在管辖问题上的制度规定比较散乱；审判程序方面，我国的起诉条件规定的过于苛刻；单一的两审终审制无法适应现实的需求；再审程序经过修改仍存在改进的余地。

（二）"以人为本"的精神还需进一步深化

中国特色社会主义法律体系现有立法与"以人为本"的要求还有一定差距。这在法律法规的制定、修改中，对人的自由、权利的关怀不足表现较为明显。不少法律在配置权利和义务时，都将权利居于其次的位置，没能很好地体现"权利本位"的要求。在中国特色社会主义法律体系各部门法中的具体体现有：

1. 民法

在对民事主体的规定中，《民法通则》存在的问题是对民事主体的范围规定不完整，主要是对自然人的规定不够完善。首先是自然人民事行为能力制度的不足。《民法通则》对自然人民事行为能力的类型，只规定了完全民事行为能力、限制民事行为能力和无民事行为能力三种。其中又只规定未成年人与精神病人为无民事行为能力人或限制民事行为能力人，对欠缺民事行为能力的特殊自然人却没有规定。欠缺民事行为能力人，是指民事行为能力欠缺的人，如老年人、连体人、植物人以及心智丧失的人。在保护这类自然人方面，民法有明显缺陷。此外，将未成年人规定为无民事行为能力人的年龄标准过高，规定10周岁以上的未成年人才具有部分受限制的民事行为能力。这跟实际情况，并非十分切合。然而我国儿童的学龄为7周岁，意味着，在其一至三年级期间，都无民事行为能力，不能实施任何民事行为。其次是《民法通则》规定的监护制度不足。依照目前规定，监护制度只适用于未成年人和精神病人，即只对无民事行为能力和限制民事行为能力的未成年人或精神病人设置监护予以保护。而关于成年监护制度，在世界各国修法补充成年监护制度的20世纪末，我国并未跟随世界民事立法的潮流，未对《民法通则》做任何修改。在这方面较各国相对落后。另外，《民法通则》对监护制度的规定还存在一些其他问题，如将监护等同于亲权，在监护人选择方面法定顺位欠妥，缺乏对监护的监督方面的规定。再次是《民法通则》对第三类民事主体的规定欠缺。《民法通则》中在"自然人"的规定中，规定了合伙和个体工商户、承包经营户；"法人"的规定中，规定了联营。而在《合同法》和《民事诉讼法》中，又规定了其他组织为合同法主体和民事诉讼主体。因而造成了民事法律主体制度的混乱。

2. 社会法

其一，我国的社会法，往往忽略社会的自主性。社会法与传统私法的重要区别之一，就是在于传统私法是基于人的自然属性而展开，而社会法则主要是基于人的社会属性展开的。因此，传统私法中突出主体的"自然人"地位，而社会法中则突出主体的"社会成员"地位。社会法往往采取多种调整模式，其中除了国家干预之外，还包括个体自治以及社会团体自治。近年，我国立法在不断强化的是社会领域的国家干预。而社会法中，社会组织的自治却未得到应有的重视。如工会团体组织的自治，社会保险经办组织的自治等。有些学者对中国特色社会主义法律体系进行检讨时，就提出"应重视社会自治和个体自主在法秩序形成中的意义"。①

其二，我国公民社会权的保障缺乏必要的稳妥性。尽管近年全国人大常委会先后颁布多部社会立法，但就整体而言，我国目前社会法制运行的主要规范依据是行政法规、部门规章以及相关行政机关发布的通知等规范性文件。因而，社会法总体上是以行政为主的立法模式。

一方面，为了便于实际具体问题的解决，中央或地方行政机关颁

---

①　张志铭：《转型中国的法律体系构建》，《中国法学》2009年第2期。

布了大量的关于公民劳动权或社会保障权的行政法规、规章或其他规范性文件。然而，根据公民基本权利的相关理论，诸如劳动权、社会保障权等公民基本权利原则上应该遵循法律保留的原则，即关于公民劳动权以及社会保障权的事项应该由法律予以规定，尚未制定法律的，亦应由全国人民代表大会及其常务委员会授权国务院规定。因此，公民社会权的保障缺乏必要的妥当性和稳定性。如，为应对金融危机、降低企业负担，切实落实中央"保增长、扩内需、调结构"的指示方针，2009年广东省广州市劳动保障局会同财政局、地税局联合发布《关于阶段性调整广州市城镇职工基本医疗保险和工伤保险缴费比例的通知》（穗劳社函〔2009〕467号）。根据该通知，广州市将阶段性地降低城镇职工基本医疗保险、工伤保险以及失业保险的缴费比例。社会保险缴费比例的调整涉及的是参保人的社会权，原则上是由法律予以规定。但是，广州市的这项通知是由市劳动保障局调整，显然有失对公民社会权保障的妥当性。

　　另一方面，社会法立法内容庞大复杂，且受立法技术的影响，在有关社会领域的法律中大量采用授权性规范，并且在社会立法中，相关授权被转授权给地方政府的情形较多，严重影响到社会法的确定性。如《社会保险费征缴暂行条例》授权省、自治区、直辖市人民政府根据当地实际情况扩大失业保险的适用范围，将社会团体及其专职人员、民办非企业单位及其职工以及有雇工的城镇个体工商户及其雇工纳入失业保险的范围。① 各地也纷纷据此出台相应规范性文件，扩大失业保险的适用范围。但是根据《立法法》的规定，关于失业（社会）保险应该由法律规定，若法律未规定的，则可授权国务院制定行政法规。由于我国失业（社会）保险法尚在制定过程中，因此《劳动法》中授权国务院制定相应的行政法规，其规定"劳动者享受社会保险待遇的条件和标准由法律、法规规定"，但"被授权机关不得将该项权力转授给其他机关"。

---

① 《工伤保险条例社会保险费征缴暂行条例》，法律出版社1999年版。

3. 程序法

刑事诉讼法对人权的保障还缺乏宪法支持。宪法性刑事诉讼规范存在局限和缺位。鉴于人权保障的重要，刑事诉讼法的许多条款，或者当事人尤其是被追诉人的诉讼权利，都规定于宪法之中，所以刑事诉讼法被称为"实践中的宪法"。因而，刑事诉讼法对人权的保障需要得到宪法的有力支持。我国宪法中对于刑事诉讼中的宪法性原则，如无罪推定原则等，尚付阙如。而宪法中关于批捕权的规定限定了批捕权司法化的改造，关于公检法机关的相互分工、相互制约原则的规定，更是限制了控审分离、控辩平等、审判中立的现代诉讼框架的建立。宪法对刑事诉讼原则规定的局限与缺位，极大压缩了刑事诉讼法修改的空间。

民事诉讼法对当事人权利的保障还不够。诉讼模式在诉讼中有根本性作用，因其从根本上制约着当事人和法院在诉讼中的作用、地位和相互关系。我国的诉讼模式长期以来受苏联模式的影响，坚持国家干预主义，在立法上也是实行国家本位。加之长期以来坚持追求实体公正，因此强调法官的职权，而忽视了当事人的权利保障，在民事诉讼模式的选择上采取了超职权主义的诉讼模式。随着改革开放的深入，社会主义市场经济体制的建立，我国超职权主义的诉讼模式已不适应社会经济的发展而亟待改进。

（三）传统法制惯性思维还需进一步转变

我国古代法制的特点之一就是"以刑为主、诸法合体"。对实体法的倚重，造成了程序法的严重缺失。以至于形成"重实体、轻程序"的惯性思维。一直到晚清修律才从西方引进了相关的程序法。程序法治是法治的基础与核心。但是"重实体、轻程序"的传统在中国特色社会主义法律体系业已形成的今日，仍需进一步转变。

1. 环境法

重实体性规定，欠缺环境纠纷处理方面的规范和程序性的规范。在纠纷解决方面，尤其突出的是，我国目前还未出台环境纠纷处理法等法律，对于环境诉讼中，常见的公益集团诉讼问题也没有相应的法律规定出台。环境立法中，往往重视规定当事人的实体权利义务，而缺乏对当事人权利实现的程序性保障。

2. 非诉讼程序法

尽管当前非诉讼程序法在纠纷解决和社会治理中，已得到社会的认同和支持，但是在立法方面仍然存在一些问题。

已制定的非诉讼程序法体系中，存在矛盾和冲突。由于不同的法律规定各有不同，导致对法律或制度的理解、功能设定、预期目标和评价标准的差异。一些法律的规定确实十分明确，但在实施中却未得以实现；一些法规实际上业已失效；一些执法机关未能很好履行自己的纠纷解决职能；更多的解决纠纷机制并没有法律依据。

现行有关法律法规远远不足以调整各种快速发展和形式多样的非诉讼纠纷解决机构及其实践活动，相对于实务部门在实践中的创造和社会的需求而言，立法存在非常明显的滞后和缺失。一方面，在当前多元化纠纷解决机制的构建中，立法并没有显现出积极的作为，由于立法争议分歧多、难度大，以至于部分立法的走向与国家宏观政策及实践需求有所脱节。另一方面，已制定的立法多数仍延续粗放的立法风格，原则性强，操作性却相对较弱，很多实体规则不清，极易产生引起相互矛盾的解释，在细节和操作性方面也存在着较大的缺漏。同时，对纠纷解决的程序和多元化方面的需要也少有关注。几乎每一部新的法律都会导致一波新的纠纷诉讼高潮。

从社会条件和环境的角度看，非诉讼程序立法和多元化纠纷解决机制的建构还面临着诸多困难。如：社会与法律界观念中诉讼至上的一元化思路仍占主流，律师行业整体对纠纷解决机制整体性参与和积极性不高，法学界则是对调解保留一定的疑虑；当前社会自治和宽容程度及当事人参与和对话沟通能力均不尽人意，这便需要一段时间去探索发展制度的设计和实际的运行；既有纠纷解决机制中仍然存有缺失；理论准备尚显不足，立法者和学术界尚缺少理性设计和科学构建多元化非诉讼程序的能力。

二　中国特色社会主义法律体系完善的路径

中国已经进入改革发展和全面建设小康社会的关键时期。中国将根据经济社会发展的客观需要，不断健全各项法律制度，推动中国特色社会主义法律体系不断完善。国内外形势的新情况新变化，广大人民群众的新要求新期待，改革发展稳定面临的新课题新矛盾，迫切需要法律制度建设予以回应和调整。为适应推动科学发展、促进社会和谐、全面落实依法治国基本方略的要求，当前和今后一个时期，中国将根据经济社会发展的客观需要，紧紧围绕实现科学发展、加快转变经济发展方式、着力保障和改善民生、推动和谐社会建设，不断健全各项法律制度，推动中国特色社会主义法律体系不断完善。①

（一）与时俱进加强重点领域立法

虽然构成中国特色社会主义法律体系的各个法律部门已经齐全，中国特色社会主义法律体系已经形成，但是，从中国特色社会主义事业发展的总体布局来看，还需对经济、政治、文化及社会领域全面加强立法，完善中国特色社会主义法律体系，使之与我国现实发展阶段相适应。

1. 宪法及宪法相关法

其一是制定专门的宪法解释程序的法律。就我国目前的宪法而言，对于宪法解释并没有做出专门的规定。除了概括的对全国人大常委会解释宪法的职权进行了规定外，无法找到其他有关解释宪法的内容，如，宪法解释主体及宪法解释程序，都未作出规定。这样宪法解释就缺乏必需的文本依据，无法可依，增加了宪法解释过程中的不确定性。

---

① 中华人民共和国国务院新闻办公室：《中国特色社会主义法律体系》，人民出版社 2011 年版。

因而有必要对专门的宪法解释程序的法律进行制定。专门的宪法解释程序的法律可以具体到宪法解释过程中的各个环节，避免不确定性，能够使宪法解释活动进行得更加规范、有序。学界对于我国现行的宪政体制是否可以进行解释宪法的活动，存在着争议。主要的争论焦点还是集中在宪法解释的主体上。但就宪法运行机制的问题，学界的观点还是比较统一，即是宪法解释与宪法修改并重。随着对宪法解释研究的深入，已初步完成了对宪法解释的范畴与方法论的理论建立，对宪法解释的实践具有指导意义。

专门的宪法解释程序的法律关乎宪法实施和监督，能否得以制定和实施，直接关系到宪法的发展与走向。因而我们需要明确的是以下一些方面：首先，需要专门制定的是法律性质的宪法解释程序。解释宪法涉及的是具有最高效力的宪法，故这一解释应当具备法律效力。更为关键的是，解释宪法活动是对国家权力的整体运行以及公民基本权利的保障产生影响。其次，制定专门的宪法解释程序的法律，其立法目的在于使宪法解释具备运作的可行性，同时不影响国家既有的法律秩序与社会生活。因此在制定相关提请法律时，在解释宪法的提请条件和宪法解释的程序审议方面应作相对严格的限制。再次，制定专门的宪法解释程序的法律，作为解释宪法的程序法，其框架就应按照解释宪法的过程来设计，即涉及宪法解释请求的提起、受理，宪法解释案的审议及通过。最后，专门的宪法解释程序的法律是程序法，应注重解释宪法的程序，并力求规定具有可操作性。

同时，通过宪法解释的文本缺失这一问题的总结，在今后的立法规划与法律体系的构建中，我们应更加注重进一步理顺法律的制定、修改以及解释三者之间的关系。将法律解释视为与法律制定、法律修改同等重要的一种完善宪法的运行形式，使法律在解释中完善，在解释中丰富。

其二，健全违宪审查制度。健全中国特色的违宪审查制度是建立稳定的宪法秩序的重要保障，是构建完善、统一、协调的中国特色社会主义法律体系的重要条件。首要的便是积极转变观念，进一步提高对宪法地位和功能的认识，同时还应加强以下方面：

坚持党的领导，党的各级组织和全体党员在遵守和执行宪法方面，要起到模范作用。新中国成立后的宪法发展表明，什么时候执政党确立了正确的政治路线，尊重宪法，宪法就会取得良好的社会效果；什么时候执政党脱离了正确的政治路线，不重视宪法权威，便会必然导致理想与现实的冲突。① 历史的经验教训是十分重要的。1954 年宪法在现实中没有得以良好实现，最后只能被虚置。依宪治国，是依法治国的关键。如果宪法权威得不到维护，就不可能形成法治国家的基础，法治国家的建设进程也会受到阻碍。

选择适合中国国情的违宪审查制度。健全中国特色的违宪审查制度，应从我国实际情况出发，合理借鉴外国经验。违宪审查制度的不同模式反映了各国的现实国情。宪法监督体制应与本国实际相适应。对我国宪法监督体制进行完善，也应从我国实际特点着眼，将既有资源充分利用起来，以促进我国宪法监督制度的进步。

进一步完善违宪审查程序，树立宪法权威，保障法律体系的协调统一。《立法法》和《法规备案审查工作程序》启动违宪审查后的审查程序做出了相应的规定，但存在一些具体规定的不足。仅仅规定了依申请启动违宪审查的程序，没有规定对交付备案的法规进行主动审查的程序，并且没有对申请的受理程序、审查组织、审查程序和审查后的效力等做出具体规定。② 《立法法》和《法规备案审查工作程序》对违宪审查的启动主体的范围也做出了规定，范围之广泛几乎涵盖了所有的社会主体，公民个人也包括在内。将公民个人作为违宪审查的启动主体，这一立法的初衷是对公民个人权利的保障。但是《立法法》和《法规备案审查工作程序》对公民个人对违宪审查提出申请后，违宪审查机构对其是否回复、如何回复并没有规定。所以从制度实际运行来看，如果不对违宪审查的请求条件进行设定，反而不利于

---

① 韩大元：《1954 年宪法与新中国宪政》，湖南人民出版社 2004 年版，第 561 页。

② 韩大元：《关于提高立法质量的宪法学思考》，《河南社会科学》2010 年第 5 期。

实际操作。《宪法》和《立法法》规定的违宪审查对象为三类：行政法规、地方性法规、自治条例及单行条例，即对法规、条例本身是否与宪法相违背进行审查，对法律和司法解释适用违宪审查与否并未规定，并且，对国家机关依据法律所实施的行为无法直接进行违宪审查。

设立专门的违宪审查机关。从目前发展趋势来看，具有在全国人民代表大会下建立专门的违宪审查机关的必要性，使违宪审查更加规范化、系统化。

我国的违宪审查机关是全国人大及其常委会，但实际上全国人大并不具备进行违宪审查的现实条件。因为全国人大每年仅召开一次会议，会议期间可能要讨论和解决较长时间段内的问题，并没有更多的时间和精力来进行违宪审查工作。其常设机关全国人大常委会，会议也相对频繁，同时担负着立法的重任，并监督这些法律的实施情况，进行违宪审查也不现实。目前，全国人大常委会法工委内设的法规备案审查室承担了一定的违宪审查职能，但是由于级别、人员和制度设计的限制，它也没充分担负起人们期望的违宪审查重任。在这种情况下，全国人民代表大会下建立一个专门的违宪审查机关具有客观的必要性。在全国人大之下成立一个相对独立的宪法监督委员会专司违宪审查事宜，直接隶属于全国人大，对全国人大及其常委会负责，具有可行性及现实操作性。

2. 行政法

如何及时修正、完善行政法，根据行政实践认真贯彻法律成为关键。任何一个国家的行政法治建设都是循序渐进的，必须符合社会发展总体趋势和步伐，行政法体系的构建与健全，是非常漫长的过程。目前，我国行政法体系建设的重点是完善不可或缺的、急需的、立法条件比较成熟的法律。具体而言：

制定相关行政部门法。虽然中国特色社会主义法律体系已经形成，但是相对其他部门法而言，行政法体系大批基础性的行政法欠缺实施。我国行政法经过快速发展，已经形成基本的框架。虽初具规模，却仍需填充、细化、完善。立法与执法之间并未很好的衔接，以至于很多法律条文虚置。诸多行政法领域仍然缺乏基本的法律规范，相当程度上存在"无法可依"或"规范层次较低"等问题。① 相较于民事、刑事、经济等法制体系，行政法体系建设较为落后。除了一些基本的行政法律之外，如行政处罚法、行政许可法，行政法治建设还依赖于诸多行政部门法的健全和完善。同时，随着社会的发展，依法行政的内涵也在不断发展。这就使得重要领域的部门行政法体系建设显得尤为关键。这也正是行政法治建设的重要内容和宗旨。

对现有法律修改调整。行政法体系完善的另一个重要任务就是对现有法律进行适当的调整和修正。由于总体上我国处于转型期，法律的生命周期相对于社会已经成型、相对稳定的发达国家而言较短。这就要求我们根据社会形势的需要及时做出修改和调整。我国当前所面临的改革，在整个世界发展史上少有，因而鲜有经验予以借鉴。这就使得我国行政法也要面临不断的尝试、调整和修正。而我国当前行政法治建设是立法主导型，这种模式注定了我国行政法体系建设与我国行政法治实践存在一定程度的脱节，也就导致了许多法律必须做出修改。更为关键的是，我国行政法起步晚，引进先进理念的时间并不长，注定原来颁行的诸多行政管理法缺乏法治理念的指引。②

总之，现有行政法体系面临着新的调整、改革，法律修改对于行政法体系形成与完善有着重要的作用。我国法治建设是立法主导型，这种模式的优势在于速度快，能够在短时间内建立先进而完善的法律体系，但是缺点也是显而易见的。因为法治理论与法治实践存有一定的差距，在某种情况之下，法律就有可能因实践而滞后为一纸空文。因此，对法律进行修改、调整也是完善行政法体系的重要内容。

3. 刑法

其一，采用刑法修正案模式。刑法修正案对刑法典的修改是在内容上增删，直接明确地对刑法典中有关条文内容进行修改、补充。就

---

① 罗豪才：《社会转型中的我国行政法制》，《国家行政学院学报》2003 年第 1 期。

② 朱景文、韩大元：《中国特色社会主义法律体系研究报告》，中国人民大学出版社 2010 年版，第 197 页。

效力来说，其法律效力与刑法典效力处于同等地位，因其本身就属刑法典的一部分，而不像单行刑法和附属刑法，独立于刑法典。因而在很大程度上保证了刑法典的连续性和统一性，在结构体例上维持了原法典的完整性，避免了刑法典与单行刑法或附属刑法并行的局面。司法机关在适用的选择上也就不必再考虑特别法与普通法效力衡平的问题。

刑法修正案对刑法典的修改具有修改补充功能和增设新罪功能。修改补充主要是针对已有刑法规范的不足。而增设新罪是针对社会上新出现的严重危害行为，而已有刑法典未将其规定为犯罪。这不仅打击了新的犯罪行为，并保持了刑法典的权威性。[①]

刑法修正案是通过立法程序对刑法典进行局部修改补充，因而具有灵活、及时、针对性强、立法程序相对简便的特点。[②] 附属刑法所附属的是基本法律，也面临着立法成本、法的稳定性和延续性等问题。相比基本法入罪化或非罪化的修改，刑法修正案的立法成本较少，将一些既关涉刑法总则废、改也关涉分则立的问题进行有针对性的修改和补充。同时，修正案因其直接附属刑法典，在司法实践中，便于司法者的认定，也利于法律在公众中普及和实施。

刑法修正案作为统一刑法典的一部分，其条款设置必须和刑法典的立法语言、技巧及思路保持一致。单行刑法比较多的是以决定的形式出现，附属刑法的立法形式则属于该类部门法，而刑法的立法语言、立法技巧和立法思路有着自身特有的方式，故该部门法的立法语言、立法技巧和立法思路与刑法典可能会不太一致，有造成两者一定程度的不相兼容。

其二，改善修正案制订模式和修法技术。以修正案的立法思路从根本上维护了统一刑法典的完整性，避免了单行刑法和附属刑法的不足，但是针对前述刑法修正案存在的不足，在坚持以修正案维护刑法

---

① 黄京平、彭辅顺：《刑法修正案的若干思考》，《政法论丛》2004 年第 3 期。

② 赵秉志、王燕玲：《改革升放 30 年刑法立法基本研究述评》，《法学杂志》2009 年第 3 期。

典统一模式的同时，应对现有制订模式和修法技术进行相应的改善：

正确归类新的犯罪客体即犯罪种类，在现有犯罪客体规定基本完善的刑法典中，找到应然位置，以使该新罪的罪刑达到恰当的规制。

截至 2018 年，刑法修正案已出台了十个。在下一次制定刑法修正案时，可以考虑重新颁布刑法典，并与采用明确罪名的形式相结合，对其中的条款集中按照法典的逻辑顺序进行重新排列，既可以理顺法条之间的协调，又可以使得各个刑法修正案本来属于法典的性质得以充分体现，还更便于司法机关的适用。

立法机关应当规范立法机关关于修正案的相关修正权限。刑法修正案是单行刑法和附属刑法频繁、分散缺陷的产物，但是 1997 年刑法颁布后，也因频繁出台刑法修正案如同"头痛医头，脚痛医脚"而备受诟病。刑法立法的一大难题便是对社会生活的滞后性和不周延性。因而，可以从立法的前瞻性去考虑。针对一些学者和司法人员建议较多的条款，从修改、补充的总量上看，已达到可局部修正的程度。法的修改和补充受法定限制通常比法的制定更多，且严格。特别是由于非制定者进行的法的修改和补充，限制则更为严格。刑法是关于生杀予夺的法律，按照《立法法》的基本立法原则，全国人大常委会可以对全国人大制定的法律进行部分修改或补充，而不能进行全面的补充和修改。因而，可以考虑由全国人民代表大会启动对刑法典的全面修改，并重新公布刑法典。如，1982 年宪法，已进行五次修改，通过了五个宪法修正案，但是全国人大都是将宪法修正案的内容纳入宪法，重新公布宪法。

4. 民法

民法典编纂工作已经启动，从做法上分两步走，第一步是制定民法总则，第二步是全面整合民事法律。《中华人民共和国民法总则》已由中华人民共和国第十二届全国人民代表大会第五次会议于 2017 年 3 月 15 日通过，自 2017 年 10 月 1 日起施行。

要制定统一完整的民法典，目前需要完成的工作是全面整合民事法律，完成民法典分则、分编的梳理编纂工作。我国制定民法典的基本框架和主要内容，应当有别于其他大陆法系国家的民法典，其基本框架和主要内容应包含以下方面①：

民法总则。主要规定民法的基本原则、基本方法和基本制度。在此不再赘述。

人格权法编。坚持在"民事权利"一章关于人格权立法的创新做法，坚持人格权立法的"中国特色"，在民法典中设立专编，全面规定民事主体应当享有的人格权，并置于民法分则的首要位置，突出其价值，彰显其作用。立法机关在 2002 年的民法草案中已经规定了人格权法编的基本框架，建议启动人格权法的立法程序。

婚姻家庭法编。将现有的《婚姻法》和《收养法》进行修改整合，全面规定民法典的亲属法或者婚姻家庭法，全面规定亲属法律制度和身份权体系，确立亲属基本制度，全面保护配偶权、亲权和亲属权，规范和推进和谐的亲属家庭关系建设。

继承法编。对现行《继承法》的内容进行全面修订，修改不科学的继承规则，补充欠缺的继承制度，使继承制度相对完善。

物权法编。在已颁布的《物权法》基础上，进一步对物权基本制度进行修改和整合，规定完善的所有权制度、用益物权制度、担保物权制度以及占有制度。目前《物权法》已经全面实施，对于存在的具体规则规定不足的问题，应通过司法解释进行完善，并在民法典的编纂中，对物权法具体规则不足的点进行全面补充。

债法和合同法编。已颁布实施的《合同法》是分为总则与分则。并且分别规定了合同订立、生效、履行、消灭以及违约责任等基本制度。同时还规定了买卖、租赁、委托、行纪等有名合同的具体规则。在总则中，规定了大量的债法总则的内容。因而，可以考虑制定债法总则，将合同法则中关于债法总则的规定全部转移到债法总则中规定。在其后，规定合同法的一般规定和有名合同的规则。

---

① 朱景文、韩大元：《中国特色社会主义法律体系研究报告》，中国人民大学出版社 2010 年版。

侵权责任编。在已制定的《侵权责任法》规定的责任构成、责任方式、抗辩事由等侵权责任一般规定的基础上，对产品责任、机动车交通事故责任、医疗损害责任、环境污染责任、高度危险责任、物件损害责任等多种特殊侵权行为类型的责任进行了更为细致的规定。将这部法独立成编，从体例结构方面，对将侵权法一般规定在债法中的大陆法系民法的传统做法进行改变，借鉴英美法系的传统，突出其作为民事权利保护法的地位和作用，使其具有更大的法律调整空间，能够保障在民事权利方面发挥更大的作用。

5. 经济法

第一，关注匡正经济结构失衡制度的构建。在维系公平有序的竞争秩序下，经济立法与政策应更加关注匡正经济结构失衡的制度构建。随着市场主体利益观念的觉醒，加之改革开放市场一体化政策的推动，由于禀赋、历史、政策等因素导致的区域性不平衡的利益分配，直接促成生产要素突破行政区划界限，向有利于最佳利益实现的区域流动，这给传统行政区域的公共管理带来了新的课题。为此，在立法与政策上，关于经济布局、产业结构的调整应成为主导性内容。通过这样的立法转型，来牵制需求管理导向的财政政策与金融政策，同时作为重要参数来对竞争政策、收入政策，以及进出口政策等政策进行价值衡量。以重经济调整的理念与规则为引导，对传统宏观调控法系统的内部构造进行改造，即，以围绕产业政策法作为调整其他宏观调控立法的重点和方向。

第二，以公共性导向凸显经济法之价值精髓、促进与其他法律部门的融合。工业和后工业时代的经济帝国，普遍将经济性的公平、效率、效益视作社会进步与发展的评价基准，有悖于经济理性的真实世界与制度安排，常常是促发社会变革的导火线。即便是政府基于政治追求或民众福祉的财政紧张，抑或是保留民族瑰宝，都要依托于经济方面的制度安排。由此，社会治理的各类规则，从家庭到企业，从个人到国家，都内嵌有经济规律的作用成分，比如交易价格、比如税收约束。经济性，或者说是效率性，应作为评价传统法部门规则设定与实施成效的重要指标。与此同时，一个微观市场主体经常被赋予公共利益的价值指引，诱导其超越个体理性去维系社区、地区、全国乃至国际化的利益。这样，个体就不再是孤立的主体，而是存在于公共利益的结构中。私人的社会化、公共化，直接导致立法中公私权益相互渗透的规范交集。

因而，由经济法学界倡导的公共性经济关系，应当逐步扩展到传统私法和公法领域，公私交互调整。专门立法要依循行业和经济领域分而调节，同时赋予决策、执行以及研究人员更结构化的思路，并对监管结构和技能提出新的要求。比如，循环经济与能源立法对经济、社会、生态发展目标的系统组合，公共财政立法的调整延伸到政府组织机构设置、政府间关系以及社会保障事业、公民权等领域。

第三，运用技术与量化规则。当经济性关系与一般性的法治理论相结合时，定性规范客观上需要通过可测量、可控制的技术与量化规则予以体现。即，将法治价值与目标，转化为公众普遍可以理解、接受的指标。运用这种量化法治的技术，使经济社会专业化、细化调整。从市场准入资格、竞争状态描述，到财政资源分配、进出口贸易促进，均需充分、公允、合法的量化指标作为立法与决策的支撑。因此，经济立法应当更加关注量化规则，重视技术性规范在立法体系中的重要性。在以往的体系构建中，技术性规范的典型形式就是标准，一直被忽略在监管规范的边缘，这与渐进性改革中"粗放式"立法思路及技术、管理水平落后相关联。

第四，在对经济法总论与部门法研究时，应当实行"双向推进""相互交融"以推动经济法体系的科学化。经济法体系不仅是经济立法与政策的文本表现，也是探索规律、解决问题的理论塑造。伴随社会经济生活的迅猛发展，经济立法应用不同视角、不同方法来解读现实。如，从民法、行政法、刑法的角度，以及经济学、管理学还有哲学等学科。以多元化的思考与研究，来拓展经济法的发展空间。在这些思考与研究之间，应相互借鉴、取长补短。而立法内容的调整，也应重视专门领域，特别是新兴领域的研究，比如文化产业，政事分开，以及虚拟经济。同时也应持续对经济法总论进行完善，将经济法所含公共性、结构性特点，在经济立法中进一步体现，并以此影响其他部门法的发展。

环境法完善的路径在于：

首先，对环境单行法律法规进行完善。根据生态文明建设的具体要求，结合实际环境问题，主要应完善的是能源保护以及污染防治等方面的内容。对现行环境单行法律法规进行法律清理、整合，同时也要加强配套立法，填补新领域、新问题的空白，才能有效改进既定环境法律体系。具体来说：

整合完善污染防治法。污染防治法是传统环境法的基本内容。应对污染防治法中与环境基本法相重合的内容进行梳理，强化其程序性与实施性的规定。将既定并已付诸实践的各类规章中针对环境标准的规定法律化，并针对土壤污染、有毒废物、化学危险物品、核安全、放射性物质污染防治等现代环境问题制定法律规范。

加强与气候变化控制相关的整体性立法以及资源与能源领域的立法。可以借鉴国外做法，制定一部应对气候变化的综合性法律；在资源和能源领域要加快制定《能源法》，以统率我国的能源政策、能源管理、开发和利用；并修订完善《水法》等法律法规，使之符合我国气候变化的综合性法律及国家政策。

整合生态环境建设领域内的单行法律法规。除了在环境基本法中补充具有统率指导意义的原则条款外，要着力解决目前相关立法部门条块分割而不利于生态系统保护的问题，另外需填补生物安全、遗传资源、自然遗迹等诸多领域的立法空白。同时贯彻人文生态环境资源与自然生态环境资源整体保护原则，建立健全同时包含人文与自然生态要素的区域性环境立法工作，协调整合现有人文生态环境资源保护和自然生态环境资源保护的法律法规，使其相互融合，形成对同时包含人文与自然生态要素的区域进行整体保护的分支立法。

加强环境权益的程序性法律规定和纠纷解决机制方面的立法。《政府信息公开条例》之后，专门针对环境信息公开出台了《环境信息公开办法（试行）》，对公众的环境知情权有了法律保障，但尚需进一步制定、完善关于公众参与环境保护的方式、程序以及环境行政听证等方面的立法；建立环境责任保险、环境损害赔偿基金等法律制度等。

完善关于循环经济、清洁生产方面的法律法规。虽然我国已经颁布实施了《清洁生产促进法》《循环经济促进法》，但这两部法律更多地是制定了原则性的规定。而只有出台配套性法律法规，才能使得清洁生产和循环经济真正得以实现。

在涉外环境立法领域，须符合 WTO 规则与国际环境公约的要求。完善贸易中的环境保护管理法规，特别是涉及人类健康、动植物的生命安全、公共安全产品强制性认证以及全球环境保护等方面的国内配套立法工作；制定适宜我国具体实际的环境标志、环境标准管理体系的实施规范，并对环保市场准入制度作出规定；加强对外贸易及引进外资项目的环境管理，制定和完善防止国外对我国可能产生的"污染转嫁"等方面的法规。

其次，环境立法工作应注重整体协调性。首先是要对环境立法做出整体的规划。党的十四届五中全会将可持续发展战略纳入"九五"，党的十九大报告明确提出，加快生态文明体制改革，建设美丽中国。按照要求，对环境立法做出整体的规划，有利于统一环境立法指导思想，避免立法的盲目性；有利于消除不同环境法律法规之间的冲突，提高环境法律体系内部的协调性；也有利于缓解不同部门、地域、主体之间在环境保护方面的利益冲突，对建立科学的环境法律体系至关重要。然后便是要完善整体性、区域性环境立法。我国目前的环境区域立法主要表现为地方人大或政府根据全国通行的环境法律法规制定适用于本行政区域内的地方性环境法规或规章等。从内容来看，地方性环境法规、规章并未与本地实际相结合，对当地生态环境的特殊性把握不够；也未联系周边其他地区情况，从大环境把握生态的普遍性。立法的针对性、整体性和前瞻性较差。同时我国目前尚缺乏针对某一流域性或生态特征相同的区域制定的跨行政区划的流域性或区域性环境立法，这不利于对流域或生态特征相同的生态区域进行整体保护。在改进我国环境法律体系的过程中，便应更加注意加强流域和区域环境的立法。

再次，修改、完善其他部门法中有关污染防治和生态环境保护的法律规范。修改、完善刑法，采取一定刑罚手段，加强打击环境资源犯罪的力度。可以考虑对刑法"社会管理秩序罪"中环境资源保护犯罪进行细化和完善，并可以考虑专章进行规定。修改、完善物权法，制定物权法中与环境资源保护相关的关于海域使用权等相关规定的实施细则。修订、完善民事诉讼法、行政诉讼法，制定司法解释，建立适应现代环境法对环境公益诉讼、起诉资格放宽条件等要求的诉讼法律制度，维护环境资源权益，进行环境资源保护。

最后，加紧开展授权立法、配套立法等工作。现行法律法规有明确立法授权的，应尽快完成授权立法；需要对法律制定实施细则或单项法规的，应尽快完成实施细则配套性立法；针对上位法中原则性的规定，需要规定具体制度与措施的，应尽快完成实施性立法；需要对上位法中规定的行政处罚作出细化规定的，应尽快完善具操作性立法；同时，应健全与缔结、参与国际环境条约相关的环境法律法规。[①]

6. 社会法

由于社会法立法与社会经济的发展密切相关，因而，社会立法本身具有较强的多变性和政策性的特点。尽管中国近年的社会法立法取得了一定的成就，但在我国经济经过数年的高速发展之后，社会问题和社会矛盾日益凸显，社会法立法滞后于社会建设的需求，因此国家立法机关将社会领域的立法作为近年的立法重心。针对之前分析的我国现有社会法体系的不足，在立法完善方面，应注意以下：

强化社会法的体系性。增强社会法的体系性，可以避免重复立法，节约立法资源，亦可有效预防立法冲突和立法漏洞，避免造成法律适用的困难。体系性是法律规范内在逻辑的体现，可以从两个方面来理

---

① 蔡守秋：《完善我国环境法律体系的战略构想》，《广东社会科学》2008 年第 2 期。

解：一是宏观，不同的法律之间要相互协调，构建社会法整体的体系；二是微观，构建各部社会法的各具体制度应有其各自的逻辑结构，符合体系性的要求。两方面密切关联，微观方面的体系性是建立社会法宏观体系的基础。强化社会法的体系性，应注意：

第一，梳理现行的社会法律规范，通过修改和废止旧法，尽量提高现行法律规范的体系性和逻辑性。在劳动法领域存在大量颁布于20世纪90年代之前的规章和政策性文件，其中很多都保有当时历史阶段的影响，有浓厚的计划经济色彩。这些规范已落后于劳动关系实践，同时也可能与劳动法的基本原理相违背。因此应当尽快对相关规章和政策性文件进行调整和清理。第二，社会法立法应坚持以完善单行法为基础，通过法律编纂的方式，逐步向法典化迈进。在我国的社会法体系中，存在大量的法律文件，较为零散，离法典化还有较大的距离。但相比较而言，劳动法分支的体系性更为完善。就章节内容来看，1994年颁布的《劳动法》涵盖了劳动法的各方面内容，初具法典的形式。同时，《劳动合同法》《就业促进法》等为劳动法体系提供了支撑。就社会保障法分支来看，其本身离体系性尚存较大距离。2011年实施的《社会保险法》从形式上类似于《劳动法》，采取了综合性立法模式。将各险种以及社会保险的相关流程都涵盖其中。第三，社会法具体制度的构建，应摒弃政策立法的思路，回归法律制度本身的逻辑构造和目的。首先应明确相关制度设置的目的，确定制度内容时，应该科学剖析制度的构件，认真分析构件的逻辑含义。对于所确定的每个制度构件应该综合社会立法的理念和技术进行评估，而非空有理念或技术。结合制度制定之初衷，对制度的实际运行进行评估。唯有如此，才能切实满足劳动关系的实践需求，使制度构建具正当性、合理性。

增加社会法中法律的比重。除了效力的区别，法律与行政立法之间还存在灵活性与稳定性的区别。尽管行政立法有利于弥补法律灵活性不足的缺陷，但行政立法缺乏明确性和稳定性也将影响劳动关系和社会保障法律关系的稳定性和一致性。我国现行社会法中，行政立法大量存在。这有其客观原因，主要是我国社会经济存在地区发展不均衡现象，中西部地区与东部地区在经济发展水平方面存在较大的差距，因此无论是劳动关系领域还是社会保障领域都难以在全国范围内采取统一的标准，而行政立法则可以适应各地的具体情况。然而，这种以行政立法为主的模式应逐步转变。因为随着社会经济发展，未来我国经济水平地区差距必将逐步缩小，为此，社会立法应与之适应，全国逐步相统一。并且，从社会法的属性和功能来看，其应该有利于缩小区域发展的差距，促进区域发展的平衡。同时，随着人口流动的加快，行政立法为主的模式，使得相同的人在不同地区享有的权利存在差别，面临平等性的问题。以深圳为例，关内关外最低工资标准是存在区别的。而所谓关内关外，实际上，只是曾经一道门的界限。因此，人口流动促使社会立法打破行政隔阂，逐步全国统一。

7. 程序法

由于事关公民生命、自由、财产安全，无论立法、司法界，理论、实务界，都非常重视。过去，司法一直将结果上的公正奉为圭臬，而在很大程度上忽视程序的公正。在实体法的适用存在障碍时，程序本身就是解决纠纷的一种手段。因此对刑事诉讼法进行修改，进一步加以完善，并在法律界达成共识。

实现刑事诉讼法与国际条约和准则接轨。我国应围绕近年来所加入的一系列国际条约和国际准则，将这些条约和准则中涉及刑事诉讼的相关内容规定到国内法律中去。在国际法规则中，"条约必须遵守"是一个古老的有"强行法"性质的国际惯例，是通行的国际法准则。一个国家有权不缔结或不参加某一国际条约，也可以参加或缔结条约时提出对某些具体条款保留。但是，一旦一国参加或缔结了某一国际条约，就必须履行。针对我国1998年已经签署的《公民权利和政治权利国际公约》，刑事诉讼法的修改与完善应将公约涉及的内容集中进行规定，变成刑事执法的依据。

清理、修改司法解释。刑事诉讼法的修改和完善，需要对最高人民法院、最高人民检察院、公安部、司法部分别或联合发布的一系列关于刑事诉讼法的司法解释加以清理。中国现行的刑事诉讼法有290条，而与之相关的司法解释达到了1400多条。因此，我们应当提升刑事诉讼法的权威和效力，以刑事诉讼法作为办案的依据，而非以创造或授权的方式去解释。对此，可以考虑增加刑事诉讼法的条文。如果刑事诉讼法过于简单粗略，就容易引起我国刑事司法程序出现问题，在保障人权、实现程序正义方面难以发挥功效。

提高立法技术、改善立法体例。现行的刑事诉讼程序在立法技术上存在显而易见的缺陷。由于不少规定很难操作，致使执法者拥有无限的自由裁量权。甚至有些规定，若公检法机关违法，几乎不会在诉讼程序上产生任何的法律后果。如，有关部门剥夺了律师会见在押犯罪嫌疑人的权利，在诉讼程序上不会产生任何法律后果。可以说，如果不在立法技术和立法体例上进行明显的改革，立法机关制定的刑事诉讼法将不会得到有效实施。

民事诉讼法模式的选择、体系结构、基本原则最终体现和落实在具体制度上，因此针对之前提到的具体制度中存在的问题，应进行以下的完善：

关于管辖，在级别管辖与管辖权转移方面，应当在立法上明确规定级别管辖的客观性的可操作标准，取消上级人民法院将管辖权转由下级法院行使的权力；协议管辖方面，我国的规定体现了国外、国内的双轨制，实则应当适当扩大协议管辖的案件类型和管辖法院，规定凡是财产利益纠纷都可以协议管辖，管辖法院和案件有实际联系便可承认默示管辖。

关于回避，我国的回避制度规定比较严格，但在整体回避和审判委员会成员回避方面没有规定，这使得回避制度不够完整，影响回避作用的发挥。我国审判委员会有权决定案件的审理，但未对审判委员会成员的回避问题进行规定，因而应当根据我国实际情况，规定审判委员会成员的回避。

关于证据，在民事诉讼法再修改时，对于证据的立法，应当明确证据的概念，建立必要的证据原则和证据规则，着重对证据能力进行规范，赋予特殊人员做证豁免权，划分法院、当事人搜集证据的范围、权限并给予相应的证据效力。

关于审前程序，我国现行民事诉讼法对审前程序的规定过于粗糙，同时立法与司法解释关于审前程序的规定也存在着冲突，如《民事诉讼法》规定被告不提出答辩状的，不影响人民法院审理。但是最高人民法院《关于民事诉讼证据的若干规定》却规定被告应当在答辩期届满前提出书面答辩，阐明其对原告诉讼请求及所依据的事实和理由。因此，应当强化审前程序，建立以当事人收集交换证据、确定案件争议焦点为主线，以法院指导当事人举证、防止程序拖沓为补充的审前程序，加强审前程序整理争点、过滤纠纷、分流案件的作用，同时协调立法与司法解释的冲突之处。

关于起诉，我国现行的起诉条件过于苛刻，实际上是实质审查。必须经实体审理才能明确的规定，放在起诉条件中，在客观上加剧了起诉的难度。在民事诉讼法的修改中，应当从保护当事人的诉权角度出发，在起诉上实行程序性审查，建立立案登记制度。

关于审级制度，我国现有的审级制度过于僵化，无论繁简，所有案件都适用两审终审制，忽略了案件的个体差异，也不利于审判资源的合理利用。因而可以考虑在简易程序之外建立起适用于小额案件的小额诉讼程序，实行一审终审。同时，对重要、复杂的案件实行有限的三审终审制。具体来说，就是在审前准备阶段，就根据案件的繁简差异或当事人的合意，进行案件分流，将部分简单案件交由简易程序或小额诉讼审理程序，实行一审终审；少数重大复杂案件实行三审终审，以实现审判资源的合理分配。

关于再审程序，未将当事人的提起再审申请归入审判监督，凸显了超职权主义的色彩，再审申请事由也需要进一步程序化、具体化。此外，还应根据时代发展的需要，对部分具体的程序制度进行重构。比如代表人诉讼制度、公益诉讼等。

总之，民事诉讼法的修改与完善，是一项系统的工程，需要从整体上进行修整和重塑。

（二）坚持以人为本的立法原则与价值取向

完善我国法律体系建设应进一步坚持"以人为本"的价值取向，这是社会主义立法的最终归宿，也是中国特色社会主义法律体系建设的必然要求。以人为本，就是要把满足人的全面需求和促进人的全面发展作为社会经济发展的根本出发点与落脚点，围绕人们的生存、发展的需求，提供充足的物质文化产品、服务和制度保障，围绕人的全面发展，推动经济和社会的全面发展。坚持以人为本，就是要强调以人为本是社会主义法律必须坚持的最高价值和基本精神。

1. 社会法

社会法立法在强化国家干预的同时，应突出社会主体的自主性。究其原因，在于：

第一，强化社会主体的自主性是民主法治国家权力制约原则的具体体现。权力制约是民主政治的核心和关键，在社会立法领域，国家的干预必不可少，但其重点还在于如何发挥社会主体的自主性。因此，无论是在劳动法分支还是社会保障法分支，国家的干预都应具有限定性，即国家对于劳动关系当事人双方的意思自治的干预，仅仅是基于生存保障的需要，设定适当的限度，如最低工资制度等。

第二，社会法所指的社会，其本身包括了主体的社会性。这主要是指社会法保障对象及权利保障主体或服务主体的社会性。社会法是以社会多数成员为保障对象，并非是针对某个特定的个体，因而社会法的保障对象具有社会性。在劳动法中，劳动者自由结社组成工会，与雇主或雇主团体进行团体协商，维护劳动者权益。而社会保险法中，社会保险经办机构通常由来自雇主、劳动者以及中立方的代表组成，作为事业单位，其具体负责社会保险的管理和提供相关的服务。而且实质上，参与社会保险运行的，除了社会保险经办机构之外，还有诸多其他的主体，因而权利保障或服务主体也具社会性。

社会主体的自主性除了社会成员个体的自治之外，主要是指社会团体组织的自治。社会团体自主性的发挥，可以弥补立法机关有限理性的缺陷，又可以在国家强制与社会法律关系主体自治之间设立有效缓冲地带，增强法律调整的灵活性。我国社会法立法中需要重点强化两个社会团体的主体性：在劳动法分支中，应突出工会组织的地位。虽然我国工会组织的建会率和入会率都较高，但基层工会组织，尤其企业内部，仅具有形式上的团体协商、行动的能力。缺乏实质性与用人单位谈判的能力。事实上，劳动关系的运行不能脱离工会组织的存在。目前我国劳动关系实践中暴露最多的问题，如拖欠工资、工伤事故频发等，都与工会组织的地位不明确、职能缺位有关。在社会保障法分支中，应强化社会保险经办机构的社会自主性。我国现行的社会保险法律规范对于社会保险经办机构的组成、地位等规定较少，仅仅明确社保经办机构是归属于劳动保障行政部门的事业单位。因此其人员构成，运行规则等诸多方面都受制于劳动保障行政部门，缺乏足够的独立性和自主性。而我国频发的社保基金挪用案亦与此相关。

笔者认为，我国的社会保障立法应该强化社会保险经办机构的独立性和自主性，首先社会保险经办机构的组成应由来自劳动者、用人单位、劳动保障部门以及中立方的代表构成。社会保险经费主要来自劳动者和用人单位的缴费，因此，主要由他们的代表组成经办机构负责社会保险的登记、缴费、待遇的给付等相关事项，能够极大地促进社保经办机构运行的有效性。还有，应该明确社保经办机构的运行规则，强化其独立性，其中关键是明确其与劳动保障行政部门之间的关系。

2. 程序法

刑事诉讼法需要围绕控辩诉讼模式建构整体配套措施和保障机制。1996 年刑事诉讼法修改时，吸收了英美法系中当事人主张的先进经验，建立了刑事诉讼控辩式庭审模式。但是审前程序并未作太大变动，主要是对审判程序进行了改变。在控辩式庭审模式中，法官不再像过去那样讯问被告人，再向其出示证据，而是居中听取控辩双方的举证、质证和辩论，再作出裁判。这种审判方式有显著优越性，但对抗制的有效运转需要一系列配套措施，如对证人和律师的保障等。刑事诉讼法的完善，需要借鉴一些国外的先进经验，建立如证据开示制度等确保对抗制有效运转的一整套机制。

民事诉讼法则需要明确诉讼模式选择，对我国诉讼模式进行重构，除了需要考虑两大法系的各自优势，还应着重考虑我国的实际情况。充分吸收世界范围内的发展成果，充分发挥后发优势。对民事诉讼法的体系结构进行调整，应以审判程序为重心，充实审判程序的相关立法，将与审判程序有本质区别的部分，从民事诉讼法中独立出去。修订民事诉讼法的基本原则，需要在现行规定基础上充实辩论原则和处分原则，现行的辩论原则和处分原则没有规定当事人行使辩论权和处分权对法院的制约作用，因此应当在其中加入约束性内容，真正达到诉权对审判权的制约。

（三）转变立法传统惯性思维增强法律可操作性

在认识传统法律体系及其演变规律的基础上，与时俱进，转变思路、改进模式。从传统惯性的立法理念和禁锢的思维中解放出来，深入推进科学立法，提高立法质量。科学立法，是既要研究我国的传统法律文化，又要深入研究国外法律体系的先进经验，在传承基础上发展创新。

1. 环境法

我国环境法体系的完善，具体改进方法应是在修改《环境保护法》为环境基本法的基础上，结合国际发展趋势和我国环境法治建设的实际情况，修改、制定有关法律法规，最终形成以环境基本法统领的环境法律体系。

修改《环境保护法》，使其发挥基本法的效力。就目前现实情况来看，我国现行的《环境保护法》在效力等级、立法思想、原则及内容方面，都难以发挥统摄环境法律体系的作用。在修改《环境保护法》时应注意，作为环境基本法，其规定应当保持适度的原则性，体例上应具有逻辑性，应符合环境保护实践中预防、管制、整治和救济的逻辑顺序。环境基本法所确立的基本制度应具有一定抽象性，及对于环境污染防治和生态资源保护的各方面都可适用。同时，环境基本法应在立法上，坚守自身的统摄性，对有待制定其他法律予以具体化的制度，应当明确规定授权制定的内容、适用范围、原则、程序、冲突解决等内容，以保持环境法体系内部的协调一致。环境基本法应保持一定的稳定性，对于目前无法具体规定但将来条件成熟时可能要补充规定的内容，应先作出原则性规定，或规定启动有关程序的规则，为以后的补充，留出余地或者"导入口"。①

从立法层次来说，修改后的《环境保护法》应提升其作为基本法的法律地位和效力等级，以真正发挥其统领环境法律体系的作用。从内容来说，应当改变该法重环境污染治理、轻自然资源保护的现状，使其成为一部坚持可持续发展，防治和保护并重的法律。具体内容，可以考虑包含：总则，即对立法目的、调整对象、核心概念的界定、适用范围、基本原则等一般性规定。政府环境保护管理的组织体制与决策机制，主要涉及环境保护主管机关的权限、组织的设立等。环境法基本制度，主要涉及环保信息公开制度、环境标准制度、环境影响评价制度等。还有就是环境法律责任和环境损害救济，主要涉及环境基金制度、环境责任保险制度、环境纠纷处理及补偿等。② 同时还应设立附则，对法律的生效、补充规定和解释等问题作出规定。

2. 非诉讼程序法

立法在多元化纠纷解决机制的构建中具有重要作用，但短期内实际作为十分有限。因此，一方面，我国建构多元化纠纷解决机制的过程中，应充分估计其复杂性和长期性，努力寻求符合国情和社会需求的发展路径，在时机成熟时通过制定和修改法律促进多元化纠纷解决机制的建构；另一方面，实事求是地认清社会现实，立足于传统资源，结合现实条件，尽可能保留基层和各地实务部门实践探索的空间，通过实践经验和创新以多种方式弥补法律的不足和缺陷，为立法和制度

---

① 周珂、梁文婷：《中国环境法制建设30年》，《环境保护》2008年11月10日。

② 朱景文、韩大元：《中国特色社会主义法律体系研究报告》，中国人民大学出版社2010年版。

的成熟创造条件。具体如下：

在条件较为成熟的领域，积极推进与多元化纠纷解决机制直接相关的综合立法。修改民事诉讼法、行政诉讼法以及仲裁法等。特别是，涉及公民诉权的限制、司法资源的配置、司法权限与行政权限、民间自治的关系方面的规范，包括专属管辖、调解前置、调解、仲裁组织的建立及其权限、临时仲裁、对非诉讼处理结果的司法审查、执行等法律制度，一般难以通过行政规章、司法解释等做出突破，便尤其需要通过法律做出明确和相对具体的规定。立法的内容和作用主要包括：在立法中明确非诉讼机制的地位、作用，倡导多元化纠纷解决机制的理念，引导民众和当事人选择各种替代性程序解决纠纷；鼓励各种社会组织或行业组织依法建立纠纷解决服务组织和程序，扩大法律授权，加以规范；对各种调解的范围、功能和效力做出符合社会需要的拓展，修正已经滞后的限制性规定，做出相应规范；对各种非诉讼程序与司法程序的衔接做出更为合理的规定。

在各种专门领域，特别是新兴的社会法领域的部门立法中，应注重实体法和程序法的结合，形成专门化的规则体系和纠纷解决机制，并通过行政规章或实施细则形成完整的体系。对目前已经制定的法律和相关制度，应及时根据实践的反馈进行调整和完善，通过修改法律、制定实施细则或行政法规弥补立法的不足，构建专门领域的多元化纠纷解决机制。

通过制定地方性法规补充法律和行政法规的不足，根据本地实际情况建立具有地方特色的多元化纠纷解决机制。由于各地经济发展、文化传统和法律实施的程度不同，公共财政、社会自治程度、司法资源配置等方面均存在较大的差异，所以很难通过国家立法建立完全统一的纠纷解决机制，只能在确立基本法律制度后，允许各地根据实际作出更具操作性的调整和填充。因此，一方面，基本法律本身会给地方性法规留下较大运作空间，另一方面在法律尚未明确统一规定的领域，地方性法规也可以有很大作为。各地经验表明，在宪法和法律的统辖之下，地方性多元化纠纷解决机制能够有效地实现综合治理的目标，提高法律实施的适应性，同时也成为地方适度分权的一种特殊形式。

通过实务部门在实践中创新与探索。近年来，对社会纠纷多发的严峻局面和社会治理的实际需求，各级政府和部门都承担着及时妥善处理纠纷矛盾、服务公众，构建和谐社会的政治任务和具体工作职能，纠纷解决数量成为政绩评价和责任追究的标准，同时也受到舆论的高度关注。在这一背景下，司法机关和行政机构以及基层自治组织更加重视提高构建有效的纠纷解决机制保障社会稳定与和谐，重视发掘传统调解资源，积极进行制度创新和实践。

司法解释。最高人民法院制定的规范性司法解释文件，实际上具有授权性立法和准法律渊源的功能。在基本法律、行政法规存在各种缺漏和不足的情况下，司法解释在保障法律适用和实施方面具有及时、具体、操作性和适应性强等诸多优势；与地方性法规和实践经验探索相比较而言，又具统一性、原则性和规范性强的特点，在我国法律运作实践中具有不可替代的作用。

以上论述的完善途径，在目前我国复杂的社会环境下，具有重要作用，可以相互补充，不可偏废。

结论与展望

中国特色社会主义法律体系是我国法治建设得之不易的宝贵成果，其中蕴含了党依法执政的基本经验。

马恩列法律思想、毛泽东法律思想、中国特色社会主义理论体系所蕴含的法律思想是中国特色社会主义法律体系的理论基础，为正确把握有中国特色社会主义法律体系的性质、功能和价值提供了理论依据。

中国特色社会主义法律体系最根本、最本质的属性是社会主义性质。中国特色社会主义法律体系的"中国特色"主要体现在中国特色社会主义法律体系的民族性、人民性、时代性。中国特色社会主义法律体系既植根于中国传统法律文化的滋养，同时又吸纳了外国法律文明成果。将"以人为本"作为立法原则与价值体现，把满足人的全面需求和促进人的全面发展作为社会经济发展的根本出发点与落脚点，围绕人们的生存、发展的需求，提供充足的物质文化产品、服务和制度保障，围绕人的全面发展，推动经济和社会的全面发展。在中国特色社会主义法律体系的保障下，我国的人权事业取得了历史性的发展。同时，中国特色社会主义法律体系作为一个科学的体系，把握了时代的内容，集中反映了时代的特征，体现出了时代精神的精华。

中国特色社会主义法律体系的形成，反映了我国现代化建设进程的阶段性成就，是立法建设长期持续努力的结果，从而使我国政治、经济、文化和社会生活的各个方面都做到了有法可依，使法的实施有了依据，依法治国的治国方略也更加落实。尽管如此，中国特色社会主义法律体系还是面临一些需要完善的问题。虽然法律部门业已齐全，但部分的法律部门对本部门起支架作用的法律或位阶偏低，或根本没有，形成了缺失；部分具体制度尚显粗放和滞后；部分法律缺乏必要配套措施，需要在今后的实施当中不断加以改进和完善。随着社会的发展，法学界深入研究和对国外法律借鉴吸收中国特色社会主义法律体系将进一步健全。同时，比照党的十九大提出的宏伟目标，中国特色社会主义法律体系仍有许多方面需要改进和不断完善。完善中国特色社会主义法律体系任重道远。

对于中国特色社会主义法律体系的"中国特色"研究，本书经过大量文献资料的整理研读，力图对中国特色社会主义法律体系的"中国特色"进行全面深入的研究，并希冀有所突破和创新。随着社会主义市场经济、民主政治发展，公民作为个体自然人的一系列权利和利益得到前所未有的重视，并为中国特色社会主义法律体系所确认。中国特色社会主义法律体系对于公民个人权利的保障与代表最广大人民根本利益之间的关系如何协调，以及随着经济全球化的深入，中国特色社会主义法律体系如何既符合我国现实国情，又能够更好与国际接轨，都是需要进一步思考和研究的问题。不过，由于理论功底、研究能力的限制，本书对中国特色社会主义法律体系性的"中国特色"研究，还存在诸多的不足和缺憾。特别是研究思路还需进一步拓展、研究内容还需进一步深化，同时，针对上述的问题，在今后的学习工作中还需进行更加深入的总结和研究。

参考文献

著作类

《马克思恩格斯全集》（第 3 卷），人民出版社 1960 年版。

《马克思恩格斯全集》（第 4 卷），人民出版社 1958 年版。

《马克思恩格斯全集》（第 6 卷），人民出版社 1961 年版。

《马克思恩格斯全集》（第 6 卷），人民出版社 1960 年版。

《马克思恩格斯全集》（第 23 卷），人民出版社 1960 年版。

《马克思恩格斯全集》（第 25 卷），人民出版社 1960 年版。

《马克思恩格斯全集》（第 37 卷），人民出版社 1971 年版。

《马克思恩格斯文集》（第 1 卷），人民出版社 2009 年版。

《马克思恩格斯文集》（第 2 卷），人民出版社 2009 年版。

《马克思恩格斯选集》（第 1 卷），人民出版社 1995 年版。

《马克思恩格斯选集》（第 2 卷），人民出版社 1995 年版。

《马克思恩格斯选集》（第 3 卷），人民出版社 1995 年版。

《列宁全集》（第 8 卷），人民出版社 1986 年版。

《列宁全集》（第 31 卷），人民出版社 1986 年版。

《列宁全集》（第 35 卷），人民出版社 1986 年版。

《列宁全集》（第 37 卷），人民出版社 1986 年版。

《列宁选集》（第 3 卷），人民出版社 1995 年版。

《列宁选集》（第 4 卷），人民出版社 1995 年版。

《毛泽东文集》（第 4 卷），人民出版社 1991 年版。

《毛泽东文集》（第6卷），人民出版社1999年版。

《毛泽东文集》（第7卷），人民出版社1999年版。

《毛泽东选集》（第2卷），人民出版社1991年版。

《毛泽东书信选集》，人民出版社1983年版。

《邓小平文选》（第2卷），人民出版社1994年版。

《邓小平文选》（第3卷），人民出版社1993年版。

《江泽民文选》（第2卷），人民出版社2006年版。

《江泽民文选》（第3卷），人民出版社2006年版。

江泽民：《全面建设小康社会，开创中国特色社会主义事业新局面》，
人民出版社2002年版。

江泽民：《论"三个代表"》，中央文献出版社2001年版。

《彭真文选》，人民出版社1991年版。

《万里文选》，人民出版社1995年版。

彭真：《论新中国的政法工作》，中央文献出版社1992年版。

薄一波：《若干重大决策与事件回顾》（上），中共中央党校出版社
1991年版。

曹新明：《对法律部门划分的质疑——以知识产权法的定位为切入
点》，载孙国华主编《中国特色社会主义法律体系前沿问题研究》，
中国民主法制出版社2005年版。

《出版管理条例音像制品管理条例》，中国法制出版社2011年版。

崔建远、申卫星等：《物权法》，清华大学出版社2008年版。

［德］W. 杜茨：《劳动法》，张国文译，法律出版社2003年版。

东北人民大学法律系民法教研室编：《中华人民共和国民法政策法令
汇编》（第三辑），1955年版。

［俄］B. B. 拉扎列夫主编：《法与国家的一般理论》，王哲等译，法律
出版社1999年版。

范愉：《非诉讼纠纷解决机制研究》，中国人民大学出版社2000年版。

付子堂：《马克思主义法律思想研究》，高等教育出版社2005年版。

高放：《科学社会主义的理论与实践》，中国人民大学出版社2003

年版。

《工伤保险条例社会保险费征缴暂行条例》，法律出版社 1999 年版。

公丕祥：《当代中国的法律革命》，法律出版社 1999 年版。

公丕祥：《法制现代化的挑战》，武汉大学出版社 2006 年版。

龚延泰：《列宁法律思想研究》，南京师范大学出版社 2000 年版。

《关于审理劳动争议案件适用法律若干问题的解释》，中国法制出版社
　 2001 年版。

《国务院关于完善企业职工基本养老保险制度的决定》，中国法制出版
　 社 2005 年版。

韩大元：《1954 年宪法与新中国宪政》，湖南人民出版社 2004 年版。

韩延龙：《中华人民共和国法制通史》，中共中央党校出版社 1998
　 年版。

何继龄：《马克思主义中国化问题研究》，中国社会科学出版社 2006
　 年版。

何勤华、李秀清：《外国法与中国法——20 世纪中国移植外国法反
　 思》，中国政法大学出版社 2003 年版。

河南省法学会：《调解制度理论与实践》，郑州大学出版社 2010 年版。

［加］查尔斯·泰勒：《自我根源：现代认同的形成》，韩震等译，译
　 林出版社 2001 年版。

《建国以来重要文献选编》（第一册），中央文献出版社 1992 年版。

姜云宝：《九届全国人大常委会法制讲座》，中国民主法制出版社 2003
　 年版。

蒋传光：《邓小平法制思想概论》，人民出版社 2009 年版。

李步云：《走向法治》，湖南人民出版社 1998 年版。

李飞：《中国特色社会主义法律体系辅导读本》，中国民主法制出版社
　 2011 年版。

李林：《中国特色社会主义法律体系的构成》，载刘海年、李林主编
　 《依法治国与法律体系构建》，社会科学文献出版社 2008 年版。

李龙、程关松、占红沣：《以人为本与法理学的创新》，中国社会科学

出版社 2010 年版。

梁慧星、陈华彬:《物权法》,法律出版社 2007 年版。

刘旺洪:《行政与法治——中国行政法制现代化研究》,南京师范大学出版社 1998 年版。

[美] 史蒂芬·B. 戈尔德堡、弗兰克·E. A. 桑德、南茜·H. 罗杰斯、塞拉·伦道夫:《纠纷解决——谈判、调解和其他机制》,蔡彦敏、曾宇、刘晶晶等译,中国政法大学出版社 2004 年版。

《人民调解工作若干规定及其配套规定》,中国法制出版社 2002 年版。

沈宗灵:《比较法研究》,北京大学出版社 1998 年版。

《十六大以来党和国家重要文献选编》(上二),人民出版社 2005 年版。

《十六大以来党和国家重要文献选编》(上一),人民出版社 2005 年版。

《十七大以来重要文献选编》(上),中央文献出版社 2009 年版。

《十四大以来重要文献选编》(上),人民出版社 1996 年版。

《十五大以来重要文献选编》(上册),人民出版社 2000 年版。

孙国华:《邓小平理论、"三个代表"重要思想与中国民主法制建设导论》,中国人民大学出版社 2004 年版。

孙国华:《马克思主义法理学研究——关于法的概念和本质的原理》,群众出版社 1996 年版。

孙国华:《中国特色社会主义法律体系研究——概念、理论、结构》,中国民主法制出版社 2009 年版。

孙宪忠:《德国当代物权法》,法律出版社 1997 年版。

田克勤:《邓小平理论体系研究》,东北师范大学出版社 1997 年版。

王利明:《国家所有权研究》,中国人民大学出版社 1988 年版。

王利明:《物权法论》(修订版),中国政法大学出版社 2003 年版。

王利明:《物权法研究》,中国人民大学出版社 2002 年版。

王云飞:《孙中山、毛泽东、邓小平法治思想探究》,中国社会科学出版社 2011 年版。

王兆国：《关于〈中华人民共和国物权（草案）〉的说明》，载胡康生
　　主编《中华人民共和国〈物权法〉释义》，法律出版社 2007 年版。

《伟人毛泽东》，红旗出版社 1997 年版。

翁文刚、卢东陵：《法理学论点要览》，法律出版社 2001 年版。

谢晖：《价值重建与规范选择——中国法制现代化沉思》，山东人民出
　　版社 1998 年版。

熊先觉：《中国司法制度新论》，中国法制出版社 1999 年版。

徐立志：《法律全球化时代的制度与文化冲突》，载信春鹰主编《全球
　　化与多元法律文化》，社会科学文献出版社 2007 年版。

许崇德：《中华人民共和国宪法史》，福建人民出版社 2005 年版。

严军兴：《依法治国与建立有中国特色的社会主义法律体系》，载刘海
　　年、李林主编《依法治国与法律体系构建》，社会科学文献出版社
　　2008 年版。

杨侯第等：《平等 自治 发展——中国少数民族人权保障模式》，新华
　　出版社 1998 年版。

杨立新：《民法物格制度研究》，法律出版社 2008 年版。

杨立新：《民法总则》，高等教育出版社 2007 年版。

［英］R. 科特威尔：《法律社会学导论》，华夏出版社 1989 年版。

张恒山：《法理要论》，北京大学出版社 2002 年版。

张晋藩：《中国法制史》，中国政法大学出版社 2002 年版。

张文显：《法理学》，高等教育出版社、北京大学出版社 2007 年版。

中共中央党史研究室：《中华人民共和国大事记（1949—2009）》，人
　　民出版社 2009 年版。

《中共中央关于农业和农村工作若干重大问题的决定》，人民出版社
　　1998 年版。

《中国大百科全书》（法学卷），中国大百科全书出版社 1984 年版。

《中华人民共和国各级人民代表大会常务委员会监督法》，中国法制出
　　版社 2006 年版。

中华人民共和国国务院新闻办公室：《中国特色社会主义法律体系》，

人民出版社 2011 年版。

《中华人民共和国民法通则》，法律出版社 2010 年版。

《中华人民共和国农村土地承包法》，中国法制出版社 2012 年版。

《中华人民共和国农业法》，中国法制出版社 2013 年版。

《中华人民共和国人民调解法》，中国法制出版社 2008 年版。

《中华人民共和国物权法》，中国法制出版社 2007 年版。

《中华人民共和国宪法》，中国法制出版社 2018 年版。

朱景文：《比较法社会学的框架和方法——法制化、本土化、全球化》，中国人民大学出版社 2000 年版。

朱景文、韩大元：《中国特色社会主义法律体系研究报告》，中国人民大学出版社 2010 年版。

朱景文：《中国法律发展报告——数据库和指针体系》，中国人民大学出版社 2007 年版。

朱力宇：《依法治国论》，中国人民大学出版社 2004 年版。

Stanley Hoffman, *Primacy or World Order American Foreign Policy Since the ColdWar*, McGraw Hall Book Company, 1980.

Charles Szladitz, *Civil Law System in International Encyclopedia of Comparative Law*, Vol. II London: Martinus Nijhoff Publishers, 1974.

J. H. Merryman, *The Civil Law Tradition: An Introduction to the Legal Systems of Western Europe and Latin America*, Stanford: Stanford University Press, 1969.

H. L. A. Hart, *The Concept of Law*, Oxford: Oxford University Press, 1961.

Boaventura de Sousa Santos, *Towards A New Common Sense: Law, Science and Politics in the Paradigmatic Transition*, New York: Routledge, 1995.

Max Weber, *Economy and Society*, Trans. E. Fischoff et al, New York: Bedminster Press, 1968, Ch. 9.

论文类

本志红：《"中国特色社会主义法律体系"性质探析》，《湖北民族学院学报》（哲学社会科学版）2012 年第 3 期。

蔡守秋：《完善我国环境法律体系的战略构想》，《广东社会科学》2008 年第 2 期。

曹明德：《关于修改我国〈环境保护法〉的若干思考》，《中国人民大学学报》2005 年第 1 期。

陈俊生：《中国特色社会主义法律体系的基本特征》，《高校理论战线》2011 年第 8 期。

陈斯喜：《中国特色社会主义法律体系的形成、特征与完善》，《中国党政干部论坛》2011 年第 5 期。

程燎原：《论社会主义市场经济的法律体系》，《北京商学院学报》1993 年第 4 期。

范愉：《人民调解与我国台湾地区乡镇市调解的比较研究》，《清华法学》2011 年第 1 期。

公丕祥：《马克思法律观概览》，《中国法学》1990 年第 4 期。

国务院新闻办公室：《中国的少数民族政策及其实践》，《人民日报》1999 年 9 月 28 日。

韩大元：《"城乡按相同人口比例选举人大代表"的规范分析及影响》，《国家行政学院学报》2010 年第 2 期。

韩大元：《关于提高立法质量的宪法学思考》，《河南社会科学》2010 年第 5 期。

何勤华：《废除国民党六法全书》，《新民晚报》2009 年 7 月 12 日。

黄京平、彭辅顺：《刑法修正案的若干思考》，《政法论丛》2004 年第 3 期。

黄文艺：《中国特色社会主义法律体系的理论解读》，《思想理论教育导刊》2012 年第 2 期。

李婧、田克勤：《中国特色社会主义法律体系构建的原则和基本精神》，《思想理论教育导刊》2010 年第 11 期。

李婧：《中国特色社会主义法律体系构建研究》，博士学位论文，东北师范大学，2010 年。

李龙、范进学：《论中国特色社会主义法律体系的科学建构》，《法制与社会发展》2003 年第 5 期。

李慎明：《国际金融危机现状、趋势及对策的相关思考》，《马克思主义研究》2010 年第 6 期。

刘茂林、王从峰：《论中国特色社会主义法律体系形成的标准》，《法商研究》2010 年第 6 期。

刘先春、朱延军：《中国特色社会主义法律体系建设的回顾与展望》，《毛泽东邓小平理论研究》2009 年第 8 期。

龙晟：《宪法下的人性尊严》，博士学位论文，武汉大学，2007 年。

吕世伦：《列宁社会主义法制建设的理论和实践》，《马克思主义研究》1983 年第 4 期。

罗豪才：《社会转型中的我国行政法制》，《国家行政学院学报》2003 年第 1 期。

毛泽东等：《由"湖南革命政府"召集"湖南人民制宪会议"之建议》，《大公报》1920 年 10 月 05 日。

乔素玲：《建国初期婚姻制度变革的地域性》，《比较法研究》2010 年第 3 期。

石泰峰、卓英子：《新发展观与法律的新发展》，《法学家》2004 年第 2 期。

覃福晓：《〈法的阶级意志论的再思考〉的思考——与何柏生先生商榷》，《学术论坛》2005 年第 9 期。

汪劲：《环保法治 30 年：中国成就与问题》，《环境保护》2008 年第 11 期。

王灿发：《论我国环境管理体制立法存在的问题及其完善途径》，《政法论坛》2003 年第 8 期。

王居先：《浅析有中国特色社会主义法律体系的基本特征》，《法制与社会》2007 年第 9 期。

王立民：《完善中国特色社会主义法律体系任务艰巨》，《探索与争鸣》2011 年第 4 期。

王维澄：《关于中国特色社会主义法律体系的几个问题》，《求是杂志》
　　1999 年第 14 期。

王兴仓：《以人为本：中国特色社会主义的出发点与归宿》，《胜利油
　　田党校学报》2010 年第 1 期。

吴邦国：《形成中国特色社会主义法律体系的重大意义和基本经验》，
　　《求是》2011 年第 3 期。

吴邦国：《在十一届全国人大四次会议第二次全体会议上作的党委会
　　工作报告》，《人民日报》2011 年 3 月 10 日。

吴斌：《中国特色社会主义法律体系建设：成就、问题与对策》，《理
　　论建设》2011 年第 1 期。

徐显明：《邓小平法理思想论纲》，《法学家》1999 年第 6 期。

徐忠麟、宋金华：《社会主义法的本质新探——"三个代表"重要思
　　想对社会主义法的本质理论的丰富和发展》，《安徽大学学报》2004
　　年第 5 期。

杨晖：《中国特色社会主义法律体系形成轨迹研究》，博士学位论文，
　　河北师范大学，2009 年。

杨立新：《论"物权法草案"的鲜明中国特色》，《河南省政法管理干
　　部学院学报》2006 年第 3 期。

张文显、马新福：《马克思主义法律观的几个问题》，《吉林大学社会
　　科学学报》1992 年第 4 期。

张志铭：《转型中国的法律体系建构》，《中国法学》2009 年第 2 期。

赵秉志、王燕玲：《改革开放 30 年刑法立法基本研究述评》，《法学杂
　　志》2009 年第 3 期。

周珂、梁文婷：《中国环境法制建设 30 年》，《环境保护》2008 年第
　　11 期。

周叶中、伊士国：《关于中国特色社会主义法律体系的几个问题》，
　　《思想理论教育导刊》2011 年第 6 期。

周叶中、伊士国：《中国特色社会主义法律体系的发展与回顾——改
　　革开放 30 年中国立法检视》，《法学论坛》2008 年第 4 期。

朱景文:《欧盟法对法律全球化的意义》,《法学》2001 年第 12 期。

Hedley Bull, *The Anarchical Society: A Study of Order in World Politics*, New York: Columbia University Press, 1980. 16—22.

Mossis L. Cohen, "Property and Sovereignty", *Cornell Law Quarterly*, 1927 (13).

Robert. L. Hale, "Bargaining Duress and Economic Liberty", *Columbia Law Review*, 1943 (43).

Robert. L. Hale, "Coercion and Distribution in a Supposedly Non-Coercive State", *Political Science Quarterly*, 1923 (38).

Martine Shapiro, "The Globalization of Law", *Indiana Journal of Global Legal Studies*, 1993 (27).